JN048137

民法 **4** 債権総論

第2版

片山直也・白石大・荻野奈緒［著］

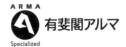

ARMA
有斐閣アルマ
Specialized

　2004 年 4 月に有斐閣アルマ Specialized『民法 4 債権総論』の初版が刊行されてから 19 年の歳月が流れました。この間，数多くの重要な判例が蓄積し，また刊行時に発足した法科大学院では訴訟実務を念頭においた民事法教育が浸透したことから，早期の改訂が望まれていました。しかし，2006 年末に民法（債権法）改正検討委員会による債権法改正の準備作業がスタートし，2009 年からは法制審議会で長期にわたる改正審議が続いたこともあり，改訂は実現しませんでした。2017 年 5 月に成立し，2020 年 4 月 1 日に施行された債権関係の規定の改正は，1896 年に民法が制定されて以来約 120 年ぶりの大改正となったため，本巻の叙述についても，新しい書物を書き下ろすに匹敵するような全面的な改訂を行う必要が生じました。そこで，初版の執筆者である中田裕康先生・高橋眞先生・佐藤岩昭先生からのご提案を受けて，この機に，執筆者の世代交代を図り，片山・白石・荻野がバトンを受け継いで，第 2 版の執筆を担当することとなりました。

　債権総論は，初版はしがきも示すとおり，「むずかしい」といわれます。実際，契約や不法行為などの債権発生原因と切り離して，そこから発生する債権に関する共通ルールが定められていることから，そもそも抽象的かつ理論的な側面が強いといえましょう。また，債権総論を理解するためには，債権の発生原因である契約や不法行為を取り扱う債権各論（本シリーズの第 5 巻『契約』・第 6 巻『事務管理・不当利得・不法行為』参照）についてある程度理解していることが求められます。さらに，たとえば本書前半で取り上げる債務不履行は，長い制度史や学問的な論争が背景にある制度ですし，本書後

半で取り上げる，多数当事者の債権関係や債権譲渡・債務引受などは，最先端の金融法務と直結する複雑な制度です。また，2017年の債権法改正により，詐害行為取消権や相殺などについて，破産法などの倒産に関する法律にあった類似の制度を参考にした新たな規定が置かれました。こうした点も，債権総論が「むずかしい」といわれる要因だといえましょう。

　第2版でも，まずは，初版の基本方針を受け継いで，色々な工夫を凝らして，これらの「むずかしさ」を克服し，わかりやすい説明をすることを心掛けました。そのために，債権者と債務者が一人ずつである債権についてその内容，効力，消滅の説明をした後で，当事者の複数および当事者の変動を説明するという構成を採用している点，*Column* や Web の欄で，新しい問題や横断的な問題を取り上げている点は，初版と同様です。なお，第2版では，読者にとってのわかり易さを徹底するために，必要な範囲で，理解を助ける図や表を用いることとしました。

　その上で，第2版では，読者が，たんに知識を得るだけでなく，条文や制度の趣旨を理解し，自分自身の頭で考えて，具体的な事例の解決に応用する能力を身に付けることができるように，次の2点を心掛けました。第1に，Case（設例）を数多く取り上げ，本文で一般的な説明をするとともに，Case（設例）ではどうなるかを具体的に説明すること。第2に，判例や多数説をベースに条文や制度を説明するとともに，なぜそうなるのかを示すことです。また，未だ債権各論（第5巻・第6巻）を勉強していない読者にも，本書を読むだけで債権総論を理解できるように，必要となる債権各論の最低限の知識を説明することにしました。さらに，少なからぬ読者が法科大学院に進学し法曹の道に進むことを念頭において，訴訟における当事者の主張・立証や判決を想定した記述も取り込んでいます。

本書の執筆にあたっては，3人の執筆者がそれぞれ担当部分の草稿を作成し，それを持ち寄って，何度も検討会を開催して精度を高めていきました。常に，読者目線で，明快な説明を心掛けるようにし，細部にわたって，どこまで書き込むべきか，検討を繰り返しました。他の執筆者からの厳しい指摘を受けて，原稿を全面的に書き直すこともしばしばありました。苦労はしましたが，今，振り返ってみると，執筆者にとって，これほど充実した，楽しい時間はなかったと思います。全国の法学部，法科大学院で，はじめて，しかし，しっかりと債権総論の勉強をしようとの志を持った読者が，債権総論の面白さを感じてもらえる手応えのある一冊に仕上がったと自負しています。

　新型コロナウイルス感染症が拡大する中，2019年12月に始まった本書の執筆作業は3年に及びました。この間，執筆者3人の，時には脱線しながら延々と繰り返される議論を暖かく見守りながら，適宜に的確かつ有益なご助言を下さった有斐閣法律編集局の藤本依子氏，藤原達彦氏には，この場を借りて，深甚の感謝を申し上げます。

2023年4月

片山直也・白石 大・荻野奈緒

　アルマ Specialized 民法シリーズの第4巻として，ここに「債権総論」を刊行します。

　全7巻のちょうど真ん中となるこの巻では，民法の中でも最も基本的な概念の1つである「債権」について，説明をします。第5巻（契約）第6巻（不法行為・事務管理・不当利得）とともに「債権法」を構成する部分ですが，第3巻（担保物権）とも密接に関連します。もちろん，第1巻（総則）は，ここでも重要ですし，第2巻（物権）や第7巻（親族・相続）にも関係します。

　債権総論は，むずかしいという人もいます。実際，少し抽象的な問題や理論的対立の大きな問題もあります。長い歴史的な背景がある規定や，現代社会の先端的な問題と直結する部分も少なくありません。他の法制度を理解しないと十分には理解しにくいところもあるでしょう。

　私たちは，いろいろな工夫をして，このむずかしさを克服しようとしました。そのことは，たとえば，本書の目次をご覧くだされば
おわかりいただけると思います。まず，大きく4つの PART に分かれています。ここから，全体の構成をざっとつかむことができます。その中の各章の順序は，民法典の順序におおよそ沿っています。ただ，「当事者の複数と変動」だけは最後にしました。これは，まず，債権者と債務者が1人ずつである債権についてその内容，効力，消滅の説明し，その上で，当事者が複数であったり，変動する場合の説明に進んだ方が理解しやすいと考えたからです。このほか，*Column* や Web という欄で，新しい問題や横断的な問題を取り上げています。もちろん，本文でも，読者が理解しやすいように注意

が払われています。

　もっとも，本書は，ただやさしくしたというものではありません。読者が知的関心を積極的に持ってくださるように，という工夫もこらしています。その意味では，本書はちょっとチャレンジングな本かもしれません。

　たとえば，本書には図がありません。「AがBに100万円の金銭債権をもち，CがBに400万円の金銭債権をもっている」というとき，図示することは容易です。私たちも，そのような図を入れることを検討しました。しかし，本巻の部分については，むしろ，明確な「言葉」で内容を示し，図は読者がその手で書いてみられることによって，本当によく理解していただくという試みが可能ではないかと考えました。ですから，AとかBとかが出てきたら，欄外にでも小さな図を書いてみてください。そうすることによって，今度は読者ご自身が明確な「言葉」で内容を述べることができるようになると思います。

　よりチャレンジングなのは，本書の執筆の仕方です。本書は，3人の共著です。多くの共著では，共著者が互いに原稿を検討しあって統一・調整を図り，全体として均質な内容のものにすることでしょう。私たちも，何度も会合を持ち，それぞれの原稿を検討しました。読者が理解しにくいかもしれない表現を指摘しあったり，取り上げるべき問題で抜けているものはないかを点検したのはもとより，内容についても活発な議論をしました。その結果，どの章でも，基礎的な事項をわかりやすく説明すること，判例や学説の内容を客観的に叙述すること，また，最先端の議論にまで目配りをすることは，当然のことながら行われています。

　本書の特徴は，そのうえで，各執筆担当者の個性や考え方をできるだけ尊重したということです。3人とも，具体的な問題点につい

ては，それぞれの見解があり，常に一致しているわけではありません。また，教科書の書き方についても，少しずつ考え方の違いがあります。そうだとすると，無理に均質化をはかるよりも，むしろ個性を残して，さまざまな形で読者の知的好奇心に訴えかけることの方が，意味があるのではないかと考えたわけです。もしかすると，本書の中で刺激を感じる部分は，それぞれの読者によって違うかもしれません。しかし，本書を読み終えたどの読者も，基本をしっかりと身につけ，自らより高いレベルで考え始めるようになっているはずです。

　本書の出版にあたっては，有斐閣書籍編集第一部の田顔繁実氏と佐藤文子氏にお世話になりました。執筆依頼から5年間にわたり，笑顔と督促を絶やすことなく，共著者の白熱する議論を暖かく見守ってくださり，また，多くの有益なご助言やご協力をいただきました。深く感謝いたします。

　2004年3月

執筆者一同*

＊初版の執筆は中田裕康・高橋眞・佐藤岩昭の3名の手による。

Part 2　債権の効力①──当事者間における効力

Part 3 債権の効力②
——当事者以外の者に対する効力

Part 4 債権の消滅

Column 目次 •◆•

Web 目次　✧✦✧✦✧✦✧✦✧✦✧✦✧✦✧✦✧✦✧✦✧✦✧✦✧✦✧✦✧

❖❖❖

著者紹介

片山 直也（かたやま　なおや）　　序章，第1章〜第6章　執筆

1961 年生まれ

現在，武蔵野大学教授，慶應義塾大学名誉教授

〈主要著作〉

　　『財産の集合的把握と詐害行為取消権（詐害行為の基礎理論 2）』（慶應義塾大学出版会，2024），『判例講義民法Ⅱ債権〔新訂第 3 版〕』（勁草書房，2023，共編著），『Law Practice 民法Ⅰ総則・物権編〔第 5 版〕』（商事法務，2022，共編著），『Law Practice 民法Ⅱ債権編〔第 5 版〕』（商事法務，2022，共編著），『詳解 改正民法』（商事法務，2018，共編著），『法典とは何か』（慶應義塾大学出版会，2014，共編著），『財の多様化と民法学』（商事法務，2014，共編著），『詐害行為の基礎理論』（慶應義塾大学出版会，2011）

白石　大（しらいし　だい）　　第7章〜第12章　執筆

1970 年生まれ

現在，早稲田大学教授

〈主要著作〉

　　『担保法の現代的課題』（商事法務，2021，分担執筆），『担保物権法〔第 2 版〕』（日本評論社，2019，共著），『民法理論の対話と創造』（日本評論社，2018，共編著），『民法③債権総論 判例 30！』（有斐閣，2017，共著），「将来債権譲渡の対抗要件の構造に関する試論」早稲田法学 89 巻 3 号（2014）

荻 野 奈 緒（おぎの　なお）　　第 13 章〜第 16 章　執筆

1978 年生まれ

現在，同志社大学教授

〈主要著作〉

『新注釈民法（8）』（有斐閣，2022，分担執筆〔416 条〜419 条〕），『民法理論の対話と創造』（日本評論社，2018，共編著），『債権総論』（日本評論社，2018，共編著），「公共空間からアクセス可能な有体物の影像利用の自由と限界（上）（下）」NBL 1144 号・1146 号（2019），「引抜き事例にみる契約侵害論の意義と限界」同志社法学65 巻 2 号（2013）

1　法令名の略語について

　民法は，原則として，条数のみを引用した。関係法令の略記については，特別なものを除いて，有斐閣版『六法全書』巻末の「法令名略語」にもとづいた。主なものは以下の通り。

借地借家	借地借家法	民　執	民事執行法
出資法	出資の受入れ，預り金及び金	民　訴	民事訴訟法
	利等の取締りに関する法律	利　息	利息制限法
商	商法	労　基	労働基準法
破	破産法		

2　判例の略記について

＊最判平 15・4・8 民集 57 巻 4 号 337 頁

＝最高裁判所平成 15 年 4 月 8 日判決，最高裁判所民事判例集 57 巻 4 号 337 頁

＊判　例

　　大　判（決）　大審院判決（決定）

　　最大判（決）　最高裁判所大法廷判決（決定）

　　最　判（決）　最高裁判所判決（決定）

　　高　判（決）　高等裁判所判決（決定）

　　地　判（決）　地方裁判所判決（決定）

＊判例集

　　民　集　大審院民事判例集，最高裁判所民事判例集

　　刑　集　大審院刑事判例集，最高裁判所刑事判例集

　　民　録　大審院民事判決録

刑　録	大審院刑事判決録
高　民	高等裁判所民事判例集
家　月	家庭裁判所月報
新　聞	法律新聞
判　時	判例時報
判　タ	判例タイムズ
裁　時	裁判所時報
金　法	金融法務事情
金　判	金融・商事判例

3　コラムについて

　本書は，学習上の便宜を考慮し，コラムにいくつかの種類を設けた。

　Column　学習内容に関連して，現在議論されている問題，新しい制度などを説明する。

　Web　民法上の類似の制度との比較や特別法について解説。民法の立体的な理解を目指す。

　◆　学習内容に関連して，制度の沿革や高度な論点などを取り上げる。応用力を養成する。

4　リファーについて

　図表・別項目などへのリファーは⇒で示した。表記については，以下の通り。

　⇒民法2　物権法　　有斐閣アルマ民法2を参照

　⇒第14章2①　　第14章2①全体を参照

　⇒第14章2①［付従性の例外］　　第14章2①の窓
　　　見出し（付従性の例外）を参照

「債権」とは何か

序章では，本書の対象である「債権総論」について民法上の位置づけを明らかにした後に，本論（第1章以下）のイントロダクションとして，債権総論におけるもっとも重要かつ基本的な概念である「債権」とは何かを説明する。まずは，契約等の「債権発生原因」との関係で「債権」をイメージした上で，「給付」，「請求権」および「財産権」という3つの視点から「債権」概念の定義を明らかにし，最後に債権の対立概念である「物権」と比較することによって，債権の性質および特徴を把握することにしたい。初学者にとって若干難しいかも知れないが，第1章以下を学習する際には常に序章を参照しながら学習を進めてほしい。

1 債権総論とは何か

「民法」という法律は，「総則」（1条以下），「物権」（175条以下），「債権」（399条以下），「親族」（725条以下）および「相続」（882条以下）の5つの編からなる。前3編を「財産法」，後2編を「家族法」と呼ぶことがある。財産法のうち「債権法」と呼ばれる第3編「債権」は，第1章「総則」（399条以下），第2章「契約」（521条以下），第3章「事務管理」（697条以下），第4章「不当利得」（703条以下），第5章「不法行為」（709条以下）の5つの章に分かれている。この5つの章は，大別すると，第1章「総則」と第2章「契約」以下の2つの部分に分けることが可能で，講学上，前者を「債権総論」，後者を「債権各論」と呼んでいる。本書は，講学上「債権総論」と

呼ばれる民法第3編「債権」第1章「総則」を対象とする。債権各論は，契約，事務管理，不当利得および不法行為という4つの債権発生原因を取り扱うのに対して，債権総論は，それらの債権発生原因から発生する債権についてその共通ルールを取り扱う。具体的には，「債権の目的」（第1節：399条以下），「債権の効力」（第2節：412条以下），「多数当事者の債権及び債務」（第3節：427条以下），「債権の譲渡」（第4節：466条以下），「債務の引受け」（第5節：470条以下），「債権の消滅」（第6節：473条以下），「有価証券」（第7節：520条の2以下）である。

2 債権発生原因と債権

Case P-1

　Aは，Bとの間で，A所有の骨董品の茶器（甲）を50万円でBに売却する売買契約を締結した。AとBはそれぞれ相手方に対してどのような権利を取得するか。

　4つの債権発生原因のうち，もっとも重要なものが「契約」である。民法債権編が規定する13種類の典型契約は，いずれも債権契約（債権の発生を目的とした契約）であるが，債権発生の根拠規定である各冒頭規定（贈与549条，売買555条，交換586条，消費貸借587条，使用貸借593条，賃貸借601条，雇用623条，請負632条，委任643条，寄託657条，組合667条，終身定期金689条，和解695条）において，「○○を約する」またはそれに類する表現で約束内容が定式化されている。たとえば，売買契約については，売主が「ある財産権を相手方に移転すること」を約し，買主が「これに対してその代金を支払うこと」を約することにより，売買の効力が生じると規定する

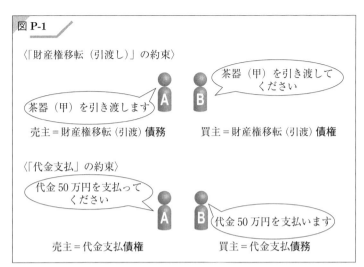

図 P-1

〈「財産権移転（引渡し）」の約束〉

茶器（甲）を引き渡します

茶器（甲）を引き渡して
ください

売主＝財産権移転（引渡）**債務**　　　　買主＝財産権移転（引渡）**債権**

〈「代金支払」の約束〉

代金 50 万円を支払って
ください

代金 50 万円を支払います

売主＝代金支払**債権**　　　　　買主＝代金支払**債務**

（555 条）。そして，約束は守らなければならない。約束をした者
（「諾約者」と呼ぶことがある）は「債務者」として約束を果たす義務
（債務）を負い，約束を受けた者（「要約者」と呼ぶことがある）は「債
権者」として「約束を果たせ」と求める権利（債権）を取得するこ
とになる。Case P-1 では，売主 A は茶器の移転（引渡し）を約束
し，買主 B は代金 50 万円を支払うことを約束したのであるから，
A は茶器引渡債務を負い，B は 50 万円の代金支払債務を負担する。
逆にいえば，買主 B は茶器引渡債権を，売主 A は 50 万円の代金支
払債権をそれぞれ取得することになる。

　民法総則で学んだように，「契約」とは，相対立する「意思表示」
の合致によって成立する法律要件と定義されるが，「売ります」「買
います」という意思表示（効果意思）において意欲された法律効果
は，財産権移転（引渡）債権，代金債権という「債権の発生」であ
る。それゆえ売買契約は，「債権契約」として，債権発生原因とな
る。債権発生の根拠規定は，555 条であるが，同条が当事者の効果

意思を前提としているので，私的（意思）自治の原則が支配する「約定債権関係」と呼ばれる。ここで「約束する」とは，より正確には，「債権（債務）の発生という法律効果を意欲する」ということなのである。

これに対して，交通事故で物損が生じた場合，被害者は加害者に対して，不法行為に基づく損害賠償債権を取得する。これは当事者の効果意思によるものではなく，709条が定める要件に該当する事実があることにより，709条という法律の規定を根拠に発生する債権であることから，「法定債権関係」と呼ばれる。

3 債権の概念

① 債権の定義

「債権」とは，特定人（債権者）が特定人（債務者）に対して一定の行為（これを「給付」または「給付行為」という）を請求し，債務者のなす給付を適法に保持することができる債権者の権利である。適法に保持することができるとは，給付の受領・保持が「不当利得」とはならず，返還が求められないという意味である（703条，704条，121条の2）。「債権」の対概念である「債務」とは，債権者に対して一定の給付を履行すべき債務者の義務と定義される。

債権の定義については，伝統的に2つの考え方の対立が存した。権利の本質が「意思」にあるとする学説（権利＝意思説）と，権利の本質が「利益」にあるとする学説（権利＝利益説）の対立である。意思説によると，債権の本質は「請求力」にあり，債権とは，債権者が債務者に対して一定の給付を請求することができる権利であると定義される。利益説によると，債権の本質は「給付保持力」にあ

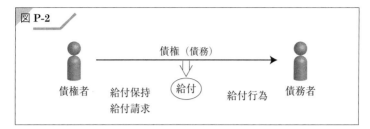

図 P-2

債権者　給付保持　　給付　　　給付行為　債務者
　　　　給付請求

り，債権とは，債権者が債務者の給付を保持しうる権利であると定義される。今日的には，「請求力」と「給付保持力」のいずれも債権の本質的な効力であるとする学説（折衷説）が支配的であり，冒頭の定義はその債権の二面性が意識されたものである（⇒第3章1）。

　◆「債権」と「履行請求権」　　平成29年改正民法においては，不能によって履行が請求できなくなっても，債権は直ちに消滅することなく，なお存続することとされた（412条の2，536条1項）。本来の履行を請求する請求力が失われるとしても，債権には，損害賠償などの救済手段（レメディ）を根拠づける基礎（ベース）としての役割が残されているからである。そこで，近時は最先端の議論として，「債権」と「履行請求権」を区別して，債権の構造として，次のような説明がなされることが多くなってきている。すなわち，債権とは，債務者のなす給付を保持することができる債権者の権利（地位）であり，債権者には，債権の本来的な効力として，債権に基づく履行請求権が法によって認められる。さらに，債権が存在することを基礎に，債務不履行の救済手段（レメディ）として損害賠償請求権（415条）などが付与される（図 P-3。説明②）。明快な説明ではあるが，現時点では，債権と区別して「履行請求権」を観念するまでには至っていないのが現状である。債権の効力として履行を請求するという説明（説明①）が一般的である（⇒第5章，第6章）。

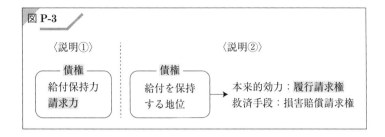

図 P-3

〈説明①〉　　　　　　　　〈説明②〉

債権
給付保持力
請求力

債権
給付を保持
する地位　→　本来的効力：**履行請求権**
　　　　　　　救済手段：損害賠償請求権

②　債権と給付

　債権は，債権者が債務者に対して一定の行為を請求する権利であるが，その行為を「給付」または「給付行為」という。換言すれば，債権の目的は，債務者の行為＝「給付」である。Case P-1 の茶器の売買契約の事例では，茶器引渡債権の目的である給付はＡの「茶器の引渡し」という行為であり，代金支払債権の目的である給付は，Ｂの「代金の支払」という行為である。正確には，「茶器」という物が債権の目的ではなく，その引渡しという債務者の行為が債権の目的となる。この点について⇒第 1 章 *1*。

　債権の目的が債務者の行為である「給付」である点は，いくつかの条文が間接的に想定している（たとえば，選択債権に関する 406 条は「債権の目的が数個の給付の中から選択によって定まるとき」，代物弁済に関する 482 条は「債務者の負担した給付に代えて」，更改に関する 513 条 1 号は「従前の給付の内容について重要な変更をするもの」，第三者のためにする契約に関する 537 条 1 項は，「契約により当事者の一方が第三者に対してある給付をすることを約したとき」と規定している）。

　それでは，給付にはどのようなものがあるのか。債権の主要な発生原因が契約であり，契約には契約自由の原則の 1 つとして内容の自由が認められていることから（521 条 2 項），債権の目的である給

付も，法令の制限内において，契約当事者の意思に応じて多様なものであり得る点を確認しておこう。その上で，給付は2つの視点から整理することができる。「与える給付」，「なす給付」という分類と，「作為給付」，「不作為給付」という分類である。「与える給付」とは，物の引渡しや金銭の支払などであり，「なす給付」とは，役務やサービスの提供などである。「なす給付」には，そのような積極的な行為（「作為給付」）だけではなく，債務者が特定の行為をしないという「不作為給付」も含まれる。具体的には，夜間に何dB（デシベル）以上の騒音を出さないこと，転職後に競業を避止することなどである（⇒第2章1）。

Column① 給付の原因としての債権・債務 ◆◆◆◆◆◆◆◆◆◆

　給付とは，債務者の行為であるが，逆にいえば，債務者の行為がすべて給付ではなく，債権・債務の履行としてなされる行為が給付なのである。すなわち，給付の側からみると，債権・債務は，給付の「原因」ということになる。そこで，契約が無効あるいは取消しによって遡って無効となったために，債権・債務がそもそも発生していないという場合には，仮に給付がなされていたとしても，その給付は法律上の原因を欠く給付となり，給付したものの返還や原状回復がなされることになる（703条，704条，121条の2。例外として，705条〜708条）。講学上，「給付不当利得」と呼ばれ，表見的な債権・債務の履行として給付がなされたことが前提とされている（121条の2第1項は「債務の履行として給付を受けた者」，705条は「債務の弁済として給付をした者は」と規定する）。この場合，給付したものの返還や原状回復のために，それを目的（給付）とした「債権・債務」が，121条の2第1項（703条，704条の給付不当利得の特則）を根拠として発生する。

◆◆◆◆◆◆◆◆◆◆◆◆◆◆◆◆◆◆◆◆◆◆◆◆◆◆◆◆◆◆◆◆◆◆◆◆◆◆

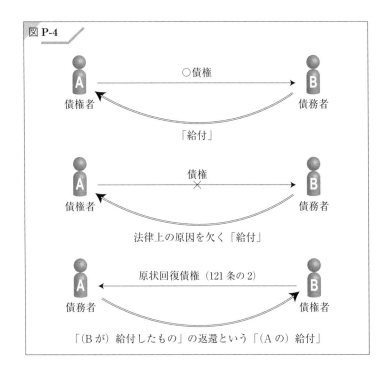

図 P-4

○債権
債権者 A → B 債務者
「給付」

債権 ×
債権者 A → B 債務者
法律上の原因を欠く「給付」

原状回復債権（121条の2）
債務者 A ← B 債権者
「（Bが）給付したもの」の返還という「（Aの）給付」

③ 債権と請求権

　債権は，債権者が債務者に対して給付を請求する権利（給付請求権）であるが，債務者が，任意に債務の履行として給付をなした場合には，債権は目的を達成して消滅する（弁済による債権消滅につき，473条参照）。そこでは，給付保持力のみが問題となり，債権の請求力が顕在化することはない（⇒第4章1）。債権に基づいて履行請求がなされるのは，債務者が任意に債務の履行をしない場合である。

　履行請求は債権の本来的な効果であり，売買においては，555条を根拠に契約時に債権が発生した時点から，財産権移転（引渡）お

図 P-5

債権（請求権） → 給付判決 ＝ 債務名義 → 強制執行

および代金支払の請求をすることができる。もっとも期限が付された場合には，期限が到来するまで履行請求権を行使することはできない（135条1項）。また，原則として，雇用においては労働が終わった後，請負においては仕事が完成した後でなければ，報酬請求権を行使することができない（いわゆる「ノーワーク・ノーペイの原則」，624条1項，633条ただし書⇒第5章1）。

　債権に基づく履行請求は，裁判外で行使することも，裁判上行使することも可能である（債権の「訴求力」という）。債権（給付請求権）に基づいて「給付の訴え」が提起され，「給付訴訟」において債権（給付請求権）の存在が確認されて，「給付判決」が確定すれば，それを「債務名義」（民執22条1号）として，強制執行を行うことができる（債権の「強制力」という）。たとえば，Case P-1において，買主Bが売主Aに売買代金50万円を支払わない場合には，AはBを被告として売買代金支払請求訴訟を提起することができる。請求が認容されると，「被告Bは原告Aに50万円支払え」との判決が言い渡される。同判決が確定したならば，Aは同判決を債務名義（給付請求権の存在と範囲とを表示した文書で法律により執行力が認められたもの）として，強制執行を行うことができるが（民執22条），売買代金債権のような金銭債権については，債務者Bのすべての財産が強制執行の対象である「責任財産」となる。債権者Aは，Bに帰属する財産（不動産，船舶，動産または債権その他の財産権）を選んで，民事執行法の定めに従って（民執43条以下），換価し，配当により満足を得ることとなる（⇒第5章2）。

④ 財産権としての債権

債権は，そもそも「給付」についての特定人と特定人の間の対人的な約束に過ぎないが，給付に市場価値があり，履行の確実性が確保されるならば，債権者以外の者にとっても同様の価値を持つ。そこで，民法は，債権の譲渡性を承認し（466条1項本文），債権を財産権の1つとして，売買の目的とすること（555条，569条），質権の目的とすること（362条，364条）を認めた。さらに，民事執行法は，債権を財産権の1つとして強制執行の対象とすること（債権執行）を認めている（民執143条以下⇒第5章2③）。

4 債権と債権関係

債権は，「給付」を目的とする権利であるが，債権者と債務者は，契約等の債権発生原因を介して一定の「社会的接触関係」にある者同士として，相互に相手方の信頼を裏切らないように行動すべきとの「信義誠実の原則」（1条2項）が機能する。この債権者と債務者との法律関係を，広く「債権関係」または「債権債務関係」と呼ぶことがある。債権関係は，合意を根拠とする「給付義務」を中核としつつ，信義則を根拠とする「付随的義務」も含めた義務群からなると分析することができる。信義則を根拠とする義務として，まずは，給付義務を補完しつつ，給付利益の保護に向けられた「付随的注意義務」を挙げることができる。たとえば，家電製品の売主は，給付目的である商品の引渡しだけではなく，取扱説明書を交付するなどして，買主に対して商品の使用方法について説明する義務（説明義務）を負う。次いで，債務者は，信義則を根拠とする付随的義務として，債権者の生命や身体の安全を確保すべき義務（安全配慮

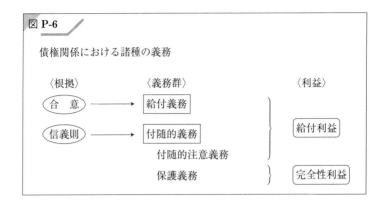

図 P-6

債権関係における諸種の義務

〈根拠〉　　　　　〈義務群〉　　　　　　　〈利益〉

合　意　──→　給付義務

信義則　──→　付随的義務

　　　　　　　付随的注意義務

　　　　　　　保護義務

給付利益

完全性利益

義務）を負う（最判昭 50・2・25 民集 29 巻 2 号 143 頁など）。学説には，給付利益とは区別された「完全性利益」の保護に向けられた「保護義務」を観念し，安全配慮義務も保護義務の一種として位置づけるものが有力である。完全性利益とは，給付利益と区別された債権者の生命・身体などの人格権・人格的利益および債権者に帰属する財産権・財産的利益を指し，そもそも不法行為の保護法益（709 条，710 条）であるが，判例・学説は，信義則を根拠として安全配慮義務（保護義務）を観念し，債権者の完全性利益の侵害につき，債務不履行責任を認めるようになった。このように債権関係は諸種の義務群からなり，各々の義務が，何を根拠とし，いかなる利益の保護に向けられた義務かという点から整理すると，たとえば図 P-6 のように整理することが可能である。詳細は，債務不履行の章において再説する（⇒第 6 章 1 ①，2 ④）。

5　物権と債権

　ここでは，物権との比較において，債権の性質を明らかにしてお

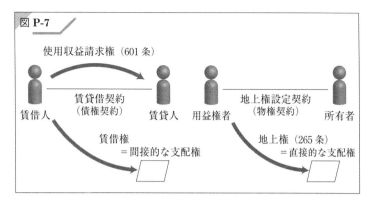

図 P-7

使用収益請求権（601条）

賃借人 ―――― 賃貸借契約 ―――― 賃貸人　用益権者 ―――― 地上権設定契約 ―――― 所有者
　　　　　（債権契約）　　　　　　　　　　　　　　（物権契約）

賃借権
＝間接的な支配権

地上権（265条）
＝直接的な支配権

く（⇒*民法2 物権*）。

| 支配権と請求権 |

所有権に代表される物権は，目的物を直接に支配（使用・収益・処分）する権利（支配権）であるのに対して，債権は，債権者が債務者に対して給付を請求する権利（請求権）である。

　たとえば賃借権は，あくまでも債権，すなわち賃借人の賃貸人に対する使用収益請求権（601条）である。債務者である賃貸人が使用収益債務の履行として，目的物を引き渡し，使用収益をさせることにより，債権者である賃借人は間接的に目的物を使用・収益することになるが，それは，地上権（265条）や永小作権（270条）とは異なり，目的物への直接的な「支配」を法が認めるものではない。ただし，不動産賃借権については，対抗要件の具備により，物権と同様に，第三者対抗力（605条，借地借家10条，31条）および妨害停止・返還請求（605条の4）が承認されるに至っている。これを「賃借権の物権化」と呼ぶことがある。

　なお，債権は「請求権」であると説明したが，「請求権」の語は多義的であるので注意を要する。物権は第一義的には支配権であるが，第三者が円満な支配を侵害する場合には，救済手段として，侵

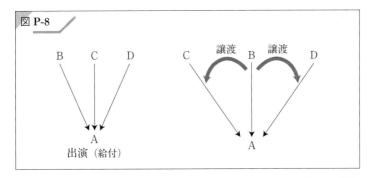

図 P-8

B　C　D

A
出演（給付）

C　譲渡　B　譲渡　D

A

害者に対する物権的請求権が認められる。「売買契約に基づく動産引渡請求権」と「所有権に基づく物権的返還請求権としての動産引渡請求権」は，実体法上は，前者は債権的請求権，後者は物権的請求権であり性質を異にするが，執行法上は，ともに「動産引渡請求権」として，動産の引渡しの強制執行（民執169条）による実現が図られる。

排他性と平等性

　物権は「排他性」がある権利であり，「一物一権主義」が妥当するのに対して，債権は排他性がなく，「平等性」が妥当する。

　債権の「平等性」については，3つの異なる意味があるので注意を要する（以下につき，図P-8参照）。第1は，同一給付について複数の債権が成立するという意味（非排他性）である。第2は，同一給付を目的とした複数の債権間に優先関係がないという点である。たとえばあるタレントA（債務者）が3つの異なるテレビ局B，C，D（債権者）と同じ時間に出演を約束すれば，出演を目的とした債権が3つ成立し，相互に優先関係はない（AがBに出演し履行すれば，Cへの債務，Dへの債務がそれぞれ不履行となるに過ぎない）。第3は，特に金銭債権を念頭において，複数の債権者は，平等弁済（按分比例による弁済）を受けるという点であり，これを「債権者平等の原

則」と呼ぶことがある。執行法・倒産法上は，担保権を有していない債権者（一般債権者）は，債権額に応じた按分比例で配当を受ける（民執84条以下，破193条以下など参照）。ただ，差押えまたは配当要求，債権届出等の手続を履践した債権者間での平等弁済である点には注意を要する（民執87条1項，破111条1項参照）。これに対して，民法上は，このような意味での平等弁済の原則は存在しない。むしろ，第2の帰結として，債権回収に熱心であった債権者が事実上，先に弁済を受ける結果となるという意味で，機会が平等に与えられていれば，結果においては「早い者勝ち」となってもやむを得ないとされている。

　なお，債権の平等性は，給付との関係の問題であるが，権利の「主体」と「権利」との関係においては，ある1つの債権につき，その権利の主体への「帰属」が排他的に定まらなければならない。よって，物権の二重譲渡において，最終的に優劣決定を行う必要があるのと同様に，債権の二重譲渡においても同様に優劣決定（権利者の確定）を行う必要がある（⇒第15章）。

| 絶対性と相対性 | 物権は，支配を万人に主張できるという点において「絶対性」があるのに対して，債 |

権は，債権者が給付を請求できるのは債務者に対してのみであるという点において「相対性」を有する権利である。ただ，債権についても，物権と同様に，「権利一般の不可侵性」の原則（「何人も他人の権利を侵害することはできない」との原則）から，債権侵害に対して，不法行為による損害賠償の救済が与えられる点，さらには一定の要件の下，債権に基づく妨害停止・返還請求も認められる点（対抗要件を備えた不動産の賃借権につき，605条の4）には注意を要する。

Part1　債権の目的

　序章で学んだように，債権とは，債権者が債務者に対して「給付」を請求し，債務者のなす「給付」を適法に保持する権利であると定義される。債権の目的は，債務者の行為である「給付」である。Part1 では，「債権の目的」として，**第 1 章**において，債権の目的である「給付」の要件について説明をし，**第 2 章**において，債権の種類として，民法の規定している特定物債権，種類債権，金銭債権，利息債権および選択債権について略説する。民法第 3 編「債権」第 1 章「総則」第 1 節「債権の目的」（399 条〜411 条）に関連する規定が置かれている。

第1章では，「債権の目的」が「給付」であることを確認した上で，「債権の目的」（給付）の要件（①給付の適法性・社会的妥当性，②給付の確定性，③給付の可能性）について検討する。あわせて給付の金銭的評価という点についても説明する。

1 「債権の目的」の意義

　日常用語では，「目的」という語は，物事の背後にある目標・動機の意味で用いられることが多いが，ここで「債権の目的」というときは対象・客体を意味する。対象という意味での債権の目的は，債務者の行為すなわち「給付」（給付行為）である。たとえば，売買契約から発生する売買代金支払債権の目的は，「金銭の支払」であり，売買代金債権は，金銭の支払を目的とする金銭債権に分類される。

　債権の目的としての「給付」の存在は，債権の成立要件である。債権の主要な発生原因は契約（債権契約）であるが，契約（債権契約）の目的と，そこから発生する債権の目的は区別しておかなければならない。契約（債権契約）の目的，より正確には，契約を組成する意思表示（効果意思）において意欲される法律効果は，債権の発生という権利変動であって，直接「給付」が意欲されるわけでは

ない。あくまで「契約（債権契約）の目的」は，「債権の発生」であって，「債権の目的」が「給付」と整理すべきである。

　なお，民法は，債権の目的である給付が，物の引渡しや金銭の支払など，いわゆる「与える給付」（⇒**第2章1①**）である場合には，便宜的に，「債権の目的物」という概念を用いて債権の分類を行っている（401条1項，402条1項など）。

2 「債権の目的」の要件

　伝統的には，債権が効力を発生するためには，債権の目的である給付について，①給付の適法性・社会的妥当性，②給付の確定性，③給付の可能性の3つの要件を満たさなければならないとされてきた。ただし，これら3要件は，必ずしも債権の効力発生要件（有効要件）と位置づけられるわけではない。ここでは，その点に留意しながら，各要件を説明する。さらに，債権の目的の要件について，399条は，「金銭に見積もること」ができないものについても債権の目的とすることができると規定している。そこで，④給付の金銭的評価についてもあわせて検討する。

① 給付の適法性・社会的妥当性

　給付は，適法かつ社会的に妥当なものでなければならない。たとえば，医療など例外的な場合を除いて，麻薬を引き渡すという給付を目的とする債権の効力を法が容認することはできない。しかしこれは，債権の発生原因である売買などの契約（法律行為）の有効要件の問題である。すなわち，麻薬の売却を目的とした売買契約が公序良俗に反して無効であるため（90条），そもそも売買契約の効果として債権（麻薬の引渡債権）が発生することはない。よって，発生

原因の効力の問題と切り離して，独自に債権の目的の要件を論じる意義は存しないということもできる。なお，公序良俗に反して無効な契約（法律行為）に基づく債務の履行としてなされた給付については，原状回復（返還すなわち巻き戻しの給付）が債権（法定債権）の目的となるが（121条の2第1項），不法の原因にあたる場合には，返還請求が遮断される（708条）。

② 給付の確定性

給付は，請求および強制が可能な程度に，確定していなければならない。要求される確定の程度は，債権の種類によって異なる。物権および物権変動の特定性ほど厳格な確定性は要求されていない。たとえば，種類債権については，目的物が特定されていなくても，一定の種類と数量によって目的物の指定がなされれば，債権の発生に必要な給付の確定性が確保されると考えられている（401条参照）。金銭債権については，いかなる通貨で支払うかは債務者の自由であるが，いくら支払うかは，債権額の指定（403条）など数額の確定が必要である。単に「（額を定めず）金銭を支払う」というだけでは，債権の発生を認めることはできない。この点で，給付の確定性は，債権の成立要件であり，履行を請求する債権者が主張・立証しなければならない。

判例には，ゴルフ場建設工事中のゴルフクラブ入会契約に関して，「プレー的魅力があり戦略性に富む名門コースとするというだけでは，法律上の債務というには具体性がな〔い〕」ので，債務不履行責任を認める余地がないとしたものがある（最判平9・10・14判時1621号86頁）。

③ 給付の可能性

Case 1-1 ─────────────────────────────

　Ａは，Ｂが軽井沢に所有する別荘（甲建物）を４月１日に下見に出掛け，気に入ったので，5000万円で購入することとした。５月１日に売買契約を締結し，６月１日に代金の支払と引換えに，甲建物の引渡しおよび移転登記を受けることとした。４月15日にＢの火の不始末で甲建物が焼失していたが，それを知らずに５月１日に売買契約が締結された場合，ＡのＢに対する甲建物の引渡債権は発生するか。

─────────────────────────────

　Case 1-1において，甲建物が焼失していないと仮定すると，本件売買契約に基づいて，買主Ａを債権者とし，売主Ｂを債務者とする甲建物の引渡債権（債務）が発生する（555条）。ところが，甲建物が火災によって全焼した場合，この世の中に甲建物は存在しなくなることから，甲建物の引渡しという給付は実現できなくなる。このように債権・債務の目的である給付が実現できない状態を，「不能」あるいは「履行不能」という（412条の2）。不能については，Case 1-1のように，債権成立時点ですでに給付が不能である「原始的不能」と，Case 1-1とは異なり，債権が一旦は成立した後に給付が不能となる「後発的不能」とが区別される。平成29年民法改正により，不能の取扱いについて一大転換が果たされることとなった。すなわち従前，債権の目的の要件の１つとされてきた「給付の可能性」が，改正により要件ではなくなったということができる。

　改正前の伝統的通説によれば，後発的不能の場合（Case 1-1で売買契約締結後，５月15日に甲建物が焼失した場合〔Case 2-1参照〕を想定しよう）には，少なくとも契約締結時の５月１日においては，契約は有効に成立し，債権・債務も有効に発生しており，その後の滅失

によって履行が不能となることから，債務不履行（履行不能）に基づく損害賠償責任（415条）として，債務者Bは，履行がなされていたならば債権者Aが得られたであろう利益（履行利益）を賠償する責任を負うことになるが，それとは異なり，Case 1-1 の原始的不能の場合には，契約（法律行為）自体が有効要件を欠いて無効となるので，そもそも債権（引渡債権）が発生しない。よって，債権者は履行を請求することもできず，かつ債務不履行責任を追及することもできないとされていた（なお，AはBに対して，信義則を根拠として，契約が有効に成立したと信じたことによって被った損害〔信頼利益〕の賠償を請求することは認められる。それを「契約締結上の過失」責任と呼んでいた）。

　これに対して，現行法（平成29年改正法）の下では，原始的不能であっても，契約は有効に成立し，合意した内容の債権・債務（引渡債権・債務）は発生する。しかし，現実に履行は不能であることから，債権者は債務者に債権の履行を請求することはできない（412条の2第1項⇒第5章1②）。他方，債権・債務は発生しているから，履行不能による債務不履行となり（415条），不可抗力等の免責事由がない限り，債務者は債務不履行に基づく損害賠償責任を負うことが明記された（412条の2第2項⇒第6章2②）。

　債権の目的の要件という点からは，「可能性」は，債権の発生の要件ではなく，債権に基づく履行請求権の要件ということになる（⇒序章3◆「債権」と「履行請求権」）。

　Case 1-1 では，契約締結前の甲建物の滅失によっても，本件売買契約は有効に成立し，甲建物の引渡債権は発生するが，履行が「契約その他の債務の発生原因及び取引上の社会通念に照らして」不能であるから，債権者Aは債務者Bに対して甲建物の引渡しを請求することはできない（412条の2第1項）。なお，火災は債務者

Ｂの火の不始末によるものであるから，Ｂは「債務者の責めに帰することができない事由」（不可抗力等の免責事由。415条1項ただし書）を主張することはできないので，債務不履行（履行不能）による損害賠償責任として履行に代わる損害賠償の支払義務を負うことになる（415条2項）。

④ 給付の金銭的評価

　債権の目的に関しては，民法は，「債権は，金銭に見積もることができないものであっても，その目的とすることができる」（399条）と規定する。客観的な金銭的評価可能性が債権の要件となるわけではないという趣旨である。具体的には，供養念仏などが例として挙げられる（僧侶が供養念仏を一心に行うという契約は内心の作用にかかわるものゆえ法律上の効果を生じないが，「称名念仏」〔仏の名を唱えること〕をして故人を供養する旨の契約は，外形上の行為に関するものであるから法律上有効であるとした東京地判年月日不明・新聞986号25頁がある）。債権・債務を発生させるか否かは，究極的には契約解釈の問題であり，金銭的評価の可否は必ずしも決定的な要素ではないと考えるべきであろう。

第2章 債権（債務）の種類

民法第3編「債権」第1章「総則」の第1節「債権の目的」においては，特定物債権，種類債権，金銭債権，利息債権および選択債権の5つの債権について規定が置かれているが（400条～411条），これらは必ずしも網羅的ではなく，それ以外にも，債権・債務の種類および分類が存する。ここでは，まずは，これから債権総論を学ぶ上で重要な2つの分類（①与える債務・なす債務，作為債務・不作為債務，②結果債務・手段債務）について言及し，次いで，民法が規定する5つの債権について，順次，説明を行う。

1 主要な分類

① 与える債務・なす債務，作為債務・不作為債務

債権の目的である給付の類型に応じた分類であり，主として，履行の強制の方法（414条）をめぐって意味をもつ。作為債務と不作為債務の分類は，給付内容が作為（積極的な行為）か，不作為（消極的な行為，すなわち特定の行為をしないこと）かという区別である。与える債務となす債務の分類は，給付内容が与える給付（物の引渡しや金銭の支払など）か，なす給付（役務の提供など）かという区別である。両区分の関係については，作為債務と不作為債務が上位区分で，作為債務の下位区分として与える債務となす債務が存すると整理する分類（分類①）と，与える債務となす債務の区分が上位区分で，

なす債務につき作為債務と不作為債務の下位区分が存すると整理する分類（分類②）とが存する。民法の概説書では分類①で説明するものが多いが，民事執行法における強制執行の手続規定は，分類②を前提としていることから（民執168条以下，特に171条，172条など），本書では分類②に従って説明を行う（⇒第5章2）。なお，作為債務（なす債務）については，さらに代替的作為債務（建物の取壊しなど債務者本人でなくても実現できる債務）と不代替的作為債務（芸術家の創作活動など債務者本人でなければ債務の本旨に従った履行ができない債務）の区分がなされる。

② 結果債務・手段債務

結果債務と手段債務の区分は，民法（法律）上にはない分類であるが，フランスの判例・学説が用いる分類であり，わが国の学説にも広く浸透している。今日的には，債務の履行・不履行の判断において不可欠の区分である。

結果債務とは，請負人の仕事完成債務（632条）が典型例であり，債務の内容がもっぱら特定の結果の実現に向けられた債務である。これに対して，手段債務は，診療債務など委任・準委任の事務処理義務（643条，644条，656条）が典型例であり，債務者が最善を尽くして任務を果たすべき（結果は問われない）債務である。

結果債務か手段債務かで，債務不履行および免責事由の主張・立証責任の仕方が異なる。すなわち，結果債務においては，建築請負契約において仕事が完成していないこと（工程の未完了）など，給付結果が果たせていないこと（不履行の事実）は一定程度自明であり，債務者の側で不可抗力・第三者の過失等の免責事由が立証できるか否かが問題となるに過ぎない。これに対して，病院や医師の診療債務がそうであるように，手段債務においては，最善を尽くした

か否か（不履行の事実）の主張立証は容易ではない。基本的には，債権者の側で，債務者がなすべきであった義務（作為義務）を基礎づける事実を具体的に主張立証しなければならない（義務が主張立証できれば，義務違反は容易に認定される）。多くの場合，債務不履行の問題以外に，帰責事由・免責事由の有無が問題となることはない（⇒第6章2③・⑤）。

2 特定物債権

① 特定物債権の意義

Case 2-1

Aは，Bが軽井沢に所有する別荘（甲建物）を4月1日に下見に出掛け，気に入ったので，5000万円で購入することとした。5月1日に売買契約を締結し，6月1日に代金の支払と引換えに，甲建物の引渡しおよび移転登記を受けることとした。5月1日に契約を締結した後，5月15日に火災の類焼で甲建物が滅失した場合，AのBに対する甲建物の引渡債権はどうなるか。

Case 2-2

Aは，4月1日，家電量販店Bを訪れ，店舗に陳列されていた○社の△△型のパソコン1台（乙PC）を，展示品として，交渉の末，定価から約3割引の10万円で購入することとし，その場で10万円を支払った。ところが，4月3日に，BがA宅に乙PCを配送中に，配送車両が地震による道路の倒壊に巻き込まれて（Bの過失ゼロ），乙PCが破損して，修復できない状態となってしまった。AはBに対して，乙PCと同型の別のパソコン1台の引渡しを請求できるか。

| 特定物と不特定物 | 特定物債権とは，特定物の引渡しを目的とする債権である（400条）。そこで，まずは |

「特定物」とは何かが問題となる。特定物とは，引渡しをなすべき物が，Case 2-1のように何丁目何番地の一筆の土地やその上の一棟の建物とか，美術品としてのある絵画，中古自動車1台など，物の個性に着目して「これ」と定めて指定された物をいう。他方，特定がなされていない物を不特定物という。不特定物は，○社の△△型のノートパソコンを3台など，引き渡すべき物が一定の種類および数量によって指定されている種類物（401条参照）が典型例である（⇒*3*）。その他，甲乙2つの不動産物件のうちからどちらか1つを引き渡すというように，数個の給付の中から選択によって債権の目的が定まる選択債権（406条以下参照）において，その数個の給付が数個の物の引渡しである場合にも不特定物である（⇒*6*）。

| 不代替物・代替物の区別との差異 | 特定物か不特定物かは，あくまでも当事者の合意による主観的な区別である。その点で，客観的・物理的な基準に基づいて代替 |

性があるかないかによる不代替物と代替物の区別とは異なる。不代替物に関しては，当事者の合意によっても特定物とされることが多いであろう。たとえば，何丁目何番地の一筆の土地とか，美術品としての絵画は，この世に1つしか存在しない不代替物であり，特定物として取引がなされる。中古自動車も一台ごとに走行距離や前オーナーの使用状況等が異なることから不代替的特定物として取引がなされることが通常であろう。他方，大量生産される新品の商品は同種のものが市場に多数存在することから代替物であり，通常は種類物として取引されるが，Case 2-2のように，売主と買主が店舗に陳列されていた1台（乙PC）を「この物」として取引をすることも可能であり，その場合，物理的・客観的には代替物であっても

（展示品は中古品とは異なるとの取引上の社会通念を前提とする），当事者の主観においては，特定物となる。代替的特定物ということができよう。

② 特定物債権の特徴

　　　　　　　　　　　　　　　特定物債権（債務）の目的物は，「この物」
目的物の滅失と　　　　　であるから，この物が滅失すれば，直ちに
履行不能　　　　　　　履行不能となる。Case 2-1 の本件売買契
約は，特定物売買であり，「甲建物」という特定物の引渡しを目的とする特定物債権（債務）が発生するが，甲建物が火災で滅失する

と，引渡債権（債務）は不能となる。建物のような不代替物の場合，市場から甲建物が存在しなくなることから履行不能となるのは当然であるが，Case 2-2 のように，展示品のパソコン 1 台など，代替物であってもそれを当事者間の合意により特定物として売買する場合についても，その物（乙PC）が滅失すれば，たとえ市場に同種同量の物が存していたとしても，引渡債権（債務）は履行不能となる。すなわち特定物債務の債務者は調達義務を負わない（債務者が損害賠償責任を負うか否かは別の問題である）。目的物を種類と数量で指定する種類債務の場合，債務者が引渡しを予定した物が滅失しても，市場に同種同量のものが存する限り，引渡債務は不能とはならず，債務者は無限の調達義務を負うことになるが（⇒3①），それと対比するならば，引渡債権（債務）の目的物を「特定物」とするという合意には，債務者に調達義務を負わせないという趣旨が含意されていることになる。

◆給付危険と対価危険　　双務契約である売買契約における目的物の滅失のリスクについては，一方では，売主が引き続き同種同量の物を市場から調達する義務を負うか否かという問題とともに，他方では，買主が滅失した目的物の代金を支払わなければならないか否かという問題が生じる。双務契約における「危険（リスク）」の負担という点から，前者を「給付危険」，後者を「対価危険」と呼ぶことがある。引渡債権（債務）が不能となるか否かは，「給付危険」を債権者（買主）が負担するか，債務者（売主）が負担するかの問題であると説明することができる（なお，「給付危険」の概念は論者によって多義的に用いられているので注意を要する。一部の学説には，履行不能となった場合にも債務者が履行に代わる損害賠償責任〔415条2項〕を負うときには，債務者が「給付危険」を負っていると説明するものも存する。ここでは，「給付危険」を，債務者が調達義務を負うか否か，債権者が履行請求をできるか否か〔要するに履行不能となるか否か〕という点から説明す

る）。これに対して，「対価危険」とは，売主の引渡債務が履行不能となることを前提として，買主が代金支払債務を免れるか否かの問題である。「危険負担」と呼ばれる制度（536条）においては，「対価危険」の負担が定められている。双務契約における存続上の牽連関係から，一方の債務が履行不能となった場合には，他方の債務の履行の請求ができなくなる（不能となる引渡債務の債務者が対価危険を負担する）とするのが原則（債務者主義）である（536条1項）。平成29年改正前には，特定物売買における債権者主義（買主危険負担主義）および特定による危険の移転に関する規定（旧534条1項・2項）が存したが，取引上の社会通念に反して不公平であるとして，改正法によって削除されるに至った（⇒第5巻）。その結果，特定物の滅失については，原則として，給付危険は債権者（買主）が負担し（買主は412条の2第1項により履行請求ができなくなる），対価危険は債務者（売主）が負担する（債権者〔買主〕は反対給付の履行を拒絶できると規定する536条1項により，売主は代金支払請求ができなくなる）。

保存義務
（善管注意保存義務）

特定物債権については，債務者は，引渡しまで，「善良な管理者の注意をもって」，その物を保存しなければならない（400条）。この保存義務をその注意の程度に着目して「善管注意義務」と呼ぶ。

種類債権については，債務者が市場に同種同量の物が存する限り調達義務を負うことから，引渡しを予定している物について保存義務を負わせる必要はない。これに対して，特定物については，調達義務を負わない代わりに，「この物」について引渡しまで債務者に責任をもって保存させなければならない。このように特定物における保存義務は，調達義務を負わないことの裏返しとして理解される。

保存義務の程度について，400条は，「善良な管理者」の注意とやや古めかしい表現を用いているが，これはローマ法の「善良な家父長の注意」に由来する伝統的な表現である。同様の表現は，委任

における受任者の委任事務処理義務（644条）など多くの規定で用いられている（298条，852条，869条，商595条，信託29条2項など）。

善管注意に対比される概念が「自己の財産に対するのと同一の注意」（413条1項，659条など），「自己のためにするのと同一の注意」（827条），「固有財産におけるのと同一の注意」（918条1項）などである。これらは，注意義務の程度を，善管注意義務よりも軽減した義務と理解されている。たとえば，特定物債権については，債務者は引渡しまで善管注意義務を負うが（400条），債務者が提供をし，債権者が受領遅滞に陥った後は，債務者は「自己の財産に対するのと同一の注意」，すなわち軽減された注意義務で保存すれば足りるとされている（413条1項⇒**第4章3②**）。

民法は，注意義務の判断基準について，「契約その他の債権の発生原因及び取引上の社会通念」に照らして定まるとしている（400条）。なお，古くは，善管注意義務は，標準的な人を基準とした注意義務であり，自己の財産におけるのと同一の注意義務は，具体的な債務者の能力に応じた注意義務であるとの説明をなすものも存したが，今日的には，いずれの義務も，各状況において，他人に引き渡すべき物を保存する際にどのような注意をなすべきかを，標準的な人を基準として客観的に判断するという点において変わりはないというのが一般的な理解である。

なお，平成29年改正前は，帰責事由（過失）の判断の前提として，善管注意義務を位置づける説明もなされていたが（善管注意義務違反は「抽象的軽過失」，自己の財産におけるのと同一の注意義務の違反は「具体的軽過失」と呼ばれることがあった），改正民法は，債務不履行につき免責事由構成を採用し（415条1項ただし書），帰責事由（過失）を債務不履行の要件としなくなったことから（⇒**第6章2**），保存義務についても，債務不履行（義務違反）の判断の前提としての

義務であり，その義務の判断基準が「善管注意（善良なる管理の注意）」であるとの位置づけがなされるべきである。

　特定物債務の債務者の債務（義務）は，引渡しまでの保存義務と引渡義務の2つの義務からなる。債権者としては，まずは，屋内使用の家電を雨ざらしにするなど，引渡し前に債務者が善管注意での保存をしていない場合には，善管注意での保存（行為）を債務者に請求することができる。次いで，善管注意での保存を怠ったために引渡債務が不能となったり，契約不適合となったりした場合には，引渡債務が結果債務であることから，あえて保存義務違反を問う必要はなく，端的に引渡債務の不履行として債務不履行責任（415条，541条以下，562条以下）を追及することになる。その際，債務者が保存につき善管注意を尽くしていたことが，免責事由（不可抗力，第三者の過失など）を認定するための前提要素の1つとはなるであろう（⇒第6章2⑤）。

Case 2-3 ————————————————————————

　Aは，Bから，Bが所有する中古自動車（甲）を100万円で購入する売買契約を5月1日に締結し，6月1日に代金の支払と引換えに引渡しを受けることとした。ところが，甲にはエンジン部分に故障があった。5月15日に故障があることがすでに判明していたが，Bは故障を修補しないまま，6月1日，Aに甲を提供した。Aは修補をするまで受け取れないとして受領を拒むことができるか。

————————————————————————

特定物の現状による引渡し

　特定物が滅失するのではなく，損傷したり，予定していた性状を欠いていたりした場合，引渡債務はどうなるのか。中古自動車のエンジン部分に故障があったり，住宅を購入したが雨漏りをする箇所

があったりした場合が想定される。平成29年改正前の民法は、「債権の目的物が特定物の引渡しであるときは、弁済する者は、その引渡しをすべき時の現状でその物を引き渡さなければならない」（旧483条）と規定していたことから、たとえ、特定物について、損傷や性状欠缺（これを「瑕疵」と呼んでいた）があっても、現状で引き渡せば足りると解されていた（「特定物ドグマ」と呼ばれていた）。しかし、当事者の意思や取引通念からすると、特定物であるから、代物を引き渡せとはいえないまでも、中古自動車の故障や住宅の雨漏りについては、売主（債務者）に修補を義務づけることが合理的である。そこで、改正法は、特定物と種類物を区別せずに、引き渡された目的物が品質等に関して契約の内容に適合しないものであるときは、買主に追完請求（特定物については修補請求）を認めるとともに（562条1項）、特定物の現状による引渡しの範囲を、「契約その他の債権の発生原因及び取引上の社会通念に照らしてその引渡しをすべき時の品質を定めることができないとき」に限定することとした（483条）。これにより、中古自動車のエンジン部分の故障や住宅の雨漏りについては、契約や取引上の社会通念から故障や雨漏りがないという「品質」が定められていると解釈されるので、売主（債務者）は、現状での引渡しでは足りず（引渡義務を履行したとは評価されず）、修補をした上で引き渡すべき義務を負うことになる。Case 2-3では、売主（債務者）Bが甲を故障があるまま現状で引渡しをしようとしても、買主（債権者）Aは、債務の本旨に従った提供とはいえないとして、受領を拒むことができることになる（⇒第4章2①）。

3 種類債権

① 種類債権の意義

　種類債権とは，一定の種類と一定の数量の物の引渡しを目的とする債権である（401条1項）。たとえば，○○型のパソコンを1台，△△産のコシヒカリ5kgなど通常の商品売買が典型である。特定物債権と比較すると，市場に同種・同量の物が存する限り，債務者は無限の調達義務を負うことが種類債権の特徴である。換言すれば，引渡しを予定した物が滅失しても不能とならない（給付危険を債務者が負う⇒2 ②◆給付危険と対価危険）。

　種類債権の目的物について，品質の違いがある場合には，その品質は，法律行為の性質または当事者の意思によって定まる。それで定まらない場合には，中等の品質を有する物を給付しなければならない（401条1項）。たとえば，ある食品に松竹梅，上中下の3等級の品質が設けられている場合には，まずは契約当事者の明示または黙示の合意によって3等級のうちのどの等級を目的とするかが定められるが，定まらない場合には，竹・中が目的となる。なお，通常の商品取引においては，品質に応じた単価が設定されていることから，品質に関する合意は売買代金額によって推認されるであろうし，その場合には，品質のレベルではなく，種類のレベルの問題と評価することも可能であろう。

　消費貸借や消費寄託においては，借主や受託者は受け取った物と同種・同量の物を返還しなければならないことから，貸主や寄託者の返還債権は種類債権である。その場合，借主・受託者は，受け取った物と同等の品質の物を返還しなければならない（587条，666条

1項)。これは法律行為の性質によって品質が定まる場合とされる（401条1項）。

②　種類債権の特定

特定の意義

種類債権において、その債務の履行の過程で、ある特定の物を目的物とすることを「特定」または「集中」という（401条2項）。種類債権は、その発生の時点では種類物を目的とするが、履行の過程のどこかで、特定物を目的とするのと同じような状況となる。見方を変えれば、特定物債権と種類債権は、特定が契約時に生じるか、履行時に生じるかの差異があるに過ぎないと分析することも可能ではあろう。しかしながら、後述のように、種類債権が特定した後には、債務者に変更権が認められるなど、特定物債権と異なる点があるので、特定によって種類債権が特定物債権に変質するとの説明は、必ずしも正確とはいえない。

特定の要件

特定は、以下の3つの事由によって生じる。
（1）特定合意　第1には、条文には明記されていないが、私的自治の原則から、債権者と債務者の間で、給付すべき物を特定する合意をすることができることは当然である。これを「特定合意」ということがある。また、両当事者が第三者に特定すべき物を指定する権利（指定権）を与え、第三者が指定する場合も同様であると解されている。

（2）債権者の同意を得た債務者の指定　第2には、債権者が債務者に指定権を与え、それに基づいて債務者が指定する場合が想定される（401条2項）。この指定権は両当事者の合意によって与えられるものではなく、債権者の単独行為（単独の意思表示）によって付与される。よって401条2項による法定効果であって、特定は債務者

の指定行為を待って初めて生じる。

（3）　債務者の行為（給付に必要な行為の完了）　　第3には，民法は，債務者が物の給付をするのに必要な行為を完了したときは，以後その物を債権の目的物とすると規定している（401条2項）。特定のもっとも通常の形態である。古くから，「給付に必要な行為の完了」とは何かが論じられてきた。それによって特定の時期に差異が生じることになる。対極に位置づけられる2つの考え方として，「引渡し」説と「提供」説の対立を想定することができる。引渡し説は，特定の主要な効果が目的物の滅失等についての危険の移転であることに着目し，危険移転時とされる引渡し時まで特定が生じないとする考え方である（特に，平成29年改正後は，567条1項を根拠に引渡し説が有力に主張されている）。これに対して，提供説は，提供と受領という履行のプロセスに着眼し，債務者が単独でなし得ることを果たすことが提供であるから（493条），「給付に必要な行為の完了」についても「提供」を基軸に判断するとする考え方である（提供につき⇒第4章2）。今日，判例・多数説は，債務の履行の態様に応じて，持参債務，取立債務および送付債務を区別して特定の時期を確定しようとする（履行場所がどこかによる区別でもあることから「履行地」説と呼ばれることがある）。

Case 2-4 ———————————————————————————

　Aは，4月1日，Bからタケノコ100kgを10万円で購入する契約を締結した。

■　4月10日，BがAの倉庫まで配達する旨が合意されていた。Bは，4月10日にタケノコ100kgを段ボールに箱詰めし，トラックで搬送中，対向車線をはみ出した暴走車に激突され，トラックが炎上し，タケノコが焼失してしまった。AはBに別のタケノコ

100 kg を引き渡せと請求できるか。

2 4月10日にBの倉庫までAがタケノコを引き取りに行く旨が合意されていた。Bは，4月10日，タケノコ100 kg を段ボールに箱詰めし，「A様売却済み」と記載して，搬出用の倉庫甲に保管した上で，Aに電話で引き取りに来るように催促したが，Aは，タケノコを引き取りに来なかった。ところが，4月15日，火災の類焼により倉庫甲のタケノコが焼失してしまった。AはBに別のタケノコ100 kg を引き渡せと請求できるか。

特定（給付に必要な行為の完了）の認定

（1）**持参債務の場合**　持参債務とは，履行場所が債権者の住所であり，債務者が目的物を債権者の住所に持参して履行すべき債務をいう（弁済の場所につき⇒第10章 2 ①）。Case 2-4 **1** は債権者Aの倉庫を履行場所とする持参債務のケースである。種類債権については，別段の意思表示がない場合には，債権者の住所が履行場所とされる（484条1項）。持参債務の場合には，債務者が債権者の住所に目的物を持参し，債権者がいつでも受領できる状態にしないと，特定は生じないと解されている。持参債務については，提供としても現実の提供が必要であり（493条本文），債務者が債権者に送付するために運送機関に目的物を託して発送しただけでは特定は生じないとした判例が存する（大判大 8・12・25 民録 25 輯 2400 頁）。Case 2-4 **1** では，債権者の倉庫への搬送中の事故で目的物が滅失したというケースであるから，特定は未だ生じていないということになろう。

（2）**取立債務の場合**　取立債務とは，債務者の住所が履行場所であり，債権者が債務者の住所まで来て，目的物を受け取る債務である。Case 2-4 **2** は，債務者Bの倉庫まで債権者Aが引き取りに

行くことが合意されているので取立債務のケースである。取立債務については，特定には，目的物の分離（債務者が給付すべき目的物を他の物と分離し，債権者が取りに来ればいつでも受領できる状態にすること）と債務者への通知（その状態を債権者に通知し，受け取るように求めること）が必要だと解されている。取立債務の提供としては，現実の提供は不要であり「口頭の提供」（履行の準備をしたことを通知しその受領を催告すること）で足りるとされるが（493条ただし書），特定を生じさせるためには，「目的物の分離」が必要となる（漁業用タールに関する最判昭30・10・18民集9巻11号1642頁参照）。特定によって，所有権の移転や給付危険の移転（滅失により不能となる）の効果が生じることから，同種の他の物からの分離が求められることになる。Case 2-4 **2** では，タケノコ100 kgを段ボールに箱詰めし，「A様売却済み」と記載していることから，目的物の分離はなされていると判断され，債権者Aに電話で引き取りに来るように催告しているから，目的物の分離と債権者への通知の要件を満たし，特定がなされたと認定することができる。なお，特定のための分離を形式的に理解すると，硬直な帰結となり不公平となるおそれがあるので（複数の売却先が決定している複数の商品を搬出用倉庫に移しいつでも搬出できる状態で保管していたところ，搬出用倉庫が全焼したケースなど），分離の有無は「給付に必要な行為の完了」の重要な判断要素の1つとすべきであるとする学説が有力である。この立場からは，種類債権の特定の要件（401条2項）と所有権の移転のための要件（176条）とは必ずしも同一に論じる必要はないということになろう。

　(3)　送付債務の場合　　送付債務とは，履行場所が債権者または債務者の住所でない第三の場所（第三地）であり，債務者が第三地に目的物を送付すべき債務をいう。送付債務の場合には，原則として，持参債務に準じて，その場所での現実の提供が必要である。た

だし，契約解釈の問題であり，第三地が履行場所と定められてはいないが，債権者の要請に応じて好意で第三地に送付する場合，分離し発送することによって特定が生じる場合もある。

| 特定の効果 |

(1) 特定物債権のルールの適用（調達義務からの解放と善管注意保存義務） 種類債権については，債務者が給付を予定していた物が滅失しても，市場に同種同量の物が存する限り無限の調達義務を負っている。特定の第1の効果は，債務者をこの調達義務から解放することにある。特定により給付危険が債権者に移転し，目的物の滅失によって引渡債務は履行不能となり，債権者は履行請求ができなくなる（412条の2第1項）。一方，債務者は特定した物について善管注意義務（保存義務）を負うことになる（400条）。

これに対して，調達義務からの解放の効果は，引渡しによって初めて生じるとする学説（引渡時説）が，平成29年改正前から有力に主張されていた。改正後は，目的物の引渡し後の滅失・損傷につき，567条1項前段が契約不適合責任を問えないと規定し，同項後段が代金支払の拒絶ができないと規定していることを根拠の1つとする。しかしながら，567条1項は，「引渡し後」の滅失・毀損を念頭に置いた上で，前段が契約不適合の救済制度（レメディ）に関して，後段が危険負担（対価危険）に関して規律する規定であり，ここで問題となっている「引渡し前」の本来債務の給付危険（調達義務からの解放等）について何ら直接に規律する規定ではない点には注意すべきであろう。

(2) 所有権の移転 不動産売買などの特定物売買においては，別段の特約がない限り，契約時に所有権が移転すると解されているが（176条⇒*民法2 物権*），種類物売買など不特定物売買においては，種類と数量によってしか指定がなされていない契約時に所有権移転

の効果を生じさせることはできない。判例は，原則として，特定した時に所有権が移転するとする（最判昭35・6・24民集14巻8号1528頁）。

___

債務者の変更権

種類債権の特定によって，特定物債権のルールが適用されるが，完全に特定物債権に変容するわけではない。債務者には，債権者に特に不利益でない場合に，信義則または契約の解釈を根拠として，特定した物以外の同種・同量の他の物を引き渡す権利が認められると解されている（大判昭12・7・7民集16巻1120頁）。これを変更権という。これはあくまでも権利であって，義務ではない。よって，特定後に債務者の過失で特定した物が滅失した場合，債務者は変更権を行使して，同種・同量の他の物を引き渡すことで，損害賠償責任を免れることができるが，逆に，特定後に特定した物が不可抗力で滅失した場合には，債務者は，不能により履行義務を免れ（412条の2第1項），かつ損害賠償責任も負わないのであるから（415条1項ただし書），変更権の行使を強制されることはない。他方，債務者が分離し，特定が生じた後に，同種・同量の他の物と混和させた場合，変更権を行使したものと評価される（これを「特定の解除・解消」と呼ぶことがある）。

◆制限種類債権　制限種類債権とは，種類と数量で指定される物について，さらに特殊の範囲で制限されたものを目的とする種類債権の一種である。在庫一掃セールなどは，商品の売買であるが，在庫に限定された範囲での廉価販売であるから，制限種類債権の例とされる。

　種類債権については，原則として，特定前に不能となることはないが（無限の調達義務を負うが），制限種類債権については，特定前であっても制限内の物がすべて滅失すれば不能となる（前掲・最判昭30・10・18〔漁業用タール事件〕参照）。

また，種類債権については，特定後に保存義務（善管注意での保存義務）が発生するが（400条），この点は制限種類債権も同様である。さらに，制限種類債権については，特定前についても，制限された範囲の物について保存義務を負っていると解する余地がある（札幌高函館支判昭 37・5・29 高民集 15 巻 4 号 282 頁は，「自己の財産におけると同一の注意義務」を負うとする）。

近時は，種類債権か制限種類債権かという二分法ではなく，本質的には，契約の解釈の問題（どの範囲で調達義務を負うのか，どのような場合に調達義務を免れるのかの問題）であり，「倉庫内」などの「場所による制限」はその一例に過ぎないとの見解が有力である。

4 金銭債権

1 金銭債権の意義

金銭債権とは，金銭の支払を目的とする債権である（402条）。たとえば，パソコンを 10 万円で購入する売買契約を締結した場合，その効果として 10 万円の金銭債権が発生する。売買契約に基づいて代金支払請求訴訟が提起された場合，裁判所は，10 万円の支払を命じる判決を下す。この金銭債権の目的とは，「10 万円の支払」であるが，より具体的には，そもそも金銭とは通貨または通貨によって表章される価値（一定額）であるから，「10 万円の支払」とは，10 万円分の通貨の引渡しまたは通貨という媒体を介した 10 万円という価値の移転（額の支払）ということになる。後者に着目するとき，一般の金銭債権は「金額債権」とも呼ばれる。

契約から発生する金銭債権としては，売買契約に基づく売買代金債権（555条），金銭消費貸借契約に基づく貸金返還債権（587条），賃貸借契約に基づく賃料債権（601条），雇用契約に基づく賃金（報

酬）債権（623条），請負契約に基づく報酬債権（632条），金銭消費寄託契約に基づく寄託物返還債権（666条。預金契約に基づく預金払戻債権は，これに当たる）などがある。法定債権については，債務不履行・不法行為に基づく損害賠償請求権（415条，709条）が，金銭賠償を原則とする（417条，722条1項）。不当利得に基づく利得返還請求権（703条）や無効・取消し・解除の原状回復請求権（121条の2，545条1項）は，もとの給付が金銭だった場合や価値返還となる場合は金銭債権である。

② 金銭債権の支払

金銭債権（金額債権）
の支払と通貨

先述したとおり，金銭とは通貨または通貨によって表章される価値（一定額）であり，金銭債権の支払は通貨でなされるのが原則である。民法は，「債権の目的物が金銭であるときは，債務者は，その選択に従い，各種の通貨で弁済することができる」（402条1項本文）と規定する。各種の通貨で弁済が可能な一般の金銭債権，換言すれば一定額の支払が目的である金銭債権を「金額債権」とも呼ぶ。

通貨とは，法律により国内における「強制通用力」（金銭債権の弁済としてその受領を強制されること）を認められた貨幣（「法貨」ともいう）を指す。わが国では，通貨（法貨）は，狭義の貨幣である「硬貨」と「紙幣」（日本銀行券）である。硬貨については，「額面価格の20倍までを限り，法貨として通用する」（通貨7条）とされ，紙幣（日本銀行券）については，「法貨として無制限に通用する」（日銀46条2項）とされる。よって，10万円の支払について，債務者の選択によって，1万円札を10枚で支払うことも，1000円札を100枚で支払うことも可能であり，強制通用力があることから，債権者は

1000円札100枚の受領を拒絶することはできない。これに対して，債務者は，500円硬貨200枚で支払うことを選択することも可能ではあるが，硬貨の強制通用力は額面の20倍すなわち1万円までしか認められないので，債権者はその受領を拒むことができる。

特定種類の通貨による支払

金銭債権は，一般には，一定額の支払に意味があり，各種の通貨で弁済することができる金額債権が原則であるが，例外的に，特定の種類の通貨での支払の合意があれば，それに従うことになる（402条1項ただし書）。たとえば，10万円を5000円札20枚で支払うと合意した場合には，その他の紙幣や硬貨を用いて支払をなすことはできない。債務者が1万円札10枚を提供しても債権者は受領を拒絶できる。これを「相対的金種債権」と呼ぶことがある。これも金銭債権の一種である。なお，特定の種類の通貨が弁済期に強制通用力を失っているときには，債務者は他の通貨で弁済しなければならない（同条2項）。

これに対して，特定の通貨（特定の番号の紙幣など）の引渡しや記念通貨の引渡しを合意することができる。前者を「特定金銭債権」，後者を「絶対的金種債権」と呼ぶことがあるが，これらの法的性質は，金銭債権ではなく，むしろ特別な貨幣という「物」の引渡しを目的とした特定物債権，種類債権として性質決定されるべきである。

外国通貨

ドルやユーロなどの外国通貨は，わが国において強制通用力を有しない。よって，10万円の金銭債権について，債務者がドルやユーロに換算してドル紙幣やユーロ紙幣で提供しても，債権者は受領を拒むことができる。

これに対して，外国通貨で支払うことを両当事者が合意した場合には，債務者は外国通貨で支払うことができるが（402条3項），強制通用力がないため，債務者は履行地の為替相場で換算して，日本

円で支払うことも可能となる。民法は，この点について，「外国の通貨で債権額を指定したときは，債務者は，履行地における為替相場により，日本通貨で弁済することができる」(403条) と規定している。さらに，最高裁は，「外国の通貨をもって債権額が指定された金銭債権は，いわゆる任意債権であり，債権者は，債務者に対し，外国の通貨又は日本の通貨のいずれによって請求することもできる」として，日本円での訴訟上の請求を認めており，その場合の換算は，事実審の口頭弁論終結時の外国為替相場によるべきとする（最判昭50・7・15民集29巻6号1029頁）。一部の学説には，403条は任意規定であるとして，外国通貨のみで支払う合意を有効とするものがあるが，必ずしも支持は得られていない。

　なお，先述のように，特定の種類の通貨が弁済期に強制通用力を失っているときには，債務者は他の通貨で弁済しなければならないが（402条2項），同規定は外国の通貨の給付を債権の目的とした場合にも準用される（同条3項）。たとえば，EUでは，マーストリヒト条約によりEUの単一通貨としてユーロが導入され，フランス・フランは2017年2月17日をもって強制通用力が失われている。そこで，フランス・フランでの支払が合意されていた場合，債務者は他の通貨（円やユーロ）で弁済しなければならない。

Column②　信用通貨および決済手段の多様化 ●•◦•◦•◦•◦•◦•◦•◦•◦•◦•◦•

　現代社会においては，決済手段の多様化に伴い，金銭債権の支払が通貨（いわゆる現金）を用いて行われることはむしろ少なくなってきている。BtoBの企業間取引においては，その決済のほとんどが，古くは手形を用いて行われ，今日的には銀行振込みによって行われている。いずれも日本銀行を中心とする「全銀システム」による「預金通貨」を用いた決済である。BtoCの消費者取引においても，キャッシュレスが浸透し，銀行振込み，電子マネーなどが広く用いられるようになった。

そもそも通貨には，3つの機能（「価値の尺度」「交換の媒介」「価値の保蔵」）があるとされ，これを満たすものは，国家による強制通用力が認められていなくても，取引社会における慣行または合意による通用力が付与されれば，擬似的な通貨（信用通貨）として金銭債権の決済手段として用いられることになる。今日，わが国においてもっとも広く決済手段として用いられているものは銀行振込みである。それは預金通貨が信用通貨として機能しているということを意味する。

このような状況を踏まえて，平成29年改正民法は，振込みによる弁済の効力が生じる時期について，預金や貯金の払戻請求権を取得する時（すなわち入金記帳がなされた時）とする規定を設けることとした（477条⇒第10章2②）。同規定は，預金通貨に強制通用力を認めるものではないが，両当事者が振込みによる弁済を合意した場合には，当事者間では合意による通用力が認められることとなり，債権者は振込み（預金通貨による支払）の受領を拒絶することはできなくなる。

③ 金銭債権の特徴

金銭債権は「物」の引渡しではなく，通貨での支払，換言すれば「価値」（一定額）を「通貨」によって移転することを目的とする金額債権であることから，その特徴として以下の点を指摘することができる。

①　金銭債権については履行不能を観念できず，債務不履行は履行遅滞のみである。債務者に資力がなく支払えないのは，履行不能ではない。

②　金銭債務の不履行の特則として，損害賠償の額は法定利率（404条）によって定められ（419条1項本文），約定利率が法定利率を超える場合には約定利率による点（同項ただし書），債権者は損害

の証明をする必要がない点（同条2項），債務者は，不可抗力を抗弁とすることができない点（同条3項）が規定されている（⇒**第6章3 8**）。

③　貨幣価値の変動により，金銭債権の実質的価値が変動するが，「実価主義」ではなく，額面が基準となる。これを「名目主義」という。最判昭36・6・20民集15巻6号1602頁は，戦前の金銭債権を戦後に請求する際，大幅な貨幣価値の下落を理由に額面の300倍の請求をした事案につき，その請求を認容しなかった。

④　金銭債権については，責任財産は債務者のすべての財産となるので，原則として債務者のどの財産に対しても執行することができる（民執43条以下）。

◆金銭所有権と金銭債権　　金銭（通貨）については，金銭の高度の流通性を保護するために，金銭（通貨）の占有が移転すれば所有権も移転するとのいわゆる「占有＝所有権」理論が採用されている（⇒**民法2 物権**）。よって，無効な契約から発生する金銭債権の支払として金銭（通貨）の移転がなされても，原資者には，金銭（通貨）自体について物権的返還請求権は認められず，不当利得に基づく返還債権または原状回復債権（金銭債権）が認められるに過ぎない。なお，最高裁は，BがAから騙し取った金銭（騙取金）でBのCへの債務を弁済したという事例で，CがBからその金銭を受領するにつき悪意または重大な過失がある場合には，AのCに対する不当利得返還請求を認める判決をなしている（最判昭49・9・26民集28巻6号1243頁）。これは物であれば，所有権に基づく返還請求が認められるところ，金銭については占有の移転により所有権が失われるので，それを補完するために，不当利得法理によって，実質的に，「物」ではなく「価値」について，物権的返還請求権を認めたとの分析もなされている。

5 利息債権

① 利息債権の意義

Case 2-5

　貸主Ａは借主Ｂに，返済期限を1年後とし，利息年10％，遅延利息年12％の約定で，100万円を貸し渡した。期限が到来してもＢが返済しないまま4か月が経過した。ＡはＢにどのような請求が可能か。

元本債権と利息債権

　「利息債権」とは，利息の支払を目的とする債権である。それでは利息債権の目的である利息とは何か。「利息」とは，元本の使用の対価として発生する金銭その他の物を指す。元本と利息の関係は，元物と法定果実の関係に該当する（88条2項）。たとえば，Case 2-5においては，貸主Ａと借主Ｂが，返済期限を1年後としてＡがＢに100万円を貸し渡したことにより金銭消費貸借契約が成立している（587条）。その際に年利10％の利息を支払う特約（合意）をなしているので（589条1項），Ｂは，1年後の返済期限が到来したときに，元本100万円の返還とともに，利息10万円の支払をしなければならない。Ｂは1年間，元本である100万円を自由に運用できるので，その元本使用の対価として10万円の利息を支払うわけである。このとき，100万円の返還と10万円の支払は，それぞれ消費貸借契約と利息契約という発生原因を異にする別々の給付であり，2つの債権，すなわち「元本債権」と「利息債権」が発生することになる。ＡがＢを被告として，貸金返還請求訴訟を提起する場合，主請求として消費貸借契約に基づく貸金返還請求権を，附帯請求として利息契約に

基づく利息請求権を行使する。訴訟物は 2 個である。同様に，銀行に預金を行う場合にも利息が発生する。預金は，民法上の消費寄託契約であり（666 条 1 項），利息の支払について特約（合意）がある場合，預金者は銀行に対して，消費寄託契約に基づく預金返還債権（元本債権）とともに，利息契約に基づく利息支払債権（利息債権）を取得する。

約定利息と法定利息

契約から発生する利息を「約定利息」と呼ぶのに対して，利息（債権）が法律の規定によって発生する場合の利息を「法定利息」という。連帯債務者間の求償に伴う利息（442 条 2 項）や売買契約における代金の利息（575 条 2 項）などが法定利息の例である。民法上の（金銭）消費貸借は原則として無償であり（589 条 1 項），利息を支払う特約（合意）がある場合にのみ利息が発生するので，約定利息である。ちなみに，商人間で金銭消費貸借契約が締結される場合には，利息に関する約定がなくても，法律の規定に基づいて法定利息が発生する（商 513 条 1 項）。

利息と遅延損害金
（遅延利息）

実務では，Case 2-5 のように，「利息年 10％，遅延利息年 12％」との約定がなされることがある。しかしここでいう「遅延利息」は，遅延損害金，すなわち履行遅滞に陥った場合の損害賠償額の予定（420 条 1 項）であり（⇒第 6 章 3 ⑨），たとえ「遅延利息」という用語が用いられても，元本使用の対価としての「利息」とは趣旨を異にする。貸金返還請求訴訟を提起して，元本の返還とともに利息の支払および遅延損害金の支払を求める場合，主請求として消費貸借契約に基づく貸金返還請求権を，附帯請求として利息契約に基づく利息請求権，履行遅滞に基づく損害賠償請求権を行使する。訴訟物は 3 個となる。請求額は，それぞれ元本 100 万円，1 年分の

利息 10 万円，4 か月分の損害金 4 万円（正確には期限後支払済みまでの遅延損害金となるため，訴訟が長引けば損害金の額も増額する）である。

単利と複利

利息には，当初の元本についてのみ利息が付される「単利」と，履行期の到来した利息が順次，元本に組み入れられる「複利（重利）」とがある。当事者が別段の合意をしない限り，単利が原則となる。しかし，別段の合意がなくても，利息の支払が 1 年以上延滞した場合において，債権者が催告をしても債務者がその利息を支払わないときには，債権者はこれを元本に組み入れることができる（405 条）。

② 利　　率

法定利率と約定利率

利息の元本に対する割合を「利率」という。実務では，年利，月利，日歩などとして定められる。ちなみに，日歩 1 銭とは，元本 100 円の一日あたりの利息が 1 銭（100 銭＝1 円ゆえ 0.01 円）であることを示す。年利にすると 3.65 ％ の計算となる。利率は，当事者の合意（別段の意思表示）によって定めることができる。これを「約定利率」という。これに対して，法律の規定によって定まる利率を「法定利率」という。当事者が利息をつけることに合意した場合（約定利息），利率も定めることが通常であろう。法定利率は，当事者が利息をつけることだけを合意して利率について定めなかった場合や，法律の規定によって利息が生じる場合（法定利息）に適用される（404 条 1 項）。特に，遅延損害金の算定（419 条 1 項）や中間利息の控除（417 条の 2）など損害賠償額を定める際に，法定利率が重要な役割を担う。

変動制による法定利率

平成 29 年改正前民法においては，法定利率は民事 5 ％（旧 404 条），商事 6 ％（商旧 514 条）の固定制であったが，改正法は，民事と商事の区分を廃止

し，変動制を導入することとした。これは，昨今の低金利の情勢下では5％または6％の法定利率と市中金利が大幅に乖離している点，遅延損害金の算定や中間利息の控除が不合理かつ不公平な結果となっている点を是正するとともに，急激な変更に伴う社会的コストを軽減するために，緩やかな変動制を採用することとしたものである。

それによると，まずは，施行当初（令和2年4月1日）の法定利率は3％とすることとなった（404条2項）。それ以後は，3年を1期（各期）として，3年ごとに変動するものとする（同条3項）。具体的には，各期の6年前から1年前までの短期貸付金利（いわゆる「短期プライムレート」）の平均を各期の「基準割合」（同条5項。ちなみに令和2年4月〜令和5年3月の基準割合は，令和2年4月1日法務省告示第47号により年0.7％，令和5年4月〜令和8年3月の基準割合は，令和4年3月30日法務省告示第64号により年0.5％と定められている）として，直近変動期における基準割合と当期における基準割合との差（1％未満は切り捨て）が生じていれば，それを直近変動期における法定利率に加算または減算して当期の法定利率を算定することとなる（同条4項）。たとえば，あくまでも仮定の話であるが，数十年の間に法定利率の幾度かの変動を経て，令和35年4月の時点で新たに3％に変動したとしよう。令和35年4月〜令和38年3月（「α期」とする）の基準割合が年2.4％，令和38年4月〜令和41年3月の期（「β期」とする）における基準割合が年1.8％，令和41年4月〜令和44年3月の期（「γ期」とする）の基準割合が年1.3％となったと仮定する。直前変動期であるα期の基準割合が2.4％であるから，β期には−1％以上の差が生じていないが，γ期にはα期と較べると−1％以上−2％未満の差が生じているので，1％が減算され，γ期の法定利率は年2％となる。

③ 高利の規制

Case 2-6 ──────────────────────────────

　貸金業者Ａは借主Ｂに，返済期限を1年後とし，利息年18％の約定で，100万円を貸し渡した。期限が到来した場合，ＡはＢにどのような請求が可能か。ＢがＡに利息18万円と元本のうち50万円を弁済期日に支払った場合，ＡはＢにどのような請求が可能か。さらに，118万円を支払った場合，ＢはＡに対してどのような請求が可能か。

──────────────────────────────────

　金銭消費貸借など契約においては，当事者の合意で利率を定めることができる（約定利率）。本来ならば自由に意思決定がなされるべきところではあるが，実際には，貸主が経済的に優位な立場にあることから，高い利率が借主に押しつけられることが多い。そこで，高利の規制が必要となる。高利の規制は，ローマ法以来の法の課題の1つであり，わが国においても戦後，判例および立法により法が飛躍的に変容した領域である。平成18年の貸金業規制法（現・貸金業法）等の改正（法律115号）は，その集大成として位置づけることができる。

　高利の規制は，基本的には，利息制限法による私法上の効力制限と，出資法による刑事制裁の2つからなる。まずは，私法上の効力制限であるが，利息制限法により，元本10万円未満の場合には年20％，元本10万円以上100万円未満の場合には年18％，元本100万円以上の場合には年15％の利率により計算した金額を超える利息の契約はその超過部分について無効としている（利息1条）。なお，遅延利息（遅延損害金の賠償額の予定）については，その1.46倍（同4条1項），業者の行う「営業的金銭消費貸借」については20％（同7条1項）が上限となる。次に，刑罰規制であるが，業者であるか否

かを問わず，年109.5％（日歩30銭）を超える割合による利息の契約をしたときは，刑罰の対象となる（出資法5条1項・3項）。さらに，業者の行う「営業的金銭消費貸借」については，年20％を超える割合による利息の契約をしたときにも刑罰が科される（同条2項）。

Case 2-6 では，元本100万円であるから，約定の年18％のうち15％を超える利息の契約は無効となる（利息1条3号）。よって，AはBに対して元本100万円の返還と15万円の利息の支払のみを請求できる。Bが利息18万円と元本のうち50万円を支払った場合，超過利息分の3万円は元本に充当されるので（最大判昭39・11・18民集18巻9号1868頁），残債務は47万円となり，AはBに47万円を請求できる。Bが118万円を支払った場合，超過利息3万円分は，いわゆる「過払金」となるので，BはAに対して原状回復としてその返還を請求できる（121条の2）。

Column③ いわゆる「グレーゾーン金利」 ◆-◆-◆-◆-◆-◆-◆-◆-◆-◆-◆-◆

出資法の刑罰規定については，法制定時の昭和29年においては，年109.5％の規制のみで，業者の貸付に関する刑罰規定がなく，かつ利息制限法旧1条2項は超過部分を任意に支払ったときは返還請求をすることができないと規定していた（さらに旧貸金業規制法43条は，有効な利息の弁済とみなすとする「みなし弁済規定」を置いていた）ことから，利息制限法旧1条1項違反で無効ではあるが，刑罰規定の適用がない，いわゆる「グレーゾーン金利」（元本100万円以上の場合，年15％超109.5％以下）での高利の貸付が横行し，サラ金禍や消費者破産などが社会問題となった。その間，判例や法改正の努力を経て，平成18年の法改正により，いわゆる「グレーゾーン金利」はほぼ解消したが，ヤミ金の暗躍などの社会問題は残されている。

現在，利息制限法1条の規定により無効となるが，刑罰規定の適用がない金利は，元本額100万円の場合には，年15％超20％以下の範囲となるが，営業的金銭消費貸借については，この範囲の金利

での貸付も行政処分（業務改善命令）の対象となるとしている（貸金業12条の8第1項，24条の6の3）。また，実質的には100万円の貸付を，形式的に10万円の小口に分けて分割して貸付を行うと，年20％までの利息を有効にとることができるので，このような脱法的行為に対抗するため，元本額の合算の規定が設けられている（利息5条）。さらに，元本以外の金銭は，礼金，割引金，手数料，調査料等の名目を問わず利息とみなすとの規定が置かれている（同3条。同6条によりカード発行手数料等は例外となる）。

6 選択債権

Case 2-7 ―――――――――――――――――――――――――――――――――

Aは，中古パソコン業者Bから，P社製の中古パソコン甲か，Q社製の中古パソコン乙かいずれかを選択して5万円で購入する契約を締結した。5日以内にAが甲PCか乙PCかいずれかを選択することとし，5日後にBは選択されたPCをAに引き渡し，Bは選択されなかったパソコンについてはCに売却する旨をAに伝えていた。5日経過してもAが選択をしない場合には，Bはどのような対応が可能か。3日経過後に，Aが選択権を行使する前に，甲PCが滅失した場合，AはBに対してどのような請求が可能か。

①　選択債権の意義

選択債権とは，債権の内容が数個の給付の中からの選択によって定まる債権である（406条）。Case 2-7では，AはBに対して甲PCか乙PCのいずれかの引渡し（給付）を請求する選択債権を有している。選択債権の目的である数個の給付は，個性を有することが前

提となっている。よって，たとえば，Bの店舗の在庫として保管されていた甲社製の新品のパソコン2台のうちの1台という場合は，当事者は2台のパソコンの個性に着目しているわけではなく，給付の目的が種類と数量で指定されているので，選択債権ではなく，（制限）種類債権となる（401条1項）。これに対して，1000坪の甲土地のうち，自由に選択した100坪を分割して譲渡するという場合には，甲土地のどの部分の100坪を選ぶかによって特性が異なることから，選択債権となる（最判昭42・2・23民集21巻1号189頁参照）。

　数個の給付は，Case 2-7のように，ある物の引渡しと他の物の引渡しの選択という場合もあれば，職人Sと職人Tのうちいずれかの職人による工芸品の制作を選択するという「なす給付」の選択という場合も想定される。物の引渡しとなす給付の選択という場合もあろう。選択債権の発生原因は，契約（合意）による場合のほか，法律の規定に基づいて選択債権が発生する場合もある。法定責任としての無権代理人の責任（117条1項）にかかる債権は，履行請求権か損害賠償請求権かの選択債権と解されている。

2 選択債権の特定

　選択債権の目的である数個の給付のうち，履行すべき給付が1つに定まることを「選択債権の特定」という。特定により単純な（給付が1つの）債権に変更される。給付が物の引渡しの場合には，種類債権の特定と同様に，特定物債権とほぼ同様の債権となる。

　特定は，条文上は明らかにされていないが，両当事者の合意による選択によって生じることは私的自治の原則から当然に帰結される。

　合意による選択がない場合には，当事者の一方または双方に与えられた選択権の行使によって生じることになる。選択権の性質は，形成権であり，一方的な意思表示によって行使される（407条1項，

409条1項）。形成権の行使の効果は遡及効が認められ，債権発生時に遡って効力が生じるが（411条本文），第三者の権利を害することはできない（同条ただし書）。

　選択権は，別段の合意がなければ，債務者に帰属する（406条）。なお，弁済期が到来し，相手方が相当期間を定めて催告しても，選択権を行使しない場合には，選択権は相手方に移転する（408条）。また，当事者の合意によって第三者に選択権を付与することも可能である（409条1項）。第三者が選択権を行使することができず，または選択する意思を有しない場合には，選択権は債務者に移転する（同条2項）。

　Case 2-7 では，当事者の別段の合意により債権者 A に選択権が与えられているケースである。5日間の選択期間を経過しても A が選択権を行使しない場合には，B に選択権が移転したと解することが可能であろう（予め選択期間を定めている場合には，408条の相当期間を定めた催告は不要と解される）。B は選択権を行使して甲 PC を選択したならば，もう一方の乙 PC を C に売却することができる。B が甲 PC を提供した場合，A は受領を拒絶できない。

　最後に，一方の給付の不能によって，他方の給付の特定の効果が生じる場合がある。すなわち，選択権を有する者の過失によって一方の給付が不能となった場合には，残存する他方の給付に特定する（410条）。Case 2-7 において，甲 PC が選択権を有する A の過失によって滅失した場合，乙 PC に給付が特定する。A は乙 PC の引渡しを受けて，甲 PC の滅失について不法行為に基づく損害賠償をしなければならない。これに対して，甲 PC の滅失が B の過失による場合には，410条の適用はなく，特定の効果は生じない。よって，A は，選択権を行使して，甲 PC の給付に代わる損害賠償か，または乙 PC の引渡しか，いずれかを選択して請求することができる。

Part2　債権の効力①
—— 当事者間における効力

　Part2 では，債権関係の当事者である債権者と債務者の間における債権の効力について学習する。まずは，理論的な面から，債権の効力を分析する。具体的には，債権の効力を，給付保持力，請求力，訴求力，執行力に分けて整理する。次いで，制度論として，民法が，債権の目的である給付およびその履行に関して，当事者である債権者・債務者がどのような権利を有し，義務を負うと定めているかを学んでいく。履行と不履行のルールといってもよい。たとえば，債務者が任意に履行の提供をしたにもかかわらず，債権者が受領をしない場合の債権者と債務者の法律関係が問題となる（⇒**第 4 章**『*債務の履行*』）。他方，債務者が履行しない場合に，債権者はどのような要件で履行を請求することができるか，またどのような方法で履行を強制することができるか（⇒**第 5 章**『*履行の請求および強制*』），さらにいかなる要件でどの範囲で損害賠償の請求ができるかが問題となる（⇒**第 6 章**『*債務不履行に基づく損害賠償*』）。

第**3**章 「債権の効力」とは何か

債務の履行および不履行に関する諸制度を学習する前に，まずは，債権にはどのような効力が認められているのかという点を理論的な面から整理しておこう。具体的には，債権が通常備えている効力として，給付保持力，請求力，訴求力，執行力の4つの効力に分けて分析する。次いで，例外的にそれらの効力の1つないし複数（訴求力・執行力）を欠いている債権（債務）として，「自然債務」，「責任なき債務」について学習する。

1 債権の効力

Case 3-1

Aは，Bとの間で，A所有の骨董品の茶器（甲）を50万円でBに売却する売買契約を締結した。AはBに対する売買代金債権に基づいて何ができるか。BはAに対する茶器（甲）の引渡債権に基づいて何ができるか。

債権には，「給付保持力」「請求力」「訴求力」「執行力」の4つの効力があるとされる。まずは，**序章**においても説明したように，債権とは，債権者が債務者に一定の給付を請求し，債務者のなす給付を保持することができる権利であると定義され，そこから債権の本質的な効力として，「給付保持力」と「請求力」が導かれる（⇒序章3①）。さらに，債権者が国家の助力を得て給付内容を実現することができるようにするために，債権には，「訴求力」，「執行力」

の2つの効力が付与されている。「訴求力」と「執行力」については，請求力から派生するものと説明することも可能である。

| 給付保持力 | 給付保持力とは，債権者に債務者のなした給付を適法に保持することができる権能を |

付与する効力である。債権者は，債務者が任意に履行した給付を受領し，保持することができ，受領・保持が不当利得（703条，704条）とはならない。債権のもっとも本質的でかつ最小限の効力である。Case 3-1において，売買代金債権の債務者Bが50万円の代金を債権者Aに債務の弁済として支払った場合，Aは50万円を適法に受領し，保持することができる。Bがその後，生活費の工面に窮しているので，支払った50万円を返還するように請求しても，Aはそれに応じる必要はない。もっとも，たとえばAの詐欺やBの錯誤などを理由に債権発生原因である売買契約がBによって取り消された場合には，遡って売買代金債権が発生していなかったことになるから（121条），Bは50万円の返還（原状回復）を求めることができる（121条の2）。これは，債権について給付保持力が失われるのではなく，そもそも債権自体が遡及的に発生していなかったことになるからである。

| 請 求 力 | 請求力とは，債権者が債務者に対して，履行（給付）をせよと請求できる効力である。 |

給付保持力が消極的な効力であるのに対して，請求力は積極的な効力であり，紛争の局面では債権者にとってより重要な効力となる。民法は，履行不能の場合に請求力が失われることを明文で定めているが（412条の2），この規定は，逆に原則として債権に請求力があることを前提としている。Case 3-1においては，期限が到来すれば，AとBはそれぞれ代金支払債権と本件動産引渡債権に基づいて，50万円の支払と本件動産の引渡しを請求できる。これは債権

の請求力によるものである。なお，**序章**において言及したように，債権の請求力について，債権と区別して，「履行請求権」と呼ぶことがある（⇒序章3① ◆「債権」と「履行請求権」）。

> **訴求力**

訴求力とは，債権者が債務者に対して，訴訟上の訴えによって履行を請求することができる効力である（⇒第5章）。債権の目的である給付を求める訴えや訴訟は，民事訴訟法上の「給付の訴え」（「給付訴訟」）に分類される。訴求力には，債権者が債務者を被告として給付の訴えを提起することができるという側面と，国家機関である裁判所に対して「給付判決」（本案判決）を求めることができるという側面がある（民事訴訟法では，いわゆる「訴権論」として，「私法的訴権説」と「権利保護請求権説」の対立として論じられている）。Case 3-1 においては，A と B は，任意の履行がなされない場合，それぞれ相手方を被告として，代金支払請求訴訟，動産引渡請求訴訟を提起することができる。裁判所は，理由が認められれば，「被告 B は原告 A に対して 50 万円を支払え」，「被告 A は原告 B に対して本件動産を引き渡せ」と主文で命じる判決をなす。債権には原則として訴求力が認められるが，例外的に，当事者の合意などにより，債権に訴求力が認められない場合もある（⇒2）。

> **執行力**

債権者は，債務者が任意に履行しない場合，国家機関の手によって債権内容を実現することができる。これを，「履行の強制」という（⇒第5章）。履行の強制は，民事執行法の定める「強制執行」の手続によって行われる（414条）。それゆえ，債権には，債権内容を実現するために強制執行を行う「執行力」があるとされる（この効力は，強制執行によって債権内容を実現するという視点から「強制力」と呼ばれることもある）。

執行力については，「貫徹力」と「摑取力」の2つを区別するこ

とがある。特定の動産の引渡しや不動産の明渡しなどを目的とする債権については，債務内容がそのまま実現される。たとえば，Case 3-1において，Aが茶器（本件動産）を任意に引き渡さない場合，Bは，「被告Aは原告Bに対して本件動産を引き渡せ」と主文で命じる給付判決を取得して，その確定判決を債務名義として，動産の引渡しの強制執行を申し立てると，「執行官が債務者からこれを取り上げて債権者に引き渡す方法」（民執169条1項）により債務内容である本件動産の引渡しがそのまま実現される。債権内容がそのまま実現されることから，この債権の強制力を「貫徹力」という。

　これに対して，金銭債権の強制執行は，債務者のすべての財産（不動産，船舶，動産，債権などの財産権）が責任財産としてその対象となる。Case 3-1において，Aは，「被告Bは原告Aに対して50万円を支払え」との確定判決を債務名義として，債務者Bが所有する財産のうちから自由に選択して強制執行を行うことができる。たとえば，Bが不動産を所有している場合には，Aは，執行裁判所に不動産の強制競売を申し立てることができ（民執43条1項），裁判所が実施する競売により買受人が納付した代金から配当（同84条）によって金銭債権の内容の実現を図ることができる。これを「責任財産への摑取」，債権の効力を「摑取力」という。

Web 責任財産とは何か？ ❖❖❖❖❖❖❖❖❖❖❖❖❖❖❖❖❖❖❖❖❖❖
　民法上は，金銭債権を念頭において，金銭債権の強制執行の対象となる債務者のすべての財産（不動産，船舶，動産，債権などの財産権）を「責任財産」と呼ぶことが一般的である。金銭債権の強制執行は，「責任財産への摑取」によって行われるということができる。さらに，責任財産は，特定の債権者だけではなく，債務者のすべての債権者（物の引渡しやなす給付の債権者であっても，あらゆる債権者は不履行があれば損害賠償請求をなしうることから，潜在的に金銭債権者としての地位を有している）にとって強制執行の引当てとなることから，

総債権者の「共同担保」であるともいわれる。債権者代位権（423条以下）や詐害行為取消権（424条以下）は、「責任財産」や「共同担保」を保全する制度であると説明される（⇒第7章・第8章）。ちなみに、「特別担保」（先取特権や抵当権などの優先弁済効を有する担保物権）を持たない債権者を「一般債権者」と呼ぶことがある。責任財産は一般債権者の共同担保であるということもできよう。

これに対して、民事執行法上は、責任財産とは、「強制執行の対象となる債務者の財産」と定義される。そこでは、金銭債権の強制執行（民執43条以下）だけではなく、不動産の引渡し・明渡しや動産の引渡しなど金銭の支払を目的としない請求権（物権的請求権も含まれる）の強制執行（同168条以下）も念頭に置かれている。金銭債権の強制執行に関しては、債務者のすべての財産が強制執行の対象となるので、責任財産の用語法は、民法と民事執行法とで一致するが、不動産の引渡し・明渡しや動産の引渡しを目的とする請求権に関しては、強制執行の対象となる財産は、特定の不動産や動産であり、民事執行法上はそれを責任財産とするが、民法上はそれらを指して責任財産とは呼ばないのが通例である。

❖❖❖❖❖❖❖❖❖❖❖❖❖❖❖❖❖❖❖❖❖❖❖❖❖❖❖❖❖❖❖❖❖❖❖❖❖

2 訴求力・執行力を欠く債権

債権は、原則として、上記の4つの効力を備えているが、例外的に、訴求力や執行力を欠く場合がある。

1 いわゆる「自然債務」

債権は成立し、債務者が任意に履行すれば、債権者に給付の受領および給付保持は認められるが、当事者の合意または法律上の規定に基づいて、債権に訴求力および執行力が認められない場合がある。

訴求力（執行力も含まれる）のない債権・債務を，「自然債務」と呼ぶことがある。

　(1)　当事者の合意に基づく場合　　債権者と債務者が，債務の履行を債務者の任意の履行に委ねて，債権者が訴訟上の請求をしないこととする和解（695条）を合意することは，私的自治の原則から，公序良俗に反しない限り有効である。同様に，債権者が債権自体の免除（519条）の意思表示をするのではなく，債権の任意履行の余地は残しつつ，裁判上の請求権を放棄することも同様に有効と解されることになろう。訴訟における請求の放棄については，放棄の陳述調書に既判力が認められる場合には（大判昭19・3・14民集23巻155頁参照），訴訟物たる請求権について訴求力が失われたと同様の結果となる。

　しかしながら，契約等のそもそもの債権発生原因となる合意の中に同時に不訴求の約旨があると認定することは必ずしも容易ではない。民法上の13種類の典型契約が，訴求力を有する債権が発生することを当然の前提としているからである。この点については，「カフェー丸玉事件判決」（大判昭10・4・25新聞3835号5頁）が知られている。当時の「カフェー」において，客Aが，女給Bと遊興の上，歓心を買うために，独立・自活資金として金400円をBに与える諾約をしたケースについて，原審は贈与を認定しBのAに対する400円の支払請求を認容したが，大審院は，これをもってBに「裁判上の請求権」を付与する趣旨に出たものと速断することは相当でないとし，このような事情の下における諾約は，「諾約者〔A〕が自ら進で之を履行するときは債務の弁済たることを失はざらんも要約者〔B〕に於て之が履行を強要することを得ざる特殊の債務関係を生ずるもの」と判示し，原判決を破棄して，それを超えて贈与の意思が認定される事情があるかどうかを判断すべく，原審

へ差戻しをした。注意しなければならないのは，この大審院判決は，あくまでも一般論として，贈与とは別に，給付保持力はあるが，訴求力のない債権を発生させる合意が成立する余地があることを示したに過ぎないという点である。事実，差戻審は贈与を認定している。この事案の解決としては，訴求力の有無ではなく，贈与契約の成否（549条），心裡留保の成否（93条）など，端的に債権が発生するか否かの問題に集約されることになろう。

　（2）　法律の規定に基づく場合　　法律上の規定に基づいて，訴求はできないが，なお任意に履行がなされれば，その返還が認められないとされる場合がある。たとえば，破産手続において免責された債権については，破産法は，「免責許可の決定が確定したときは，破産者は，破産手続による配当を除き，破産債権について，その責任を免れる」（破253条1項柱書本文）と規定している。学説は，「債権消滅説」と「責任消滅説」とに分かれているが，最判平11・11・9民集53巻8号1403頁は，「責任消滅説」に立脚し，「免責決定の効力を受ける債権は，債権者において訴えをもって履行を請求しその強制的実現を図ることができなくな〔る〕」とする。最高裁の立場においては，破産免責された債務は「自然債務」となるということができよう。

　なお，不法原因給付については，不当利得に基づく返還請求が遮断されるが（708条），不法原因給付制度の目的（不法な行為を犯した者に対して法的救済を与えないとの目的）からすると，給付受領者が，あえて不法原因給付の任意の返還を望む場合には，それを拒絶する趣旨ではないとされている。結果だけを見るならば，不法原因給付の返還債権は，自然債務と酷似する。判例は，さらに一歩進んで，不法原因給付後に，給付者と給付受領者間の返還合意がなされた場合には，それに基づいて訴訟上返還請求することは可能であるとす

る（最判昭 28・1・22 民集 7 巻 1 号 56 頁）。

② いわゆる「責任なき債務」

債権は，原則として，債務名義を取得すれば強制執行をすることができるが，例外的に強制執行ができない債権が存する。これを「責任なき債務」と呼ぶことがある。債権者代位権や詐害行為取消権については，「その債権が強制執行により実現することのできないものであるとき」は，代位権や取消権を行使できないと規定している（423 条 3 項，424 条 4 項）。先ほどの破産免責がなされた債権（破 253 条 1 項柱書本文）が典型例（ただし訴求力も執行力もない例）として挙げられる。

その他，不執行の合意（強制執行しない旨の合意）は有効であるとされている。不執行の合意がある場合には，「被告は原告に○○円を支払え。前項については強制執行をすることができない」として判決主文でその旨が明らかにされる（最判平 5・11・11 民集 47 巻 9 号 5255 頁）。合意にもかかわらず，強制執行がなされたときは，請求異議の訴え（民執 35 条）により排除を求めることができる（最決平 18・9・11 民集 60 巻 7 号 2622 頁）。

なお，「責任なき債務」と似て非なる概念として「債務なき責任」がある。これは，いわゆる「物上保証」すなわち債務者以外の第三者（物上保証人）が抵当権等の担保権を設定する場合を指す（342 条，369 条 1 項の「第三者」）。保証（446 条）と異なり，物上保証人は債務を負うわけではないが，他人である債務者の債務を担保するために自己の所有不動産に抵当権を設定したことから，債務者が被担保債務の履行を怠ったときには，抵当権を実行され所有権を失うことを甘受しなければならないという意味で，その不動産限りで「債務なき責任」を負っていることになる（⇒第 14 章 1 ①）。

*Column*④ 責任財産限定特約（ノンリコース条項） •••••••••

　債権者と債務者との間で，ある債務につき一切執行力を認めない（責任なき債務）とするのではなく，債務者の責任財産のうち一定の財産に限ってのみ強制執行ができる旨の合意（責任財産限定特約）をする場合がある。「ノンリコース条項」とも呼ばれる。たとえば，不動産事業や再生可能エネルギー事業など，特定の資産やプロジェクトから将来多くの事業収益が見込める場合には，その特定の資産および収益債権のみを強制執行の対象として融資をなすことができる。さらに，大掛かりなテーマパークなどでは，事業会社本体と切り離して，SPC（特定目的会社）を組成し，SPC に対して融資を行うという融資手法も行われる。そこでは，SPC のすべての資産が強制執行の対象となるわけではあるが，SPC という別個の法人格を組成するというテクニックによって，責任財産限定特約と同様に，実質的に責任財産を限定した融資（ノンリコースローン）が実現されているのである。

•••••••••••••••••••••••••••••••••••••••

第4章

債務の履行

本章では，債務の履行のプロセスについて学習する。債務者によって債務の履行が任意になされれば，債権は弁済を原因として消滅する（473条）。履行（弁済）について，債権消滅という効果にのみ着目するならば，履行は，「履行の完了」という「点」において把握されることになる。それに対して，ここでは，履行を，債務者による「履行の提供」と債権者による「受領」という2つの要素に分解して，「プロセス」として把握し考察する。債務の履行のプロセスを学習することは，まずは，次章以下で取り上げる「履行の請求」（第5章）や「債務不履行」（特に履行遅滞。第6章）を理解する上で不可欠の前提となる。次いで，本章では，債務者が履行の提供をなしているにもかかわらず，債権者が受領しないために，履行が完了しないというケースを想定して，債務者を救済する制度（受領遅滞など）を学習する。

1 序——履行のプロセス

Case 4-1

　Aは，6月1日，中古のカラオケ用音響機器1台（甲）をBに売却する契約を締結し，7月1日にAがBの店舗に甲を搬入して設置することとし，代金100万円は7月10日にBがAの銀行口座に振り込むこととした。7月1日，Aが甲をトラックに荷積みしBの店舗に赴いたところ，Bが「店舗の内装工事が遅れて，今日は設置を受けられないので，設置については改めて連絡する」と言うので，Aは同日やむを

得ず甲を持ち帰り，Aの倉庫に戻し，Bからの連絡があればいつでもB
への引渡しができるようにして保管することとした。Bから何らの連絡
がないまま7月10日が経過したので，AがBに対して代金100万円
を振り込むように請求したところ，Bは甲の履行がなされていないので
契約を解除するとして代金の支払を拒絶した。A，Bのいずれの主張が
認められるか。

　債務の履行とは，債務の内容である給付をなす行為である。履行
の完了により，債務は目的を達して消滅する。「履行」を債務の消
滅という視点からみるとき，「弁済」と呼ぶ（⇒第10章）。弁済は債
権の消滅原因の1つである（473条）。

　ところで，「履行の完了」には，債権者の協力が必要となる場合
が多い。協力の程度は，債務（給付）内容に応じて多様である。た
とえば，準委任契約とされる診療契約における診療債務の債権者
（患者）の協力は，問診や施術に応じるなど様々な協力が想定され
る。売買契約における売主の債務（引渡債務）については，引渡場
所が債権者の住所か，債務者の住所か，すなわち目的物を債務者が
持参するのか（持参債務），債権者が取り立てに来るのか（取立債務）
によって，債権者の協力の程度が異なってくる。Case 4-1につい
ては，音響機器（甲）の引渡場所は，債権者である買主Bの店舗と
されているから，持参債務であり，Bの協力の程度は小さいが，事
案が異なり，債務者である売主Aの倉庫が引渡場所とされている
ケースを想定するならば，取立債務であり，Bの協力の程度は大き
くなる。逆に，不作為債務のように，債権者の協力が必要のない場
合も存する。

　広く，債権者が履行の完了に必要な協力行為を果たすことを，履
行（弁済）の「受領」と呼ぶ（413条，493条参照）。これに対して，

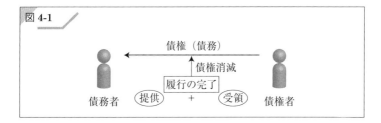

図 4-1

債権（債務）
債権消滅
履行の完了
提供 ＋ 受領
債務者　　　　　　　　　　　　　　　債権者

　債権者の協力が必要な場合に，債務者が単独でなし得ることを果たすことを，履行（弁済）の「提供」と呼ぶ（492条，493条）。履行のプロセスを動態的に分析するならば，債務者の「提供」と債権者の「受領」によって完了することになる。

　債権者と債務者の間で紛争となるのは，債務者が提供をなしたにもかかわらず，債権者が受領しないために，履行を完了することができないという場面である。民法は，3つの側面から，債務者の救済方法を用意している。すなわち，まずは，①提供の効果として，債務者を不履行の責任から免除するとともに（492条），次いで，②債権者が受領を拒絶しまたは受領ができないときは，受領遅滞の効果として，債権者に負担や不利益を負わせることとした（413条，413条の2第2項）。さらに，③双務契約においては，債務者が自らの債務の履行の提供をなすことによって，相手方の同時履行の抗弁を喪失させ，相手方に対する履行請求，遅滞の責任の追及を可能としている（533条，412条）。

　いずれにおいても，提供のみでは履行が完了したとはいえないので，いくら債権者が受領をしないからといって，債務を消滅させることはできない。債務を消滅させて自らの債務を免れるためには，債務者は，債権者の受領拒絶・受領不能を原因として供託（494条1項1号・2号）を行わなければならない（⇒第12章2）。

2 履行の提供

履行の提供とは，履行の完了に債権者の協力が必要な場合に，債務者が単独でなし得ることを果たすことである。ここでは，提供の要件（方法）と効果について検討する。

① 提供の要件（方法）

債務の本旨に
従った提供

提供の効果が生じるためには，提供が債務の本旨に従ってなされることが要件となる（493条本文）。提供が債務の本旨に従ったものでない場合，履行の提供をなしても，履行の提供の効果は生じず，債権者は受領を拒絶できる。債務の本旨に従った提供か否かは，給付の内容，履行の時期および場所等について，契約その他の債務の発生原因および取引通念に照らして，債務の履行として認められるか否かという点から判断される。具体的には以下のような問題がある。

（1）**引渡時期・場所** 引渡しの時期・場所が問題となることがある。契約の解釈の問題ではあり，評価は分かれるが，「引渡場所赤石港，引渡期日5月中，代金は物品と引換え」という約定で，債務者が5月31日になって赤石港の自己店舗で引渡しの準備をして代金支払の催告をしたのでは，提供（現実の提供）は認められないとした大審院の判決（大判大10・6・30民録27輯1287頁）がある。

（2）**契約不適合物（瑕疵物）の提供** 種類・品質・数量について，契約の内容に適合しない物を提供しても（562条参照），債務の本旨に従った提供とは認められない。

（3）**金銭以外の有価証券による提供** 金銭債務の履行につき，金

銭以外の有価証券により提供がなされた場合については，特別な合意がなければ有効な提供とはならないが（最判昭 35・11・22 民集 14巻 13 号 2827 頁），郵便小為替や銀行の自己宛振出小切手の提供であれば，支払人が郵便局や銀行である場合には，支払が確実であり，かつ商人間での慣行として広く行われていることから，合意がなくても有効と解されている（大判大 8・7・15 民録 25 輯 1331 頁，最判昭 37・9・21 民集 16 巻 9 号 2041 頁）。

(4) **過小提供・過大提供**　金銭債務の提供については，利息・損害金も含めた全額を提供しなければ（過小提供），原則として提供は無効である。ただし例外として，不足が僅少な場合，信義則上，有効と判断される余地がある。最高裁は，元利合計 15 万 4500 円を提供すべきところ 1360 円不足（1% 以下）していた場合，提供がなされた範囲で有効と判断した（最判昭 35・12・15 民集 14 巻 14 号 3060頁）。さらに，不法行為（交通事故）の損害賠償について，第 1 審判決の認容額（α 円）を全額提供・供託したが，控訴審判決においてより多額の賠償額（β 円）の支払が命じられたという事例（β 円 > α円）で，最高裁は，提供（α 円）の範囲で有効（遅延損害金は発生しない）と判示している（最判平 6・7・18 民集 48 巻 5 号 1165 頁）。他方，過大提供については，債権者が超過分を控除して受領しうるときは有効な提供となるとされている。土地甲の賃貸借につき，賃借人が土地甲および土地乙の両方を賃借しているとして賃料の提供がなされた場合，債権者が受領すると土地乙の賃借権まで認めたことになるので，債務の本旨に従った履行の提供とはいえないとした最高裁判決（最判昭 31・11・27 民集 10 巻 11 号 1480 頁）が存する。

提供の方法①
現実の提供

履行の提供は，現実に提供をなすことが原則である（493 条本文）。これを「現実の提供」という。「現実に」とは，債権者が直

ちに給付を受領できる状態にすることをいう。Case 4-1 は，履行場所を債権者である買主 B の住所（B の店舗）とする持参債務であるが，この場合，原則どおり現実の提供が必要とされる。A が，音響機器（甲）をトラックに荷積みし，B の店舗に音響機器の設置に赴いたとあるので，B が直ちに受領できる状態にあるから，現実の提供はなされたと判断することができよう。

> 提供の方法②
> 口頭の提供

これに対して，民法は，例外的に「現実の提供」を要さず，債務者が弁済の準備をなしたことを債権者に通知し，受領を催告することで足りるとする場合を認める（493 条ただし書）。これを，「口頭の提供」という。具体的には，(1) 債権者があらかじめ受領を拒む場合と，(2) 債権者の行為を要する場合の 2 つの場合に，「口頭の提供」で提供があったものとされる。

(1) **債権者があらかじめ受領を拒む場合**　裁判例に現れた実際の紛争の多くは，賃料額に争いがあるときに，賃貸人により賃料の受領が拒絶されるなどのケースである。ここにおいて，履行（弁済）の「準備」とは，債権者が翻意して受領しようとすれば債務者の方でこれに応じて給付を完了しうる程度のものであれば足りるとされ，判例には，金銭債務であれば銀行との融資があることで足りると判断したもの（大判大 7・12・4 民録 24 輯 2288 頁），転買人が代金支払の資力を有し支払の準備をしていることで足りるとしたもの（大判大 8・6・28 民録 25 輯 1183 頁）などが存する。

(2) **債権者の「行為」を要する場合**　債務の履行の完了については何らかの協力行為が必要となるが，493 条ただし書にいう「行為」は，より限定的に，先行する債権者の「積極的な行為」（先行協力行為）が必要な場合と解されている。具体的には，請負契約において債権者（注文者）が提供する材料に債務者（請負人）が加工す

る場合や，引渡債務に関しては，「取立債務」すなわち債務者の住所を履行場所とする約定が存する場合が典型例である。Case 4-1において，仮に買主Bが売主Aの倉庫まで取りに行くとの約定がある場合（取立債務の場合）は，Aの引渡債務の履行の提供としては，A倉庫において引渡しの準備をなし，準備をしたことをBに通知し，受領を催告すれば，提供はなされたと判断されよう。準備の「通知」については，売主が通知の際に，引渡場所を「深川渡し」として具体的指定が十分でなかった場合にも，買主が少しの問い合わせで直ちにそれを知り得るときは，信義則により，買主は問い合わせをすべきであり，売主の通知は口頭の提供として十分であると判断された事例がある（大判大14・12・3民集4巻685頁）。

口頭の提供も不要とされる場合
──明確な受領拒絶

最高裁は，賃貸借契約など継続的な契約については，債権者が契約そのものの存在を否定する等弁済を受領しない意思が明確と認められる場合には，口頭の提供をしなくても不履行責任は免れるとする（最大判昭32・6・5民集11巻6号915頁）。さらに，現実に提供された賃料の受領を拒絶したときは，特段の事情がない限り，その後において提供されるべき賃料についても，受領拒絶の意思を明確にしたものと解するべきであり，その場合，賃貸人は，その後に賃料の提供があれば確実に受領すると表示するなど「自己の受領遅滞を解消させるための措置を講じたうえでなければ」，賃借人の債務不履行責任を問うことはできないとする（最判昭45・8・20民集24巻9号1243頁）。

② 提供の効果

不履行責任の免除

履行の提供の効果は，債務者を不履行責任から免れさせることにある（492条）。仮に

その効果が認められていないとするならば，Case 4-1 では，音響機器（甲）の引渡債務の債務者である売主 A は，同債務の履行期（確定期限）が 7 月 1 日であるから，同日履行がなされず期限が経過したならば，履行遅滞に陥り債務不履行責任を負うことになる。具体的には，損害賠償責任を負い（412 条 1 項，415 条 1 項），違約金の定めがあればその支払義務を負うことになる（420 条 3 項）。また買主 B は，契約を催告解除することが可能となる（541 条）。しかし，A が提供をなして，自身で単独でなし得ることを果たしたにもかかわらず，B が受領が不能であるかまたは受領を拒絶したという場合に，A に不履行責任を負わせることは酷となる。

　そこで，民法は 492 条で債務者は不履行によって生ずべき責任を免れるとの規定を置いた。すなわち不履行責任の免除が履行の提供の主要な効果である。具体的には，①損害賠償責任（415 条）を免れる，②違約金（420 条 3 項）の支払を免れる，③約定利息の発生が停止する，④債権者の解除権（541 条）が発生しない，⑤債権者は担保権を実行できないといった点である。Case 4-1 において，B は，A の履行遅滞を理由とする解除を主張することはできない。これらの効果は，債務者自身が不履行に陥らないための効果という側面があることから，次に説明する同時履行の抗弁の喪失が「積極的効果」であるのと対比して，「消極的（防御的）効果」と位置づけることができる。

同時履行の抗弁の喪失

第 2 の効果は，より積極的な効果である。双務契約における対価的な牽連関係にある両債務については同時履行の抗弁が認められる（533 条）。判例・通説は，同時履行の抗弁には，行使上の効果と，存続上の効果があり，両債務は同時履行関係にある限り，履行を拒絶することができ（⇒第 5 章 1 ②），かつ遅滞に陥らないとする（⇒第 6 章 2 ①）。たとえば，

Case 4-1 においては，売主 A の引渡債務と買主 B の代金債務は，後者の履行期である 7 月 10 日以降，同時履行関係にあるので，A が音響機器（甲）の提供をしていない限り，B は同時履行の抗弁を主張して代金の支払を拒絶することができ，かつ B の代金債務は遅滞に陥らない（533 条）。そこで A が B の代金債務の履行を請求したり，履行遅滞の責任を追及したりするためには，自らの債務の提供をなして，B の同時履行の抗弁を失わせることが必要となる（533 条は「相手方がその債務の履行……を提供するまでは」と規定している）。これは，提供の積極的効果である。Case 4-1 では，A は 7 月 1 日に履行の提供をしたが B が受領しなかったため，持ち帰って B からの連絡があればいつでも B への引渡しができるようにして保管している状況にあることから，この間，履行の提供は継続していると認定できるので，7 月 10 日に B の代金支払債務について履行期が到来し，かつ B の同時履行の抗弁が失われて，B は履行遅滞に陥っていることになる。よって，A は B に対して，100 万円の代金の支払とともに 7 月 10 日の翌日以降支払済みまでのいわゆる遅延損害金を，履行遅滞に基づく損害賠償（415 条 1 項）として請求することができ，さらに契約を解除することもできる（541 条）。

　なお，533 条に関して，相手方が履行しない意思を明確にしている場合，たとえば，売主が債務の履行をしない意思を明確にしている場合，買主は，自己の代金債務の提供をしなくても，売主の不履行（遅滞）責任を追及できる（最判昭 41・3・22 民集 20 巻 3 号 468 頁〔違約金請求事件〕）。

3 受領遅滞

① 受領遅滞の要件

受領遅滞とは？

受領遅滞とは，債務者が履行の提供をした
にもかかわらず，債権者が受領を拒みまた
は受領ができないことをいう。民法は，債務者が提供をなしたにも
かかわらず，債権者が受領をしない場合に，債務者を不履行の責任
から免れさせるという履行（弁済）の提供の効果（492条）とは別に，
公平の見地から，受領をしない債権者に費用やリスクを負担させて，
提供をなした債務者の救済を図ることとした。

平成29年改正前の民法は，「その債権者は，履行の提供があった
時から遅滞の責任を負う」（旧413条）と規定していたことから，
「受領義務」の存否，「受領遅滞責任」の法的性質が論じられたが
（法定責任説と債務不履行責任説の対立），改正民法は，「受領遅滞」の
名称は条文の見出しに残したが，「責任」という構成は捨象し，法
定効果として，従前，解釈によって認められていた効果を明文で規
定することとした（413条，413条の2第2項）。

受領遅滞の要件

受領遅滞の要件は，①債務者の履行の提供，
②債権者の受領拒絶または受領不能である。
受領とは，広く債権者が履行の完了に必要な協力行為を果たすこと
をいう。学説に争いはあるが，多数説は，「受領」は，債権を消滅
させる意思や履行として認容する意思が含まれる必要はなく，引渡
債務の場合には，物理的な「引取り」と一致すると理解している。
受領拒絶とは，債権者の意思に基づく受領拒否であり，受領不能と
は，契約その他の発生原因および取引上の社会通念に照らして客観

的に受領ができない状態であり，条文上は截然と区別されている（494条1項では1号と2号で供託原因を異にする）。Case 4-1については，「店舗の内装工事が遅れて，今日の設置は受けられない」というのであるから受領不能と認定できるが，契約の趣旨から設置までは引渡しに含まれていないという場合であれば，物理的な引取りができないわけではないから，受領拒絶と認定する余地も存する。

② 受領遅滞の効果

民法は，受領遅滞の効果として，①債務者の保存義務の軽減（413条1項），②債権者による増加費用の負担（同条2項），③危険の移転（413条の2第2項）の3つを規定している。

Case 4-2

Case 4-1において，7月5日，放火による火災の類焼によって，Aの倉庫が全焼し，音響機器（甲）も焼失してしまった。遅れていた内装工事を終えたBは，7月10日，Aに対して改めて音響機器の設置を請求した。Aは，甲が滅失したとして，それを拒絶することができるか，さらにAは，代金100万円の支払をBに請求することができるか。

受領遅滞の効果①
保存義務の軽減

特定物の引渡債務については，債務者は善管注意義務を負うが（400条⇒第2章2②），提供をしたにもかかわらず受領がなされないために引き続き保管しなければならないという場合に，従前通りに高度な善管注意義務を負わせるのは酷である。そこで，民法は，受領遅滞後は，注意義務を軽減し，「自己の財産に対するのと同一の注意」で保存すれば足りるとした（413条1項）。Case 4-2は，放火による火災の類焼とあるので，免責事由（不可抗力または第三者の過失）が認められるケースであるが，仮に債務者A自身に出火の原

因があるというケースを想定するならば，受領遅滞がなければ債務
不履行責任を負うべき場合であっても，受領遅滞の効果としての注
意義務の軽減により債務不履行責任を免れる余地がでてくる。

受領遅滞の効果②
増加費用の負担

さらに受領遅滞後に債務者が保管を継続す
るための費用が発生する場合には，その費
用を債務者に負担させるのは酷である。具
体的には，倉庫費用，保険費用，動物の飼料費用などが想定される。
そこで，民法は，「増加額」は債権者の負担とすると規定している
（413条2項）。Case 4-1 では，A が音響機器（甲）を持ち帰って新
たな費用負担（保管費用や運送費用など）が発生していることから，
A は B に対して増加費用の償還請求が可能である。増加費用償還
請求権が発生するが，その性質は413条2項に基づく法定の償還請
求権であり，債務不履行に基づく損害賠償責任とは区別されるので，
免責事由の抗弁（415条1項ただし書）は認められない。

受領遅滞の効果③
危険の移転

受領遅滞により保管を継続することになっ
た場合，不可抗力等による目的物の滅失・
損傷のリスクを引き続き債務者に負担させ
るのは酷である。受領遅滞によって危険（対価危険）を債務者から
債権者に移転させ，受領遅滞中の履行不能につき危険を債権者が負
担するための立法措置が必要となる。そこで民法は，履行不能が債
権者の帰責事由を原因とする場合には，債権者は反対給付の履行拒
絶ができなくなり（536条2項。売買契約につき567条2項），さらに
履行不能による解除ができなくなる（543条）との危険負担や解除
の制度の存在を前提とした上で，受領遅滞の効果として，受領遅滞
後の履行不能における債権者の帰責事由を擬制するとの規定を設け
ることにした（413条の2第2項）。Case 4-2 では，中古の音響機器
（甲）は特定物であるので，7月5日の滅失により A の引渡債務は

履行不能となるが（412条の2），それ自体は不可抗力または第三者の過失すなわち両当事者の責めに帰すことができない事由に起因するものである。しかしながら，その前7月1日にBは受領遅滞に陥っているので，413条の2第2項により7月5日の不能につき債権者の帰責事由が擬制されることになる。よって，Bは代金100万円の支払を拒絶できない（536条2項，567条2項）。このようにいささか技巧的ではあるが，民法は，帰責事由の擬制という手法により，危険（対価危険）の移転を規律することとしたのである。なお，利得償還請求権（536条2項後段）は，受領遅滞による債権者の危険負担の場合にも適用される。

◆雇用契約における受領遅滞と危険負担　　雇用契約（労働契約）について，平成29年改正前は，就労不能の原因が，不能となる債務（労働債務）の債務者（労働者）が支配する領域で発生したのか（たとえば交通手段の途絶），債権者（使用者）が支配する領域で発生したのか（たとえば工場焼失）によって，履行不能と受領不能とを区別する学説（領域説）が有力に主張されていた。雇用契約においては，ノーワーク・ノーペイの原則により，労働者が労働を終えた後でなければそもそも報酬債権が発生しないところ（624条1項），就労不能の原因が労働者の支配領域にある限りは履行不能であり報酬債権が発生しないが，使用者の支配領域にある場合（受領不能の場合）には，履行不能ではないので，労働者は就労していなくても報酬債権を取得することができるとの説明である。改正民法においては，前述のとおり，受領遅滞（受領不能）によりその後の履行不能における債権者の帰責事由を擬制するとの構成が導入されたことから，雇用契約においては，受領不能によって，その後の労働債務は，債権者（使用者）の帰責事由によって履行不能となると擬制されるので（413条の2第2項），履行不能の領域か受領不能の領域かという区別をする必要はなくなり，同じ履行不能の枠組みにおいて，受領不能の場合には，労働者（債務者）の報酬債権（反対給付債権）が発生し，

同時に使用者（債権者）はその支払を拒絶できない（536条2項の法意）との効果を導くことが可能となった。

> 信義則上の
> 引取義務違反

平成29年改正前には，受領遅滞を債務不履行の一類型と解釈し，帰責事由を要件として，損害賠償や解除の効果を認める有力学説（債務不履行責任説）が存したが，判例・通説は，受領遅滞は，債務不履行ではないので，415条や541条以下を適用することはできないと解していた。その点は，受領遅滞を，公平の見地から受領をしない債権者に費用やリスクを負担させて提供をなした債務者の救済を図る制度と解する改正民法においても変わるところではない。他方，最高裁は，受領遅滞の効果とは別に，信義則を根拠とした「引取義務」を観念しその義務違反として損害賠償を認めてきた（最判昭46・12・16民集25巻9号1472頁）。事案は，硫黄鉱区の採掘権を持っていたX（その採掘権の譲渡を受けたZ）が，XとYの間で，Xが採掘した硫黄鉱石をYが継続的に買い取る契約が締結され，その後契約期間が延長されたにもかかわらず，Yが一方的に鉱石の引取りを拒否したとして，Yに対して損害賠償を求めて提訴したというケースである。最高裁は，「前記鉱石売買契約においては，Xが右契約期間を通じて採掘する鉱石の全量が売買されるべきものと定められており，XはYに対し右鉱石を継続的に供給すべきものなのであるから，信義則に照らして考察するときは，Xは，右約旨に基づいて，その採掘した鉱石全部を順次Yに出荷すべく，Yはこれを引き取り，かつ，その代金を支払うべき法律関係が存在していたものと解するのが相当である」と認定し，「Yには，Xが採掘し，提供した鉱石を引き取るべき義務があったものというべきであり，Yの前示引取の拒絶は，債務不履行の効果を生ずるものといわなければならない」と判示している。このように，継続的

供給契約などにおいては，信義則を根拠に買主に「引取義務」が認められ，売主は買主に対して，引取義務違反として損害賠償や解除ができると考えられている。

受領拒絶・受領不能に基づく供託

債務者が提供をなし，債権者が受領遅滞に陥れば，不履行責任を免除され，注意義務の軽減，増加費用の請求，危険の移転などの法的効果が認められるが，履行が完了していない限り，債務者が債務自体から解放されるわけではない。そこで，民法は，債務者に受領拒絶・受領不能に基づく供託を認めて，それにより債務が消滅することとした（494条1項1号・2号⇒第12章2）。

> 　　債権者は，債務者が任意に履行しない場合には，債務者に履行を請求することができる。債権の請求力によるものである。本章では第1に，履行の請求をいつからできるか，どのような場合に履行の請求ができなくなるかなど，履行の請求のルールについて学習する。さらに，債権には訴求力が認められることから，債権者は，債務者を被告として給付訴訟を提起することができ，勝訴判決を得たならば，確定した給付判決を債務名義として，強制執行の方法によって，履行の強制をなすことができる。これは，債権の執行力によるものである。本章では，第2に，強制執行の方法による履行の強制および責任財産への摑取について学習する。

1 履行の請求

① 履行の請求をいつからできるか

Case 5-1

　Aは，Bとの間で，4月1日，A所有の骨董品の茶器（甲）を50万円でBに売却する売買契約を締結した。AはBに対していつから代金50万円の支払を請求できるか。BはAに対していつから茶器（甲）の引渡しを請求できるか。

請求力は，債権に本来的に備わっている効力であるので，債権の発生と同時に履行の請求ができることが原則となる。たとえば，Case 5-1 の売買契約においては，売買契約締結時（4月1日）に 50万円の代金債権が発生するのと同時に，売主 A は買主 B に対してその履行（代金 50 万円の支払）の請求をすることが可能となる（555条）。よって，売買代金支払請求訴訟において，原告である売主 Aは，売買契約の締結という債権発生原因事実を主張立証すれば，代金支払の請求が認められる。他方，契約締結時 4 月 1 日に，茶器（甲）の引渡債権が発生するので，買主 B は売主 A に対して，茶器（甲）の引渡しの請求が可能となる。

　この原則は，法定債権についても妥当する。4月1日に A が自動車運転中に前方不注意で B 宅の壁に衝突し，100 万円の損害が発生した場合，4 月 1 日の衝突時に B の A に対する不法行為に基づく損害賠償債権が発生する（709条）。実際には損害および損害額の査定等に時間を要するであろうが，法律上は，不法行為時の損害賠償債権発生の時点から直ちに B は A に 100 万円の支払の請求をすることができる。

　このように，債権の発生時から直ちに履行の請求ができることが原則であるが，契約や法律上の規定によって，「履行期」が定められている場合には，履行期が到来するまで履行の請求をすることができない。

Case 5-2

　Case 5-1 の売買契約において，茶器（甲）の引渡しについて 5 月 1日を期限とする定めが存した場合，B は A に対していつから茶器（甲）の引渡しを請求できるか。A は B に対していつから代金 50 万円の支払

を請求できるか。

履行期の定め①
期　限

履行期は，まずは契約において，法律行為の付款の1つである「期限（始期）」として定められる。民法は，「法律行為に始期を付したときは，その法律行為の履行は，期限が到来するまで，これを請求することができない」（135条1項）と規定している。たとえば，売買契約において，両当事者は，引渡債権と代金債権のそれぞれについて期限を定めることができる。Case 5-2 では，茶器（甲）の引渡しにつき，5月1日という期限が付されているので，引渡債権は4月1日に発生しているが，同時に5月1日の期限が定められていることから，5月1日が到来するまで，BはAに対して履行（引渡し）を請求することができない。4月10日にBがAを被告として茶器（甲）の引渡請求訴訟を提起した場合，被告Aは「期限の抗弁」を主張して，5月1日の期限の到来までは，履行（引渡し）を拒絶することができる。代金支払債権についても，別途，期限を定めることができるが，民法は，「売買の目的物の引渡しについて期限があるときは，代金の支払についても同一の期限を付したものと推定する」（573条）との規定を置いているので，Case 5-2 では反証がない限り，代金支払債権についても5月1日の期限が付されたものと推定される。

　なお，期限には，「確定期限」と「不確定期限」がある。「4月1日」など，将来確実に到来し，かついつ到来するかが確定的な事実の生起にかからしめた期限を確定期限という。これに対して，「東京で桜の開花宣言がなされた日」など，将来到来することは確実であるがいつ到来するかが確定的でない事実の生起にかからしめた期限を不確定期限という。

◆履行期と履行遅滞（412条）　　第6章でも説明するが，履行期（期限）が到来し，債権者が債務者に履行を請求することができる時期と，債務者が履行遅滞に陥って遅延損害金の支払など債務不履行責任を負うことになる時期とは，必ずしも一致しない。この点を412条が明確に示している。①「4月1日」など確定期限があるときは，履行期（確定期限）の到来により債権者は債務者に履行の請求ができると同時に，債務者はその履行期が経過した時から履行遅滞に陥る（412条1項）。②「東京で桜の開花宣言がなされた日」など不確定期限があるときは，期限の到来時（開花宣言日）から債権者は債務者に対して履行の請求ができるが，債務者は直ちに遅滞に陥るわけではなく，債権者から履行の請求を受けた時または期限の到来（開花宣言）を知った時のいずれか早い時期から遅滞の責任を負う（同条2項）。③期限が定められなかったときは，原則どおり，債権発生時から債権者は債務者に履行の請求が可能であるが，債務者が遅滞に陥るのは，履行の請求を受けた時からである（同条3項）。

履行期の定め②
契約類型に応じた履行
の時期の定め

　契約の類型に応じて，民法が，支払や返還など債権の履行の時期を定めている場合がある。その場合，その時期が到来した時から，債権者は債務者に対して債権の履行を請求することができる。

　（1）賃料債権　　賃貸借契約においては，貸主の使用収益させる債務は，引渡しがなされた後は，継続して履行がなされているが，対価である賃料の支払債権は，動産・建物・宅地の賃貸借については月毎にまとめて支払うものと解され，特約がなければ，「毎月末」が支払時期とされている（614条本文）。実務では前月の何日かを賃料の支払時期とする特約をなすのが慣行である。ところで，賃料債権が月を単位として発生することには争いがないが，各月の賃料債権がどの時点で発生するかについては，賃貸借契約時に契約期間の賃料債権がすべて発生すると考えるのか，各月毎にその月の賃料債

権が発生すると考えるのか，必ずしも見解の一致を見ないところである。ただ，いずれにせよ履行（賃料の支払）を請求できるのは，各月の支払時期である。なお，宅地以外の土地については，原則として年毎に発生し，毎年末が支払時期とされるが（同条本文），収穫の季節があるものは，その季節後が支払時期となる（同条ただし書）。

　(2)　報酬債権　　雇用や委任など役務提供を目的とした契約に関しては，ノーワーク・ノーペイの原則から，労働や事務処理が終わった後でなければ，報酬を請求できないとされている（624条1項，648条2項本文）。この点は請負にも準用されている（633条）。ただし，期間によって報酬を定めたときは（雇用契約では1か月を期間として報酬を定めるのが慣行である），その期間を経過した後に請求することができると規定されている（624条2項，648条2項ただし書）。ここでも報酬債権の発生時期については見解の対立があるが，いずれにせよ，報酬を請求できるのは役務提供がなされた後，または期間の経過後となる。

　(3)　返還債権　　貸借型の契約や寄託における，物や金銭の返還債権については，契約ごとに返還時期について異なる規定が置かれている。消費貸借においては，返還の時期が定められていた場合には，その時期から履行（返還）の請求ができるが，返還の時期が定められていない場合には，貸主は，相当期間を定めて返還の請求（催告）をすることができる（591条1項）。これに対して，寄託（消費寄託も含めて）においては，寄託者は，返還の時期を定めたときであっても，いつでも返還を請求することができる（662条1項）。寄託はもっぱら寄託者の利益のためになされるからである。使用貸借や賃貸借においては，契約が終了したときに返還を請求することを約することから（593条，601条），貸主は，契約の終了時から物の返還を請求することができる。

② 履行の請求が認められない場合

履行の請求が阻止される場合
——同時履行の抗弁

双務契約においては，債務者は同時履行の抗弁を行使して，履行を拒絶することができる（533条）。債権の発生および履行期（期限）の到来により，債権者は履行の請求をなすことができるが，債務者が同時履行の抗弁を行使したならば，履行の請求が阻止されることになる。Case 5-2 では，両債務が 5 月 1 日に履行期（弁済期）となるので，同時履行の関係になる。B は A に対して 5 月 1 日から茶器（甲）の引渡しを請求することができるが，A は同時履行の抗弁を行使し，代金 50 万円の履行がなされない限り，茶器（甲）の引渡しを拒絶することができる。訴訟では，「引換給付判決」（「被告（A）は，原告（B）から 50 万円の支払を受けるのと引換えに，原告（B）に対して，茶器（甲）を引き渡せ」との条件付き給付判決）がなされる。他方，債権者は，自らの債務の履行を提供して債務者の同時履行の抗弁を失わせた上で，履行を請求することができる（533条）。

Web 事情変更の原則と履行の請求の阻止 ✳︎✳︎✳︎✳︎✳︎✳︎✳︎✳︎✳︎✳︎

事情変更の原則とは，戦争の勃発や震災などにより原材料の調達が困難となったり，急激なインフレとなったりするなど，契約締結後の予期せぬ状況の変化により，契約締結の際に基礎とされていた事情に変更が生じたため，債務の履行をさせることが，当事者間の衡平および信義誠実の原則に反して著しく不当となった場合に，当事者を債務の履行から解放するための法理である。主要な効果は，契約の解除または改定であるが，近時は，それに向けた契約の再交渉義務を負わせることが論じられている。その前提として，事情変更による履行拒絶の抗弁，すなわち履行請求権の阻止が認められな

けนればならない。

Case 5-3

　Case 5-1の売買契約において，茶器（甲）の引渡しについて5月1日を期限とする定めが存していたが，4月15日に，地震でＡの家屋が倒壊し，茶器（甲）が滅失してしまった。ＢはＡに対して茶器（甲）の引渡しを請求できるか。ＡはＢに対して代金50万円の支払を請求できるか。

履行を請求することが
できなくなる場合

　(1)　**債権の消滅**　弁済等の債権消滅原因の発生（473条など），契約解除等の債権発生原因の遡及的消滅（545条1項につき判例・通説は直接効果説に立脚する）により，債権自体が消滅する場合には，履行を請求することができなくなる。債権の消滅により，債権を基礎とする履行請求権も消滅する。

　(2)　**履行不能（履行請求権の消滅）**　民法は，履行不能，すなわち契約その他の債務発生原因および取引上の社会通念に照らして不能であるときは，履行の請求ができないと明記した（412条の2第1項）。この点は，不能が，契約締結後（債権発生後）に生じた場合（後発的不能）だけではなく，契約締結前（債権発生前）に生じた場合（原始的不能）においても同様である（同条2項⇒**第1章2③**）。後発的不能に関しては，契約の成立により，債権が発生し，債権者は債務者に履行を請求できるが，その後，履行不能となれば，債権自体は消滅しないが，履行を請求できなくなる。ここでは，履行の請求が一時的に阻止されるのではなく，履行請求権が消滅してしまうという趣旨である。原始的不能に関しては，その後に締結された契約により債権は発生するが，履行請求権は発生しないということにな

る。これは，一方で，「不能を強制することはできない」との法諺に従って履行請求権を消滅させつつ，他方で，不能となった債権を消滅させないで維持するのは，債権を損害賠償等の救済手段の基礎として存続させる必要があるからである（⇒**序章3◆**「債権」と「履行請求権」）。Case 5-3 では，茶器（甲）の引渡債務が，4月15日に茶器（甲）が地震で滅失し履行不能となったことから，4月15日の時点で履行請求権は消滅しているので，履行期（5月1日）が到来しても，BはAに対して履行（茶器〔甲〕の引渡し）を請求することはできない。

（3）**危険負担による履行拒絶の抗弁**　双務契約においては，一方の債務が両当事者の責めに帰すことができない事由によって履行不能となった場合には，債権者は，他方の債務の反対給付の履行を拒絶することができる（536条1項）。危険負担の債務者主義によるものである。ここでも一時的に履行を拒絶するということではなく，履行請求権が消滅してしまうという趣旨である。Case 5-3 では，(2) で説明したとおり，茶器（甲）の引渡債務が，4月15日に茶器（甲）が地震で滅失し，履行不能となったことから，履行請求権は消滅し，BはAに対して履行（茶器〔甲〕の引渡し）を請求することはできなくなる。同時に，茶器（甲）が地震という両当事者の責めに帰すことができない事由（不可抗力）により不能となったことから，536条1項により，AのBに対する50万円の代金支払債権についても履行請求権が消滅するので，5月1日の履行期が到来しても，AはBに対して代金50万円の支払を請求できなくなる。

2 履行の強制

① 履行の強制の意義

履行の請求と
履行の強制

債務者が債務を任意に履行しない場合に、国家の力を借りて、債権の本来の内容（給付）を強制的に実現することを「履行の強制」という（414条）。私人間の権利の実現を国家機関が助力することを正当化する根拠として、自力救済の禁止という点があげられる。自力救済を許すと、社会の平和と秩序が混乱し、司法制度が維持できなくなることから、それを禁止し、その代償として国家機関による強制執行により、履行の実現を保障することにしたわけである。

履行の強制を規定する414条は、民法の債権編の第1章「総則」の中の第2節「債権の効力」第1款「債務不履行の責任等」に位置づけられている。まずは、債権の効力としては、給付保持力と請求力があり、後者の請求力について、訴外での請求力、訴求力とともに執行力があり、履行の強制はその執行力に基づくものと説明することができよう（⇒第3章）。次いで、履行の強制が、①本来の履行請求権の行使なのか、②債務不履行の救済手段（レメディ）の1つなのかが議論されている。立法過程では、②の立場が有力に主張されたが、①の側面があることは否定できないであろう。第1款のタイトルが債務不履行責任「等」とされたことにはその点も含意されている。履行の強制は、債務不履行を要件とするが、本質は、本来履行（給付）の実現を強制するもので、手続上も「強制執行」によって、「履行請求権」を強制的に実現するという方法によって行われる。

履行の強制は，民事執行法などによって規定されている「強制執行」の手続に従って

履行の強制と強制執行

行われる（414条）。強制執行とは，判決等によって確定された「請求権」を国家の手により強制的に実現することである。なお，ここでいう「請求権」は，債権に基づく履行請求権だけではなく，所有権者の不法占有者に対する明渡請求権など物権的請求権の強制執行も想定されている点は注意を要するが，債権について履行の強制を行う際にも，この強制執行の手続によることになるため，「請求権（履行請求権）」の存在が前提となる。

　私法上の権利を実現する手続は，「判決手続」と「執行手続」に二分される。判決手続（ここでは給付判決を念頭に置く）とは，実体法上の権利（債権に基づく請求権）の存否を判断し，一定の行為（給付）を命じる手続であり，執行手続とは，判決手続等で確認された請求権を強制的に実現する手続である。そしてその両者の手続を繋ぐものが「債務名義」（民執22条）ということができよう（⇒**序章3③**）。執行裁判所は，申立人が主張する請求権が本当に存在するのかどうかを実質的に判断する機関ではないので，債務名義なしには強制執行をすることができない。換言すれば，債務名義は，実体法上の請求権の存在が確認できる文書でなければならない。

Web　債務名義　❖❖❖❖❖❖❖❖❖❖❖❖❖❖❖❖❖❖❖❖❖❖❖❖❖

　強制執行によって実現されるべき請求権の存在と内容を表示した文書で，法律により執行力が認められたものを債務名義という（民執22条）。具体的には，判決（確定判決，仮執行宣言付判決），支払督促，和解調書，調停証書，執行証書などであるが，そのうちもっとも典型的なものが，確定判決（同条1号）である。たとえば，Case 5-1 において，Bが代金50万円を支払ったにもかかわらず，Aが茶器（甲）の引渡しに応じないという場合，まずは，BはAを被告として，茶器（甲）の引渡請求訴訟を提起する。裁判所が「被

告（A）は原告（B）に対して茶器（甲）を引き渡せ」との給付判決を下し，それが確定したならば，Bはその確定判決を債務名義として，執行裁判所に茶器（甲）に対する強制執行を申し立てることができる（民執169条）。また，実務においては，執行証書（同22条5号）も重要である。これは，執行認諾文言付きの公正証書である。たとえば，100万円を貸し付ける際に，金銭消費貸借契約書を公正証書で作成し，その中に「債務者が直ちに強制執行に服する旨」の陳述（強制執行認諾文言）を記載しておくと，それ自体が債務名義となるので，貸金返還請求訴訟を提起して確定判決を取得せずとも強制執行を行うことができる。

❖❖❖❖❖❖❖❖❖❖❖❖❖❖❖❖❖❖❖❖❖❖❖❖❖❖❖❖❖❖❖❖❖❖❖❖❖

② 履行の強制の方法

| 強制執行の種類 |

債権者は，①直接強制，②代替執行，③間接強制その他の方法による履行の強制を裁判所に請求することができる（414条）。

直接強制とは，債務の内容をそのまま強制的に実現する方法である（民執43条～170条）。

代替執行とは，債務者以外の者に債務の内容を実施させ，その費用を債務者から取り立てる方法で（民執171条），授権決定（執行裁判所が，債権者または第三者〔執行官など〕に対して，債務者の代わりに債務の内容を実現してよいとする決定。同条1項）および費用支払命令（債務者に対する，授権決定に掲げる行為をするために必要な費用をあらかじめ債権者に支払うべき旨の命令。同条4項）に基づいて行われる。

間接強制とは，債務者に対して，一定の期間に履行しないときは「一定の額の金銭」（間接強制金）を債権者に支払うことを命じることによって，履行しない限り強制金が加算されることを心理的圧迫として，間接的に債務者が履行するように強制する方法（民執172

条）である。間接強制金の法的性質は，違約金（裁判所が定める法定の違約金）だと解されている。

　強制執行の歴史は，ローマの十二表法の人格執行（拿捕，債務奴隷等）に遡る。履行の強制においては，債権の実現とともに，債務者の人格の尊重との調和という点が理念とされる。特に，なす債務の履行の強制に際しては，直接執行に代わる代替執行等の債務者の人格の尊重に配慮した執行方法が求められている所以である。

Web 民事執行法における強制執行の体系 ❖❖❖❖❖❖❖❖❖❖❖❖❖
　民事執行は，一般債権者が債務名義を取得して行う「強制執行」（民執22条以下）と，抵当権者等の担保権者が債務名義なしに行う「担保権実行」（同180条以下）からなるが，履行の強制の方法として用いられる強制執行についての規定は以下のように整理されている。金銭債権の強制執行は，特定の財産ではなく，債務者のすべての財産が責任財産となり，債権者は債務者の財産（不動産，船舶，動産，債権その他の財産権）から自由に選んで強制執行を行うことができることから，非金銭執行と別立てとなっている。講学上は，金銭の支払を目的としない請求権の実現（非金銭執行）は，執行力の中でも「貫徹力」の行使の手段となるものであるのに対して，金銭債権の強制執行は，「責任財産への摑取」と呼ばれることがある（⇒第3章1)。

(a)　金銭債権の実現（金銭執行）

　　不動産に対する強制執行（不動産執行）　　　民執43条〜

　　船舶に対する強制執行（船舶執行）　　　　　112条〜

　　動産に対する強制執行（動産執行）　　　　　122条〜

　　債権その他の財産権に対する強制執行（債権執行）143条〜

(b)　金銭の支払を目的としない請求権の実現（非金銭執行）

　　物の引渡し・明渡しの強制執行　　168条〜170条，173条

　　作為・不作為の強制執行　　　　　171条〜173条

　　子の引渡しの強制執行　　　　　　174条〜176条

❖＊❖＊❖＊❖＊❖＊❖＊❖＊❖＊❖＊❖＊❖＊❖＊❖＊❖＊❖＊❖＊❖

```
┌─────────────────┐
│ 物（動産・不動産）の │
│ 引渡債権の強制執行  │
└─────────────────┘
```

物（動産・不動産）の引渡債権の強制執行は，直接強制（民執168条，169条）または間接強制（同172条）による。直接強制は，不動産の引渡し・明渡しについては，執行官が債務者の不動産に対する占有を解いて，債権者にその占有を取得させる方法（同168条），動産の引渡しについては，執行官が債務者から取り上げて債権者に引き渡す方法（同169条）による。種類債権の強制執行については，かつては債務者に特定の機会を付与すべきとの学説が有力であったが，近時は，種類債権であっても，その種類が債務名義で明確にされていれば，執行官が執行の現場で目的物を決定することができ，直接強制が可能であるとされるようになった。

Column⑤ 　子の引渡しと履行の強制 ❖◆❖◆❖◆❖◆❖◆❖◆❖◆❖◆

　夫婦の離婚や別居に際して，子の養育をめぐって奪い合いや子の連れ去りが紛争となることが多い。離婚後は，監護権を有する親（親権者・監護者）は，非監護者である親に対して，子の監護に関する処分（766条）として，家庭裁判所に「子の引渡し」の審判を申し立てることができる（家事別表第二3項）。非監護者である親は，親権者の変更（819条6項）または監護者の指定・変更（766条）の申立てと同時に，親権者・監護者の下にいる子の引渡しを請求することになる。離婚前の別居状態における共同親権者間の子の引渡しについても，夫婦間の協力扶助に関する処分の規定（752条，家事別表第二1項）や離婚における子の監護に関する処分（766条，家事別表第二3項）の規定を適用または類推適用することによって，家事審判による子の引渡しが認められてきた。さらに，法律上の監護権を有しない者が幼児をその監護下において拘束している場合には，親権者は，民事訴訟で，親権に基づく妨害排除請求として「子の引

渡し」を請求することができる場合もある（最判昭 35・3・15 民集 14 巻 3 号 430 頁，最判昭 38・9・17 民集 17 巻 8 号 968 頁）。

　このように裁判所によって子の引渡しを命じる審判や判決がなされた場合には，次に，その強制執行の方法が問題となる。引渡しの目的が「物」ではなく，人格を有する「子」であることから，子の引渡判決の強制執行に関しては，子の人格の尊重を配慮しつつ，いかに実効的な強制執行の方法を認めるかが問われるからである。従前の判例・学説は，間接強制によるべきとしてきたが（大判大元・12・19 民録 18 輯 1087 頁など），近時は子に意思能力がない場合には直接強制を認めるべきとする学説や裁判例も現れていた（東京家審平 8・3・28 家月 49 巻 7 号 80 頁など）。そして，令和元年（2019 年）の民事執行法の改正の際に，「国際的な子の奪取の民事上の側面に関する条約（ハーグ条約。2014 年日本発効）の実施に関する法律」を踏まえて，「子の引渡しの強制執行」に関する規定が新設された（民執 174 条以下）。それによると，あくまで間接強制を原則とするが（同 174 条 1 項 2 号），①間接強制の決定が確定した日から 2 週間を経過したとき（同条 2 項 1 号），②間接強制を実行しても，債務者が子の監護を解く見込みがあるとは認められないとき（同項 2 号），③子の急迫の危険を防止するため直ちに強制執行をする必要があるとき（同項 3 号）のいずれかに該当するときには，直接強制（執行官に子の引渡しを実施させる方法。174 条 1 項 1 号）が認められるとする。

　なお，人身保護法は，正当な手続によらず不当に奪われている人身の自由を，司法裁判所により，迅速かつ容易に回復することを目的とするものであるが，同法の制定当時から，子の引渡し請求事件にも適用が認められてきた（最判昭 24・1・18 民集 3 巻 1 号 10 頁など）。ただ近時の最高裁判決は，共同親権者間の子の引渡請求に関しては，夫婦の一方による子の監護が親権に基づくものである限り，原則として監護・拘束に顕著な違法性はなく，例外的に「子の幸福に反することが明白である」場合にのみ認めるという厳格な運用をなしている（最判平 5・10・19 民集 47 巻 8 号 5099 頁，最判平 6・4・26 民集 48

巻3号992頁など)。いずれにせよ，人身保護法に基づく人身保護命令には執行力がないので実効性が乏しいとされている。

なす債務の強制執行

なす債務については，直接強制が債務者の人格の尊厳を害し許されないことから，代替執行または間接強制の方法により履行の強制が行われる。

(1) 作為債務　「代替的作為債務」，すなわち建築物の取壊しなど，債務者本人でなくても結果を実現できる債務については，代替執行（民執171条1項1号）によって履行の強制が可能である。代替執行は，債務者に対して忍容を求めることが許容され，執行裁判所が授権決定（債権者または第三者〔執行官など〕に対して，債務者の代わりに債務の内容を実現してよいとする決定。同171条1項）を下すことができる場合に限られる。代替執行ができない場合には，間接強制（同172条1項，173条1項）によることもできる。

「不代替的作為債務」，すなわち債務者本人でなければ，債務本来の趣旨に沿う履行ができない債務については，代替執行になじまないので，履行の強制としては，間接強制によるしかない。本人の法律上の地位および責任においてなすことを要する計算報告，財産目録の作成義務，証券への署名義務などについては，間接強制が許される余地があろう（民執172条1項）。これに対して，作家の執筆など，債務者の自由意思に反してその履行を強制することができない場合，そもそも履行の強制にはなじまず，損害賠償等により救済するしかない。

(2) 不作為債務　不作為債務には，契約によって，一定期間，競業を避止すること，建築をしないこと，騒音を排出しないことなどが合意される場合があり，債権的な不作為義務（債務）ということができる。これに対して，人格権や所有権に基づく差止請求の前

提となる不可侵義務としての不作為義務も想定される。ここでは，債権的な不作為債務を念頭におくと，まずは，これらの不作為債権に基づく履行の請求としては，具体的には，①行為の禁止の貫徹，②結果の除去，③行為の予防措置の３つが考えられる。履行の強制についても，その３つの請求を認容する確定判決を債務名義とした強制執行は，①については間接強制が，②および③については代替執行または間接強制の方法によって行うことが可能である（民執171条1項2号，172条1項）。

　反復的・継続的な不作為義務について，現に不作為義務違反がなくても，将来の不作為義務に違反するおそれがある場合に，間接強制を認めてよいかが争われていたが，最高裁は，フランチャイズ契約における競業禁止義務を認めた判決に基づく間接強制が申し立てられた事案で，間接強制を決定するためには，不作為義務違反のおそれがあることの立証があれば足り，現に不作為義務に違反している必要はないと判示した（最決平17・12・9民集59巻10号2889頁）。

　(3)　**意思表示をすべき債務**　　意思表示をすべき債務の強制執行については，意思表示に代わる裁判，すなわち，意思表示を命じる裁判によって，意思表示がなされたとみなすという方法による（民執177条）。たとえば，不動産登記の抹消登記手続を求める請求は，被告の抹消登記申請という意思表示を求める請求であり，請求認容判決の確定によって被告が意思表示をしたものとみなされることから，共同申請に代わる判決の登記（不登63条）が可能となる（最判昭41・3・18民集20巻3号464頁）。

　　Column ⑥　NHK放送受信契約と意思表示に代わる裁判　～～～～

　　放送法64条1項は，受信設備設置者は日本放送協会（NHK）と「受信契約を締結しなければならない」と規定している。最高裁は，同法は，「受信料の支払義務を，受信設備を設置することのみによ

って発生させたり，原告〔NHK〕から受信設備設置者への一方的な申込みによって発生させたりするのではなく，受信契約の締結，すなわち原告と受信設備施設者との間の合意によって発生させることとしたものである」とした上で，「放送法 64 条 1 項は，受信設備設置者に対し受信契約の締結を強制する旨を定めた規定であり，原告からの受信契約の申込みに対して受信設備設置者が承諾をしない場合には，原告がその者に対して承諾の意思表示を命ずる判決を求め，その判決の確定によって受信契約が成立すると解するのが相当である」と判示し，意思表示（申込みと承諾）による契約成立の原則を維持した（最大判平 29・12・6 民集 71 巻 10 号 1817 頁）。

③　金銭債権の強制執行（責任財産への摑取）

　金銭債権の強制執行は，直接強制が原則となる。債務者の責任財産から，債権者が選択して，適当な財産を差押え，換価して，配当を受けるという方法による。債務者のすべての財産が対象となることから，債権の履行の強制というよりも，債権の「摑取力」に基づく「責任財産への摑取」と呼ばれることが多い。民事執行法は，差押えの対象となる財産に応じて，不動産に対する強制執行（民執 43 条以下），船舶に対する強制執行（同 112 条以下），動産に対する強制執行（同 122 条以下），債権その他の財産権に対する強制執行（同 143 条以下）の規定を置いている。なお，金銭債権の強制執行については，「間接強制の補充性」という点が強調されてきたが，近時は，扶養義務等に係る金銭債権など少額で定期の一部の金銭債権について，より実効性が高い間接強制が認められるようになった（同 167 条の 15，167 条の 16。平成 16 年改正）。

　金銭債権の強制執行のプロセスは，①差押え→②換価→③配当の順番に行われる。たとえば不動産の強制執行については，換価の方

法として，「強制競売」すなわち，不動産を換価してその換価代金から債権を回収する方法（民執45条以下）と，「強制管理」，すなわち不動産を賃貸等に付してその収益金から債権を回収する方法（同93条以下）の2つの方法が予定されている。

Web 債権執行の手続 ❖❖❖❖❖❖❖❖❖❖❖❖❖❖❖❖❖❖❖❖❖❖❖❖❖

金銭債権の強制執行（金銭執行）においては，債務者のすべての財産が責任財産として強制執行の対象となる。不動産や動産などの「物」だけではなく，債権などの「権利」も含まれる。そのうち債権に対する強制執行を「債権執行」と呼ぶが，その手続はやや特殊であるので，ここで整理しておこう。詳細は民事執行法で勉強することになるが，債権総論においても，債権譲渡や相殺などの制度を理解するために最低限の知識が求められる（⇒第15章，第11章）。ここでは，債務者Bに対して150万円の売買代金債権（α債権＝執行債権）を有している債権者A（「差押債権者」）が，債務名義を得て，B（「(執行)債務者」）がC銀行（「第三債務者」）に対して有する100万円の定期預金債権（β債権＝被差押債権）を差し押さえるケースを想定しよう（図5-1参照）。

まずは，Aは執行裁判所に差押命令の申立てをなす。執行裁判所は「差押命令」を発令し，債務者Bに対してβ債権の取立てその他の処分の禁止を，第三債務者Cに債務者Bへの弁済の禁止を命じる（民執145条1項）。差押命令は，債務者Bおよび第三債務者Cに送達されるが（同条3項），第三債務者Cへの送達によって差押えの効力（取立て・処分禁止効，弁済禁止効）が生じる（同条5項）。

次に，換価・配当の手続が，不動産執行とは大きく異なってくる。民事執行法はいくつかの手続を用意しているが，主として行われる方法は，「取立て」（民執155条以下）である。取立ては，差押債権者Aが第三債務者Cからβ債権の直接の取立てを行い，α債権に取立金を充当して満足を得る方法である。差押債権者Aは，差押命令が債務者Bに送達されてから1週間が経過すれば，執行債権の取立てを行うことができる（同155条1項）。第三債務者は取立てに

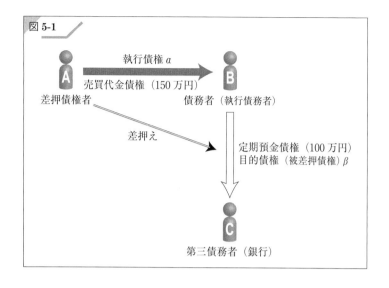

図 5-1

執行債権 α

売買代金債権（150万円）

A
差押債権者

B
債務者（執行債務者）

差押え

定期預金債権（100万円）
目的債権（被差押債権）β

C
第三債務者（銀行）

応じるか，供託をすることもできる（権利供託。同156条1項）。取立てがなされた場合，支払を受けた額の限度で執行債権の弁済がされたものとみなされる（同155条3項）。他の債権者が二重差押え（同149条）や配当要求（同154条）をした場合には，第三債務者Cは供託をしなければならない（義務供託。同156条2項）。供託がなされた場合，供託金から差押えや配当要求を行った債権者間で債権額に応じた按分額での配当がなされる（同165条，166条）。第三債務者が任意に取立てや供託に応じない場合，AはCを被告として取立訴訟を提起する（同157条1項）。口頭弁論を不要とする執行法上の簡易な給付訴訟である（同条2項）。Aは，確定した認容判決（第三債務者に支払を命じる判決）を債務名義として，第三債務者Cの責任財産に強制執行が可能となる。以上が取立ての手続の概要である。

　その他の換価方法として，差押債権者は，「転付命令」を申し立てることもできる。これは，支払に代えて，被差押債権（β債権）

を「券面額」（本ケースでは 100 万円）で差押債権者 A に転付させる命令である（民執 159 条）。転付命令が効力を生じた場合，転付命令が第三債務者 C に送達された時に執行債権は券面額で弁済されたものとみなされる（同 160 条）。いわば，被差押債権による一種の代物弁済として満足を得る形となる。転付は取立てと異なり，他の債権者との競合を免れるが，他方，第三債務者の無資力のリスクを負うことになる。

✤�✤✤✤✤✤✤✤✤✤✤✤✤✤✤✤✤✤✤✤✤✤✤✤✤✤

第6章 債務不履行に基づく損害賠償

本章では，債務不履行およびその救済手段の1つである損害賠償について学ぶ。Part2 債権の効力①（当事者間における効力）においてもっとも重要な項目であり，債権総論前半のハイライトでもある。債務不履行には様々な類型がある。まずは，伝統的な債務不履行の類型である「履行遅滞」と「履行不能」を学ぶことが最優先の課題であるが，同時に，債務不履行の現代的な課題として，保護義務違反，契約交渉の一方的破棄，説明義務・情報提供義務違反など，信義則を根拠に債務不履行の領域をどこまで拡大すべきか，不法行為責任との競合も視野に入れて考察することが求められている。さらに，損害賠償の要件・効果について，免責事由，履行に代わる損害賠償の要件，損害賠償の範囲，損害賠償の減額事由など多岐にわたる重要な問題点が存する。

1 債務不履行とは何か

① 債務不履行の定義および類型

債務不履行とは，債務者が債務の本旨に従った履行をしないこと（415条1項）である。典型的な債務不履行は，「履行遅滞」（履行が可能であるにもかかわらず，履行期が到来しても債務を履行しないこと）と「履行不能」（社会通念上，履行が不能であり，債務の履行ができないこと）である。遅滞は履行の余地があるのに対して，不能は履行の余地がないことから，同じ債務不履行であっても，損害賠償や解除

の救済手段の規律が異なってくる。まずは，履行遅滞と履行不能の規律の相違点を理解することが重要である。

他方，債務不履行はこの2つの類型にとどまらず，それ以外の類型も想定されている。「履行拒絶」「契約不適合」および「手段債務の不履行」「信義則上の義務違反」などである。これらは態様が様々であり，特に後二者については不法行為責任との関係を含めて位置づけには留意する必要がある。

なお，415条1項は「債務の本旨に従った履行をしないとき」と「債務の履行が不能であるとき」を対置しているが，履行不能以外のすべての債務不履行の類型は，条文解釈上は履行遅滞とともに前者に包摂されることになる。ちなみに，履行不能に関しては特別の規律が存することから（412条の2），415条1項では注意的に明記したに過ぎず，履行不能についても前者に含まれるとの解釈（一元的構成）も可能である。

◆債務不履行責任と不法行為責任との関係　　本章で検討する債務不履行に基づく損害賠償請求権（415条）とは別に，他人の権利や法的に保護されるべき利益が侵害されたときには，被害者は加害者に対して不法行為に基づく損害賠償請求権（709条）を行使することができる。給付利益の保護を目的とした債務不履行責任と，他人の権利・利益（完全性利益⇒序章4）の保護を目的とした不法行為責任は，そもそも適用領域を異にしているが，診療契約や運送契約などの契約類型においては，債権の目的たる給付が「人」や「物」の安全性にかかわることから，債務不履行責任と不法行為責任の競合が本来的に内在している。特に，医療過誤紛争は，診療契約に基づく債務不履行としての側面と，患者の生命・身体侵害に基づく不法行為としての側面があり，実務ではその法的性質を明らかにしないまま，損害賠償の請求がなされることも多い。さらに，昭和50年代以降，債務不履行責任の拡大化の傾向に伴って，両責任の競合が

生じるようになってきた。典型例は，雇用関係を中心とした安全配慮義務違反である（⇒1④）。労働環境の不整備によって就労中の労働者の怪我や死亡事故が発生した場合，まずは生命・身体侵害の不法行為責任が問われるが，最高裁は，信義則を根拠に雇用主には，雇用関係に基づいて労働者の安全を配慮する義務（安全配慮義務）があるとし，債務不履行責任を追及することを認めるに至った。判例は，信義則を根拠とする「付随的義務」であるとするが，学説は，付随的義務の中でも，特に債権者の財産権や人格権などの完全性利益を保護する義務を「保護義務」として整理するものが多数である。このような場面では，一方では，権利侵害が生じているので，不法行為責任が適用されるが，他方では，付随的義務・保護義務違反として債務不履行責任が適用される余地が存する。実務では，両方の要件を満たす場合には，いずれの規定に基づく請求も可能であることを前提としている（この立場を「請求権競合論」と呼ぶことがある）。

　両者の相違点は，要件については，不法行為では，故意・過失を被害者が立証しなければならない（709条）のに対して，債務不履行では，原則として債務者は責任を負い，債務者が免責事由を主張・立証してはじめて責任を免れる（415条1項ただし書）という点，債務不履行責任には失火責任法の適用がない点など，債務不履行責任を追及する方が原告（債権者）に有利な場面がある（もっとも診療債務などの手段債務では，債務不履行を基礎づける義務違反の事実を立証することが，不法行為における過失の立証と同様に容易でないことから，必ずしも有利であるとはいえない）。これに対して，効果については，請求時ではなく不法行為時から遅延損害金が発生する点，弁護士費用の賠償が認められる点（⇒1④），遺族固有の慰謝料請求が認められる点（711条）など，不法行為責任を追及する方が原告（被害者）に有利な面が存する。

　なお，平成29年改正前においては，不法行為責任と債務不履行責任とでは，消滅時効期間が異なる点が実務上もっとも重要な相違点であった。すなわち，不法行為責任の短期の時効期間が3年（旧

724条）であるのに対して，債務不履行の時効が10年（旧167条）であったので，不法行為責任によって救済されない被害者を債務不履行責任と構成することによって救済することが可能であった（安全配慮義務に関する最判昭50・2・25民集29巻2号143頁など参照）。それゆえに，債務不履行責任の拡大が盛んに論じられた経緯が存する。しかし現行法は，不法行為責任の時効期間（短期）が，損害および加害者を知った時から3年（724条1号）であるのに対して，債務不履行責任の時効期間（短期）も，権利を行使することができることを知ってから5年（166条1項1号）とされたこと，生命や身体の侵害に関しては，短期の時効期間が5年（166条1項1号，724条の2），長期の時効期間が20年（167条，724条2号）と統一されたことから，時効期間の点で，債務不履行責任と構成するメリットは小さくなったといってよいであろう。

② 債務不履行の救済手段と損害賠償

債務不履行が生じた場合に債権者に与えられる救済手段（レメディ）は多岐にわたる。なお，**第4章**で説明した「履行の請求（履行請求権)」であるが，履行の請求は，確かに，履行期が到来したことが要件となることから，多くの場合には，履行遅滞に陥っていることが前提となる（⇒**第5章1◆**履行期と履行遅滞（412条))。しかし，履行の請求は，そもそもの債権の給付内容の実現を求める本来履行の請求であるから，債務不履行の効果として認められる救済手段とは別に考えるべきであろう（⇒**序章3◆**「債権」と「履行請求権｣)。

債務不履行の救済手段は，第1には，損害賠償（415条）であり，第2には，債務の発生原因が契約の場合には，契約の解除である（541条，542条）。解除については，債権各論（契約）において説明がなされるので，債権総論では，損害賠償を中心に解説を行うが，常に解除との関係は意識しておくことが有用である。損害賠償の請

求と解除権の行使は，二者択一ではなく，債権者は，両方を主張して
も（545条4項），いずれかのみを主張してもよい。

債務不履行の一類型である契約不適合については，債務不履行の
特則として，追完請求（562条），代金減額請求（563条）が可能であ
るが，同時に，債務不履行一般の救済手段である損害賠償の請求お
よび解除権の行使をなすことも妨げられない（564条）。

2 債務不履行に基づく損害賠償の要件

債務不履行に基づく損害賠償の要件は，415条が規定するところ
である。ポイントは3つある。第1は，債務不履行の事実が必要と
なる点，第2は，債務不履行の事実だけでは足りず，損害賠償を請
求するのであるから，損害が発生していることが要件となるという
点，第3は，免責事由（債務者の責めに帰することができない事由）が
ないことが要件となる点である。第3については，平成29年改正
前の伝統的通説は，不法行為と同様に損害賠償一般のルールとして
「過失責任の原則」が適用となることから，債務者の帰責事由（過
失）が要件となる（ただし，主張立証責任は転換されて，債務者が無過失
の主張立証責任を負う）としていた。平成29年改正民法は，債務の
主要な発生原因が契約であるところ，契約に基づく債務の不履行に
ついては，契約（約束）の拘束力が根拠となることから，債務者は，
原則として約束違反である債務不履行について損害賠償責任を負い，
例外的に，不可抗力等の免責事由がある場合にのみ損害賠償責任を
免れるという構成（415条1項ただし書）が採用された点がポイント
である。

415条1項の要件を整理するならば，①債務の存在（債権発生原因
事実の主張立証），②債務の不履行（の事実），③債務者に免責事由が

ないこと（債務者が「債務者の責めに帰することができない事由」〔免責事由〕を主張立証する），④損害の発生（損害費目と数額の主張立証），⑤不履行と損害発生との因果関係（事実的因果関係）となる。後述するように，さらに⑥「履行に代わる損害賠償」を請求する場合には，別途の要件が求められる（415条2項）。

　なお，かつて，条文上は明記されていないが，「違法性」が要件であると指摘されることがあった。この考え方によると，債務不履行は民事上の違法行為ゆえ，②の事実により違法性が推定されるので，債務者が，同時履行の抗弁など違法性阻却事由を主張立証することになる。しかし同時履行の抗弁があることによって履行遅滞に陥らないというのは，②の債務不履行の要件を欠くというだけのことであって，違法性を別の要件として位置づける必要はない。

　以下では，①，②および③の要件ならびに⑥の要件を順次検討する。④および⑤の要件については，「**3** 債務不履行に基づく損害賠償の効果」において取り上げる。

　債務不履行の類型としては，先述のとおり，履行遅滞，履行不能，履行拒絶，契約不適合，信義則に基づく義務違反などが想定される。以下では，便宜上，(1) 履行遅滞，(2) 履行不能，(3) その他の債務不履行（給付義務の不履行），(4) 信義則上の義務違反に分けて説明する。

① 事実としての債務不履行(1) —— 履行遅滞

　履行遅滞とは，①履行が可能であるにもかかわらず，②履行期が到来しても，③履行をしないことである。債権者は，積極的要件である②履行期の到来の事実を主張立証すれば，債務者に対して損害賠償を請求できる。これに対して，債務者の側で，③'履行（弁済）をしたこと（473条）など債権の消滅事由，または，履行の提供

（492条）をしたこと，もしくは同時履行の抗弁（533条）があること
など，履行をしなくても履行遅滞とならない事由（「正当化事由」と
呼ばれることがある）を主張立証して損害賠償責任を免れることにな
る。なお，履行遅滞に関しては，①履行が可能であることが要件と
なるので，不能となった時点以降については遅滞の責任は生じない。
ただ，別途，その時点から不能について責任が発生する。さらに，
履行遅滞後に履行不能となった場合には，その不能が，不可抗力等
当事者双方の責めに帰することができない事由によるものであった
ときでも，債務者の責めに帰すべき事由によるものと擬制される
（413条の2第1項）。

　次に，②履行期の到来について説明する。

履行期と履行遅滞　　「履行期の到来」（②）については，債務に
どのような期限が付されていたのかによっ
て，どの時点から遅滞に陥るかが異なってくる。通則は，412条に
定められている。なお，**第5章**で述べたように，履行期が到来す
れば，履行の請求が可能となるが，必ずしも同時に遅滞に陥るわけ
ではない点に注意すべきである（⇒**第5章1◆履行期と履行遅滞（412
条）**）。

Case 6-1

　Aは，3月1日，自己所有の中古自動車（甲）を，Bに100万円で
売却する契約を締結し，同日，Aの店舗で，Bに甲を引き渡した。とこ
ろが，Bは，6月1日になっても代金100万円を支払っていない。以
下のそれぞれの場合に，AはBに対して代金100万円の支払とともに，
履行遅滞に基づく損害賠償として遅延損害金の支払を請求することがで
きるか。

　■　代金100万円は，4月1日にBがAの口座に振り込むとされ
　　ていた場合

2 代金100万円は，東京で桜の開花宣言がなされたら，BがAの口座に振り込むとされていた場合

3 代金100万円の支払時期については，何も定めがなされていなかった場合

（1）　**確定期限**　　Case 6-1 **1**の「4月1日」に支払うというように，到来することが確実であり，かつ，いつ到来するかが確定している期限が定められている場合，期限が到来した時から遅滞となる（412条1項）。代金100万円の履行請求ができるのは，4月1日からであるが，損害（遅延損害金）が発生するのは，「期限が経過した時」，つまりCase 6-1 **1**では，4月1日の翌日である4月2日からである。AはBに対して，履行遅滞に基づく損害賠償として4月2日から6月1日までの遅延損害金を請求することができる。法定利率を超える約定利率が定められている場合か（419条1項ただし書），損害賠償の額が予定されている場合（420条1項）でなければ，法定利率（404条により現在は3％）による（419条1項本文）。

（2）　**不確定期限**　　Case 6-1 **2**の「東京で桜の開花宣言がなされたら」というように，到来することは確実であるが，いつ到来するかが確定していない期限が付された場合，債務者が期限の到来を知った時または期限の到来後に請求を受けた時のいずれか早い時から遅滞となる（412条2項）。不確定期限については，期限が到来しても直ちに遅滞に陥るわけではないということになる。債務者がそれを知らない限りは，債務者に遅滞の責任を負わせるのは酷だからである。仮に開花宣言が3月20日になされて，Bがそれを知ったのが3月25日であれば，その日が経過した時から遅滞に陥り，翌日から遅延損害金が発生する。

（3）　**期限の定めがないとき**　　期限の定めがないときは，履行の

請求は債権発生時から可能であるが，債権発生時から遅滞に陥るわけではない。履行の請求（催告）を受けた時から遅滞となる（412条3項）。遅延損害金が発生するのは，請求がなされた日の翌日からである（大判大10・5・27民録27輯963頁）。Case 6-1 **3** では，6月1日にAがBに請求をすれば，その翌日から遅延損害金が発生する。契約上の債権については履行期が定められることが多いが，法定債権は期限の定めのない債権となる。典型例は不当利得返還債務（703条，704条）であり，請求を受けた時から遅滞に陥る（大判昭2・12・26新聞2806号15頁，最判平18・12・21判時1961号53頁）。これに対して，不法行為に基づく損害賠償債務については，期限の定めのない債務であるが，不法行為被害者の損害の回復という不法行為の趣旨から，例外的に，不法行為債権の発生（損害発生）と同時に当然に遅滞に陥るとされている（最判昭37・9・4民集16巻9号1834頁）。

　以上が412条の定める通則であるが，契約ごとに各則が設けられている場合がある。たとえば，消費貸借に関しては，返還時期を定めていない場合には，「相当の期間」を定めて催告しなければならない（591条1項）。よって，催告時から相当期間を経過後にはじめて遅滞となる（412条3項の特則）。このような特則がなければ，借主はいつでも返還できる状態にしておかなければならず，消費貸借の性質に反することから，返還の準備期間を与える趣旨で特則が設けられているのである。

　◆期限の利益の喪失　　仮に期限が定められていても，債務者が期限の利益を喪失した場合には，直ちに遅滞に陥る。法定の期限の利益喪失事由として，債務者の破産手続開始の決定（137条1号），債務者による担保の滅失・損傷・減少（同条2号），担保提供義務を履行しないとき（同条3号）があるほか，実務上は，合意によって期

限の利益喪失条項が設けられることもある（旧銀行取引約定書5条）。

Case 6-2 ————————————————

　Aは，3月1日，自己所有の中古自動車（甲）を，Bに100万円で売却する契約を締結した。4月1日に，AがBの自宅のガレージに甲を搬入し，BがAの指定した銀行口座に代金100万円を振り込むこととされた。しかし，Aは，納期に遅れて5月1日になってB宅に甲を搬入したが，同日，銀行口座を確認したところ，Bからの入金はなされていなかった。AはBに対して，代金の支払とともに，代金債務の履行遅滞に基づく損害賠償請求として，4月2日以降1か月分の遅延損害金の支払を請求することができるか。

———————————————————

履行遅滞の阻却事由
——同時履行

　双務契約においては，対価的な牽連関係を確保するために，同時履行の抗弁が認められる（533条）。同時履行の抗弁には，相手方からの履行請求に対して，抗弁として行使し，自己の債務の履行を拒絶することができるという本来の効果（これを「行使の効果」という）と別に，同時履行の抗弁が存在する限り遅滞に陥らないという効果（これを「存在の効果」という）がある。Case 6-2では，代金債務の履行期は，確定期限（4月1日）として定められているので，4月1日を経過した時から履行遅滞に陥るはずである（412条1項）。ところが，本契約は双務契約であり，引渡債務の履行期も4月1日であることから，4月1日以降は同時履行の関係にあり，Aの引渡債務の履行またはその提供がなされるまでは，Bの代金債務は遅滞に陥らない（533条の存在の効果）。よって，Bが遅滞に陥るのは，引渡債務の履行がなされた5月1日が経過した時からであり，AはBに対して，4月2日から5月1日までの1か月分については遅

延損害金の支払を請求することができない（⇒第5章 *1* ②）。

② 事実としての債務不履行(2)──履行不能

履行不能とは，債務の履行が，契約その他の債務発生原因および取引上の社会通念に照らして不可能となることをいう（412条の2第1項）。履行不能に基づく損害賠償は，履行期の到来を要件としない。履行不能による損害賠償は，滅失した目的不動産の価格の塡補賠償などの「履行に代わる損害賠償」（415条2項1号）と，転売利益や代替取引に拠出した費用などその余の損害賠償（同条1項本文）との両方の請求が可能である（なお，後者についても，同条2項を根拠としつつ，塡補賠償の賠償範囲の問題と考える有力学説も存する）。ちなみに，「履行に代わる損害賠償」の請求が可能であるのは，履行不能（同条2項1号），履行拒絶（同項2号），解除がなされたかまたは解除権が発生している場合（同項3号）に限定される（⇒*2* ⑥）。

不能は，目的物が滅失するなど「物理的不能」だけではなく，法律によって取引が禁止されている物の引渡しなど，「法律的不能」も含まれる。

不能は，物理的な不能に関しても，不能か否かは，契約その他の債務発生原因および取引上の社会通念に照らして判断される。建物など特定物の引渡債務に関して，物が滅失した場合には，不能であることは明らかであるが，引渡しを予定していた宝石が，運送中に海底深く沈んでしまった場合，今日のサルベージの技術水準からすると引揚げが物理的に不可能というわけではないであろうが，債権者の利益との均衡上，債務者の費用負担が著しく過分となる場合には，社会通念上不能と判断されることになろう。

法律的不能 ╲ 法律的な不能の例としては，不動産の二重売買の例が挙げられる。第一売買の債務の

履行として移転登記がなされる前に，第二売買につき移転登記がなされたときには，それによって第一売買に基づく売主の財産権移転義務（対抗要件を具備させる義務。560条）は不能となるとされている（最判昭35・4・21民集14巻6号930頁）。他人の権利の売買も有効であるが（561条），他人が権利移転に応じない意思を明確にするなど，売主がその権利を取得して買主に移転できなくなったときには，不能となる（最判昭41・9・8民集20巻7号1325頁）。承諾転貸において，AB間の賃貸借契約が賃料不払によって解除された場合，賃貸人Aが転借人Cに対して明渡請求をした時点で，BのCに対する転貸賃貸借に基づく使用収益させる債務は，履行不能となり，BC間の転貸借契約は終了すると解されている（最判平9・2・25民集51巻2号398頁）。

| 原始的不能 | 先に説明したとおり（⇒第1章2③，第5章1②），民法は，履行の請求（履行請求権） |

に関して，不能により，履行の請求をすることができないと明記し（412条の2第1項），それは，不能が，契約締結後（債権発生後）に生じた場合（後発的不能）だけではなく，契約締結前（債権発生前）に生じた場合（原始的不能）において同様であるとしつつ，債務不履行による損害賠償（415条）を請求することを妨げないとする（412条の2第2項）。平成29年改正前は，原始的不能の場合には，債務が発生しないことから，契約締結上の過失責任による信頼利益の賠償のみが認められるとの考え方が有力であったが，平成29年改正法はその考え方を採用せず，原始的不能であっても債権は発生し，本来履行請求はできないが，債務不履行の損害賠償として履行利益（債務が履行されたならば得られであろう利益）の賠償が可能であることを明らかにしたものである。

③ 事実としての債務不履行(3)──その他の債務不履行（給付義務の不履行）

　債務不履行は，履行遅滞と履行不能の2つの類型にとどまらず，それ以外の債務不履行（給付義務の不履行）の類型も想定されている。履行拒絶，契約不適合，手段債務の不履行がそれである。

　　履行拒絶

　履行拒絶とは，債務者がその債務の履行を拒絶する意思を明確に示すことである。明確な履行拒絶の意思により事実上履行の余地がないと判断されることから，民法は，塡補賠償の請求および解除権の発生について履行不能と同様の規律を行うこととした（415条2項2号，542条1項2号・3号・2項2号）。これは，履行期の前後を問わないと解されている。履行拒絶の意思が明確で，後に翻意することが見込まれない程度に確定的でなければならず，単に「履行しない」と発言しただけでは履行拒絶を認定することはできない。

　　契約不適合

　契約不適合とは，なされた給付が契約の内容に適合しないことである。財産権の移転を目的とする売買契約においては，引き渡された目的物が，種類，品質または数量に関して契約の内容に適合しない場合（いわゆる「物の瑕疵」）と，売主が買主に移転した権利が契約の内容に適合しないものである場合（いわゆる「権利の瑕疵」）とが想定されている（562条，565条）。「担保責任」とも呼ばれる（565条，566条の見出し参照）。平成29年改正前民法においては，伝統的通説は，特定物については法定責任としての担保責任（債務不履行責任ではない），種類物については，履行遅滞と履行不能に並ぶ第3の債務不履行の類型として「不完全履行」という類型を解釈により設定していたが（いわゆる「三分説」），改正民法では，特定物と種類物を区別せず，

かつ契約を発生原因とする債務については，契約から切り離して債務内容および救済手段を観念することは困難であることから，契約類型ごとに債務内容および救済手段を検討するとの立場（「新たな合意主義」と呼ばれることがある）が採用されることとなった。すなわち，「契約不適合」を債務不履行の一類型（特則）として位置づけ，売買の章に規定を置いて，債務不履行一般の救済手段である損害賠償・解除（564条）と別に，追完請求（562条）および代金減額請求（563条）という特別な救済手段を付与することとしたものである。なお，売買における契約不適合の規定は，性質が許す限り，請負契約などの有償契約に準用される（559条）。

━━━━━━━━━━━━━━

手段債務の不履行　　委任契約や準委任契約における受任者の委任事務処理の債務などいわゆる「手段債務」（結果の実現そのものではなく，結果の実現のために適切な手段を尽くすことが給付内容となる債務）については，その不履行を履行不能や履行遅滞として観念することが困難である。たとえば準委任契約と性質決定される診療契約に基づく病院や医師の債務は，病気の治癒という結果が求められているのではなく，病気の治癒のために適切な治療方法を選択し，施術することにある（644条の善管注意での委任事務処理義務）。よって医師の債務不履行は，構造的には，診療当時の医療水準に照らして診療契約の解釈によって確定された医師としてなすべき義務（具体的な診療行為であり，それが債務内容となる）を果たさないこと（多くの場合，不作為）である（⇒第2章1②）。

④　事実としての債務不履行(4)──信義則上の義務違反

最後が，「信義則上の義務違反」である。契約の当事者は，契約を介して特別な社会的接触関係にあるので，契約の締結および履行に際して，相手方の信頼に応えるよう行動すべき信義則上の義務を

負っている（1条2項）。たとえば，雇用契約を締結した使用者は，労働者に合意（効果意思）に基づいて報酬を支払う債務（給付義務）を負うのみならず（623条），信義則上，付随的義務として労働者の安全を配慮する義務（安全配慮義務）を負っているが（労契法5条はその点を確認している），判例は，同義務違反を債務不履行として使用者に債務不履行に基づく損害賠償責任を認める（公務員である自衛隊員に対する国の安全配慮義務に関する先例として前掲・最判昭50・2・25など）。学説は，債権者の生命・身体という完全性利益を保護する義務（保護義務）の一種であると分析する。その他，判例が必ずしも認めているわけではないが，説明義務違反・情報提供義務違反，契約交渉の不当破棄などについて，信義則を根拠に債務不履行責任を認めるべきであるとする学説が有力に主張されている。

　ここでは，理論的かつ実務的に重要な2つの問題が横たわっている。第1は，給付義務や保護義務など，債務を構成する義務群をどのように整理するかという点である（⇒第1章4）。第2は，権利・法益侵害については，不法行為に基づく損害賠償（709条）が成立する余地があるが，債務不履行責任と不法行為責任のいずれを適用するべきかという点である（⇒1◆債務不履行責任と不法行為責任との関係）。

　信義則に基づく義務違反については，安全配慮義務など保護義務違反，契約交渉の一方的破棄，説明義務・情報提供義務違反が典型的な類型である。その中で，安全配慮義務違反については，債務不履行構成が定着化しているが，その他の類型（契約準備段階における注意義務違反，説明義務・情報提供義務違反）については，判例法理は，義務の発生根拠を信義則とする点は争いがないものの，法的性質決定（債務不履行責任か不法行為責任か）を明確にしていないものが多く，むしろ不法行為責任であることを明示するものも存する。

保護義務違反

保護義務違反は，債務の目的である給付ではなく，債権者の人格権や財産権など給付以外の一般的法益（「完全性利益」と呼ぶことがある）が侵害されるケースについて，信義則上，債務者がその危険から債権者を保護する義務を負っているとして，その義務違反を債務不履行として損害賠償の責任を負わせるべきか否かの問題である。

判例は，自衛隊員が車両整備工場において車両事故で死亡した事件について，「国の義務は右の給付義務にとどまらず，国は，公務員に対し，国が公務遂行のために設置すべき場所，施設もしくは器具等の設置管理又は公務員が国もしくは上司の指示のもとに遂行する公務の管理にあたって，公務員の生命及び健康等を危険から保護するよう配慮すべき義務（以下「安全配慮義務」という。）を負っている」として，「安全配慮義務は，ある法律関係に基づいて特別な社会的接触の関係に入った当事者間において，当該法律関係の付随義務として当事者の一方又は双方が相手方に対して信義則上負う義務として一般的に認められるべきもの」と判示した（前掲・最判昭50・2・25）。こうして，不法行為責任とすると消滅時効期間（旧724条により損害および加害者を知ってから3年）を経過して救済されない被害者を，債務不履行（消滅時効期間は旧167条により10年であった）と構成することにより救済を図った（平成29年改正によって債務不履行構成の時効のメリットが減少した点につき，⇒1◆債務不履行責任と不法行為責任との関係）。

義務の内容を特定し，義務違反に該当する事実を主張立証する責任は，義務違反を主張する原告（債権者）にある（最判昭56・2・16民集35巻1号56頁）。従業員が宿直中の強盗にナイフで刺されて死亡した事件についても，インターホンやドアチェーン，防犯ブザーなどの設置，安全教育を施す義務があるとして，使用者の安全配慮

義務違反が認められた先例がある（最判昭 59・4・10 民集 38 巻 6 号
557 頁）。

　安全配慮義務が，契約等の直接の法律関係はないが，一定の社会
接触的関係があることを前提に，信義則によって認められる場合も
存する。たとえば，工事の元請負人と下請負人の被用者との関係で
ある。判例は，特別な社会的接触関係があることを前提に信義則上
認められる義務であるので，直接の契約関係がないいわゆる社外工
（下請会社の従業員ではあるが，本工と同じように元請会社の管理する設備，
工具等を用い，事実上その指揮，監督を受けて稼働している者）についても，元請会社は安全配慮義務を負うとした（最判平 3・4・11 判時
1391 号 3 頁）。

　安全配慮義務（保護義務）に関しては，多くの場合は，安全配慮
義務が，契約の目的（給付義務）ではなく，信義則による契約規範
の補強によって，付随義務または保護義務として認められる類型
（雇用契約，宿泊契約，旅客運送契約など）が想定されるが，例外的に，
安全配慮義務が，契約の目的（給付義務）である類型（介護契約，保
育委託契約など）も存する。

　　◆安全配慮義務違反と弁護士費用の賠償　　古くから，不法行為に
　基づく損害賠償請求訴訟においては，弁護士に委任しなければ十分
　な訴訟活動ができないことから，相当な範囲の弁護士費用について
　は，不法行為と相当因果関係のある損害として，その賠償が認めら
　れてきたが（最判昭 44・2・27 民集 23 巻 2 号 441 頁など），安全配慮義
　務違反に基づく損害賠償についても，義務違反の主張立証が不法行
　為と変わらず，弁護士に委任しなければ十分な訴訟活動ができない
　と考えられることから，不法行為責任と同様に，弁護士費用の賠償
　が認められるに至った（最判平 24・2・4 判時 2144 号 89 頁）。

　　これに対して，債務不履行一般について，どこまで弁護士費用の
　賠償が認められるかは必ずしも明らかではない。最高裁判決には，

金銭債務の不履行による損害賠償について，約定または法定の利率により，債権者がその損害の証明をする必要がないことから（419条），債務者に対し弁護士費用その他の取立費用を請求できないとした判決（最判昭48・10・11判時723号44頁）や，土地の売買契約の買主が売主の債務の履行を求める事務を弁護士に委任した場合において，不法行為に基づく損害賠償と異なり，侵害された権利利益の回復を求めるものではなく，土地の引渡しや登記移転等の売主の債務は契約の成立という客観的な事実によって基礎付けられるなどの理由から，その弁護士費用を債務不履行に基づく損害賠償として売主に請求することはできないとした判決（最判令3・1・22判時2496号3頁）など，否定例が散見される。

契約交渉の不当破棄　　契約の成立に向けて，両当事者が，一定の時間と費用をかけて交渉を重ねてきたにもかかわらず，一方当事者が一方的に交渉を破棄し，相手方に損害を及ぼしたという場合の損害賠償責任をいかなる構成で認めるかが論じられてきた。契約準備段階の当事者の義務の実質については，第1には，相手方の信頼を裏切らない義務（自らの行為によって契約が成立するであろうという信頼を与えた相手方に対して負う，その信頼を裏切らない義務），第2には，誠実交渉義務（相手方に信頼を与えたかどうかを問わず，交渉が相当程度進展した以上，相互に契約成立に向けて誠実に交渉する義務）の2つが想定される。

　契約は成立しないので，契約を発生原因とする債務は発生していないが，交渉という形で一定の社会的接触関係にあったことから，信義則上，相手方の信頼に応えるように行動する義務を観念することはできる。判例には，建築中のマンションの販売業者が，購入を検討した歯科医の問合せを受け，設計変更等をしたが，歯科医が買取りを拒絶したという事例において，「契約準備段階における信義則上の注意義務違反を理由とする損害賠償責任」を肯定した原審の

判断を是認した判決（最判昭59・9・18判時1137号51頁），ゲーム機の開発・製造に関して，購入予定者から具体的な発注を受けていないにもかかわらず，ゲーム機の売買契約が確実に締結されるとの過大な期待を抱かせてゲーム機の開発・製造に至らせたという事案について，「契約準備段階における信義則上の注意義務違反」を認定して，損害賠償責任を負うとした判決（最判平19・2・27判時1964号45頁）がある。ただし，最高裁は，いずれの判決においても，根拠を「信義則」におくが，損害賠償請求権の法的性質が，不法行為か債務不履行かについては明言していない点は注意を要する。いずれにせよ，契約が有効に成立して債務が発生しているわけではないので，原則として，債務の履行を前提とした「履行利益」の賠償は認められず，契約が成立すると信頼したことによって被った損害（「信頼利益」）の賠償が認められるに過ぎない。

*Column*⑦　いわゆる「熟度」論と中間的合意 ◆◇◆◇◆◇◆◇◆◇◆◇◆◇

　学説には，契約の成立のプロセスは，契約締結まではどれだけ交渉を重ねてもゼロで締結によっていきなり100となるのではなく，契約交渉の進捗の度合いによって，「熟度」が漸次的に増していくことから，熟度が時間的・内容的に最終段階にまで達した場合には，契約を締結する義務が発生し，それを一方的に破棄した場合には，相手方は履行利益の賠償を求めることができるとするものがある（いわゆる「熟度」論）。契約の成立のプロセスの分析としては有益な視角であるが，直ちにそこから規範（ルール）の抽出が可能なわけではない。

　他方，実務では，大型のM&Aの交渉などでは最終的な合意に至るプロセスで，いくつかの「中間的な合意」を積み重ねることがある。著名な最決平16・8・30民集58巻6号1763頁（住友信託銀行対UFJホールディングス事件）では，「基本合意書」として中間的合意がなされた事案であるが，最高裁は，「本件協働事業化に関す

る最終的な合意をすべき義務を負う旨を定めた規定はなく，最終的な合意が成立するか否かは，今後の交渉次第であって，本件基本合意書は，その成立を保証するものではなく，抗告人は，その成立についての期待を有するにすぎないものであることが明らかである」として，「最終的な合意の成立により抗告人が得られるはずの利益相当の損害」（履行利益）の賠償は認められず，「本件協働事業化に関する最終的な合意が成立するとの期待が侵害されることによる損害」（信頼利益）の賠償に留まるとした。

説明義務・
情報提供義務違反

説明義務・情報提供義務には，①契約を締結するか否かの判断のために必要な情報を提供する義務，②契約に基づいてなされる給付（商品やサービス）に関する注意事項を説明する義務，③インフォームド・コンセント（自己決定権の自由を確保するために説明をした上で承諾を得る義務）などがあるとされる。

　②は，給付義務に付随した，給付利益を目的とした注意義務であり，合意または信義則を発生根拠とする。購入した商品の取扱説明書に使用方法につき誤った記載があったために，買主がそれに従って商品を使用し，商品が損壊するに至ったという場合には，買主は売主に対して，説明義務違反（付随的注意義務違反）に基づく債務不履行責任を追及することができる（引渡し後の契約不適合とは異なる）。この点は争いのないところであろう。ここでは，①を中心に取り上げる（③については⇒*Column*⑧参照）。

　何人も契約を締結するか否か，どのような内容の契約とするかを自由に決定することができるが（521条），それは，契約や給付内容に関する情報の収集や分析を自己責任で行うことを前提としている。しかしながら，両当事者間に情報の量や質に差異が存することから，個々具体的な状況によっては，一方当事者が，契約締結という特殊

な社会的接触関係にある相手方に対して，自己のなす給付や契約について説明をしたり，知り得た情報を提供したりする信義則上の義務（1条2項）を負わせることが妥当だと判断される場合も存する。その場合，一方当事者が，信義則上の説明義務・情報提供義務に違反して，相手方に当該契約を締結するか否かに関する判断に影響を及ぼすべき説明や情報提供をしなかったときには，相手方が当該契約を締結したことにより被った損害につき賠償をする責任を負うことになる。問題は，信義則上の説明義務違反・情報提供義務違反に基づく損害賠償責任を，債務不履行責任として認めることができるか否かである。

　学説や下級審の裁判例には，「契約法を支配する信義則を理由とする契約法上の責任（一種の債務不履行責任）として，その挙証責任，履行補助者の責任等についても，一般の不法行為より重い責任が課せられるべきものととらえるのが相当である」（大阪高判平20・8・28金判1372号34頁〔後掲・最判平23・4・22の原審判決〕）とするものもあるが，最高裁は，不法行為責任と構成するものが多かった（保険会社の変額保険の説明義務違反に関する最判平8・10・28金法1469号49頁や住宅・都市整備公団の値下げ販売に関する説明義務違反に関する最判平16・11・18民集58巻8号2225頁など）。そして，信用協同組合の経営破綻のおそれについての説明義務違反に関する最判平23・4・22民集65巻3号1405頁は，「契約の一方当事者が，当該契約の締結に先立ち，信義則上の説明義務に違反して，当該契約を締結するか否かに関する判断に影響を及ぼすべき情報を相手方に提供しなかった場合には，上記一方当事者は，相手方が当該契約を締結したことにより被った損害につき，不法行為による賠償責任を負うことがあるのは格別，当該契約上の債務の不履行による賠償責任を負うことはないというべきである」と明言するに至った。しかし，そ

の根拠として、「後に締結された契約は、上記説明義務の違反によって生じた結果と位置付けられるのであって、上記説明義務をもって上記契約に基づいて生じた義務であるということは、それを契約上の本来的な債務というか付随義務というかにかかわらず、一種の背理である」という論理ばかりが強調されたことから、評価は分かれるところである。

Column⑧ 医師のインフォームド・コンセント ⚫️⚫️⚫️⚫️⚫️⚫️⚫️⚫️⚫️⚫️⚫️

　医療法は、医師等の医療従事者が、「医療を提供するに当たり、適切な説明を行い、医療を受ける者の理解を得るよう努めなければならない」と規定している（医療1条の4第2項）。医師は、投薬・注射・手術等の医的侵襲を伴う治療行為について、説明と同意が求められるのは当然であるが、さらに、患者の思想・信仰上の信条やQOL（クオリティ・オブ・ライフ）に関する考え方、すなわち人格権としての自己決定権についても最大限尊重しなければならない。その前提として、医師はインフォームド・コンセントを尽くして診断結果や治療方法について患者に説明する義務を負っている。

　病院・医師の説明義務違反に基づく損害賠償責任を認めた最高裁判決として、①輸血に関する最判平12・2・29民集54巻2号582頁（不法行為構成）、②乳がんの手術法に関する最判平13・11・27民集55巻6号1154頁（債務不履行構成）、③末期がんの告知に関する最判平14・9・24判時1803号28頁（債務不履行構成）などが知られている。①では、輸血を禁止する宗教上の信条を持つ患者に対して、輸血する可能性があることを告げないまま手術を施行し、輸血をしたという事件について、最高裁は、医師が説明を怠ったことにより、「輸血を伴う可能性のあった本件手術を受けるか否かについて意思決定をする権利を奪ったものといわざるを得ず、この点において同人の人格権を侵害したものとして、同人がこれによって被った精神的苦痛を慰謝すべき責任を負うものというべきである」と判示し、不法行為責任を認めた。②は、乳がんの手術に当たり当時医

療水準として未確立であった乳房温存療法があることを医師の知る範囲で説明すべきところ，それをせずに胸筋温存乳房切除術を採用した医師につき，診療契約上の義務違反があったとされた事例であるが，最高裁は，「(手術により乳房を失わせることは)患者自身の生き方や人生の根幹に関係する生活の質にもかかわるものであるから，胸筋温存乳房切除術を行う場合には，選択可能な他の療法（術式）として乳房温存療法について説明すべき要請は，このような性質を有しない他の一般の手術を行う場合に比し，一層強まるものといわなければならない」としている。③では，最高裁は，「医師は，診療契約に付随する義務として，少なくとも，患者の家族等のうち連絡が容易な者に対しては接触し，同人又は同人を介して更に接触できた家族等に対する告知の適否を検討し，告知が適当であると判断できたときには，その診断結果等を説明すべき義務を負う」と判示しているが，そこでは，患者の家族が末期がんの告知を受けることが，物心両面において患者の治療を支え，また，患者の余命がより安らかで充実したものとなるように家族等としてのできる限りの手厚い配慮をすることができることになるので，「適時の告知によって行われるであろうこのような家族等の協力と配慮は，患者本人にとって法的保護に値する利益」であることが前提とされている。

⑤ 免 責 事 由

Case 6-3

　Aは，4月1日，自己所有の中古自動車（甲）を，Bに100万円で売却する契約を締結し，代金100万円は，5月1日にBがAの指定した銀行口座に振り込むこととし，6月1日にAがBの自宅のガレージに甲を搬入することとした。Bは5月1日に代金100万円を支払ったが，5月15日にAが甲の整備を同じα地方にある整備会社Cに委託し，Cの工場に甲を搬入した。ところが，翌日16日にα地方で震度7の大地震が発生し，Cの工場が倒壊し，甲が大破した。

1 BはAに対してどのような請求をなすことができるか。

2 Cが昇降機の操作を誤って甲が大破した場合はどうか。

　平成29年改正前の民法は，債務不履行に基づく損害賠償責任の発生には，債務者の「帰責事由」（債務者の責めに帰すべき事由）があることが要件とされ（旧415条後段），伝統的通説は，損害賠償における過失責任の原則に立脚し，不法行為に基づく損害賠償の要件である「故意又は過失」（709条）と同じ趣旨で，債務者不履行における帰責事由とは，「故意過失または信義則上それと同視することができる事由」と解してきた。ただし，解釈によって，不法行為と異なり，債務不履行の帰責事由の主張・立証責任は転換され，債務者が帰責事由のなかったことを立証しなければならないとされていた（最判昭34・9・17民集13巻11号1412頁）。

　これに対して，改正民法の立法担当官は，従来の実務運用を踏まえて，帰責事由についての判断枠組みを明確化したに過ぎないとしているが，背後の理念はドラスティックに転換したものと評価されている。すなわち，過失責任の原則はあくまで不法行為に基づく損害賠償の原則であって，債務不履行に基づく損害賠償については，発生原因の中心が契約であることから，損害賠償の根拠も，契約の拘束力に求めるべきだとの考え方が支配的である。それによると，約束内容である債務は原則として履行されなければならず，それは債務不履行の場合の損害賠償責任についても妥当し，責任を負うことが原則であり，責任を免れるのは，免責事由がある場合にのみであるとされた（国際物品売買国連条約79条1項参照）。よって，415条1項ただし書が「債務者の責めに帰することができない事由」とするのは，「債務者に帰すべき事由」（帰責事由＝過失）が「ない」ことではなく，積極的に「免責事由」が「ある」という趣旨である。

債務者が，債務不履行に基づく損害賠償責任を免れるためには，免責事由を主張・立証しなければならない。

　免責事由とは，あえて定義をするならば，「債務者がその発生を支配することができない外在的な事由」ということになるが，大別すると，「不可抗力」，「債権者の行為」または「第三者の行為」に分類することが可能であろう。いずれにしても帰責事由に該当する事実が「ない」ことではなく，まずは積極的かつ具体的な事実がなければならない。不可抗力としては，大地震などの天変地異，動乱やクーデター，輸入品の禁輸措置，債権者・第三者の行為としては，債権者の妨害行為，第三者の犯罪行為などが想定される。その上で，それらの事実について，「契約その他の債務の発生原因及び取引上の社会通念に照らして」，債務者が損害発生との因果関係を支配することができたか否か（「よるもの」か否か）が規範的に判断されることになる。

　不可抗力については，あらゆる債務不履行で免責事由となる余地があるが，金銭債務の不履行（履行遅滞）の損害賠償（遅延損害金）については，不可抗力を抗弁とすることができない（419条3項⇒**3** 8）。

　債権者の行為については，そのすべてが免責事由となるわけではなく，債務者の支配が及ぶ場合には，過失相殺事由（418条）にとどまる（⇒**3** 6）。

　第三者の行為についても，直ちに免責事由に該当するというわけではない。債務の履行に際して債務者が手足として第三者を用いる場合もあるからである。これを「履行補助者」と呼ぶことがある。履行補助者の行為（過失）は，債務者が支配することが可能な内在的な事由であるから，免責事由の「第三者の行為」から除かれなければならない。ところで，平成29年改正前民法において，伝統的

通説は，帰責事由を「故意・過失または信義則上これと同視すべき事由」と定義し，履行補助者の過失を「信義則上これと同視すべき事由」の１つと位置づけて，債務者の帰責事由の解釈論の中で取り上げていた。しかし，その後，履行補助者は，むしろ債務内容についての契約解釈の問題であるから，債務不履行の概念の中で取り扱うべきであるとの指摘が有力になされるようになった。改正民法においても，履行補助者の問題を多面的に整理することが求められる（⇒◆いわゆる「履行補助者」と債務不履行の判断のプロセス）。

　Case 6-3 **1**については，特定物である中古自動車（甲）が大破（滅失）したので引渡債務は履行不能となるが，Aの所在地であるα地方での震度７の大地震は不可抗力であるので，Aには免責事由が認められ，損害賠償を免れる。Bは履行不能により契約を解除し，原状回復として100万円の返還をAに請求できるにとどまる（542条1項1号，545条1項本文）。Case 6-3 **2**は，第三者の行為（整備会社Cの昇降機の操作ミス）であるが，売買契約および取引通念に照らして，債務者である売主Aが引渡しの前提として整備をすべきところ，それを整備会社C（いわゆる履行補助者に相当する）に委ねたのであるから，債務者の支配が及ぶゆえに，免責事由としての第三者の行為にはあたらず，Aは履行不能に基づく損害賠償責任を負うことになろう。

　　◆いわゆる「履行補助者」と債務不履行の判断プロセス　　履行補助者とは，債務者が債務の履行のために使用する者をいう。履行補助者の過失（行為）によって債務不履行が生じた場合に，債務者が損害賠償の責任を負うかどうかが問題とされてきた。しかし，今日的には，「履行補助者」という中間概念は不要であり，広く債務の履行の過程で第三者を用いた場合の債務者の責任を論じるべきだとされる。債務不履行責任の判断のプロセスとして，①契約解釈（信

義則による補完も含めて）による債務内容の確定の局面，②債務の本旨に従った履行がなされているか否か（債務不履行か否か）の事実の確定の局面，③契約その他の債務の発生原因および取引上の社会通念に照らして，債務者の責めに帰することができない事由（免責事由）の有無が判断される局面の3つの局面が想定されるが，そのそれぞれで問題となり得る。概ね以下のように整理することが可能であろう。

（1）　結果債務については，原則として，債務者は債務の履行に際して，第三者を使用することは許容されるが（①につき「自己執行原則」は妥当しない），債務者は，第三者の行為により結果が果たせなかったことにつき，自己の債務の債務不履行として責任を負い（②），債務者以外の第三者の行為であることを免責事由として主張することはできない（③）ということになる。たとえば，売買契約において，売主（債務者）が一方的に目的物の配達を運送業者に委ねた場合，運送中の運送業者の過失による事故については，債務者が原則として責任を負うことになろう。これに対して，契約において買主（債権者）が指定した運送業者に配達を委ねることが合意されていた場合に，運送中の運送業者の過失による事故が発生したときには，債務者の支配の及ばない第三者または債権者の行為（過失）として，免責事由の主張が認められる余地がある（③）。

（2）　委任（準委任）など，手段債務の履行については，原則として，誰が給付行為を行うかが重要となるので（「自己執行原則」が妥当する），まずは，①において，債務者以外の第三者が給付行為を行うことが許容されているか否かが問題とされる（644条の2，104条，658条2項参照）。許容されている場合には，②において，その第三者の行為が給付行為として債務の本旨に従った履行か否かが判断されるが，③において「第三者の行為」として免責事由を主張する余地は原則として存しない。これに対して，第三者の使用が許容されていない場合には，②において，第三者に給付行為をさせること自体が債務不履行となる。

⑥　履行に代わる損害賠償の要件

　Aは，4月1日，自己所有の時価120万円相当の中古自動車（甲）を，Bに100万円で売却する契約を締結した。甲の引渡しは，6月1日，代金100万円は，7月15日にボーナス一括払とすることが合意された。5月15日にAが中古自動車（甲）の整備を整備会社Cに委託し，Cの工場に甲を搬入したが，翌日の16日に，Cが昇降機の操作を誤って甲が大破した。BはAに対してどのような請求が可能か。

　415条は，一般の損害賠償（1項）と履行に代わる損害賠償（2項）とを区別し，履行に代わる損害賠償については，一般の損害賠償の要件（1項）を満たすことを前提とした上で，さらに損害賠償ができるのを一定の場合に限定している。履行に代わる損害賠償は，「塡補賠償」と呼ばれることがあるが，債務が履行されたのと経済的に等しい状態を金銭によって回復する損害賠償である。

　まずは，契約を発生原因とする債務か，その他の法定の債務かを問わず，債務の履行が不能であるとき（415条2項1号），または債務者が明確な履行拒絶の意思を明確に表示したとき（同項2号）に認められる。これは，無催告解除の要件に相当する（542条1項1号・2号）。

　さらに，契約を発生原因とする債務については，契約が解除されたか，または債務不履行に基づいて契約の解除権が発生しているときにも，履行に代わる損害賠償が認められる（415条2項3号）。契約が解除されたときとは，債務不履行解除（法定解除）だけではなく，合意解除や約定解除（約定の解除権の行使による解除）も含まれる。また，債務不履行に基づいて解除権が発生しているときとは，

前項の履行不能・明確な履行拒絶だけでなく，催告解除について催告して催告期間が経過しかつ不履行が軽微でない場合（541条）や，履行不能・明白な履行拒絶以外の無催告解除原因（542条1項3号〜5号，同条2項）がある場合も含まれる。

　Case 6-4 では，中古自動車（甲）が大破（滅失）したことから，履行不能（全部不能）であり，BはAに対して，履行に代わる損害賠償（塡補賠償）として甲の価値（120万円）相当の損害金の支払を請求することができる（415条2項1号）。他方，Bが解除をしない限り，Aには代金債権100万円は残っているので，Aから相殺の抗弁がなされれば，対当額（100万円）で相殺がなされる。Bが履行不能に基づいて解除をなす場合（542条1項1号），解除によって代金100万円の支払を免れ（Case 6-4 とは異なり，代金をすでに支払っている場合には，原状回復〔545条1項〕として100万円の返還がなされ），併せて代金との差額の20万円を塡補賠償として請求することができる（545条4項。100万円が差し引かれる根拠は「損益相殺」〔⇒*3*⑦〕との説明が可能である）。さらに解除をするか否かを問わず，転売利益などの損害が発生していれば，損害賠償の範囲に含まれる限りで（416条1項・2項），それらの履行利益の損害賠償を請求することもできる（415条1項。解除をする場合は545条4項，415条1項）。

　Web 追完に代わる損害賠償　✻✧✻✧✻✧✻✧✻✧✻✧✻✧✻✧✻✧✻✧✻
　売買や請負における「追完」（修補など）に代わる損害賠償請求をする場合（562条，564条，559条）にも，415条1項ではなく，同条2項を適用ないし類推適用するとの学説が有力に主張されてはいるが，立法担当官は，文言（「履行に代わる損害賠償」）から明らかなとおり，415条2項の債務の履行に代わる損害賠償請求の規定は適用されないとする。よって基本規定である415条1項の枠内で処理されるから，解除権の発生等を要件とする必要はないことになる。立法審議において実務家の強い要請を受けたものであり，この考え方

によると，軽微な不適合であっても買主・注文者の選択により追完に代わる損害賠償は可能となる。広く，契約不適合責任としての追完請求権（修補・代物請求）は，本来の履行請求権とは異なるレメディ（救済）として，損害賠償請求権とともに並列的に債権者に与えられるものであり，債権者は自由に選択行使ができるとの趣旨であろう。

Case 6-4 において，C が昇降機の操作を誤って，甲が大破して不能となったのではなく，甲の排気管部分に故障（10万円相当）が生じたが，A はそのことを知らずに，6月1日に B 宅に搬入し，B が甲の使用を開始して1か月ほど経って，7月1日にその故障に気がついた場合を想定しよう。故障（損傷）した中古自動車（甲）が引き渡された場合は，不能ではなく，契約不適合となる。その場合，B は A に対して修補請求権（562条）または修理費用（10万円分）の損害賠償請求権（564条，415条1項）を選択して行使することができる。また代金減額請求権（10万円分）を行使することができるが，その場合には，まず追完（修補）を催告し，相当期間に修補がなされないことが要件となる（563条1項）。いずれの場合も，修理期間の代車レンタル料などの損害が発生すれば，損害賠償請求は可能である（415条1項，564条）。

これに対して，まずは修補請求などの追完請求をすべきだとの学説も有力に主張されている（563条1項類推適用説）。代金減額請求（一部解除の性質を有する）をするための要件として「相当の期間を定めて履行の追完の催告をし，その期間内に履行の追完がないとき」（563条1項）が課されていることとの均衡を図るべきとの配慮による。

❖-❖

3 債務不履行に基づく損害賠償の効果

ここでは，債務不履行に基づく損害賠償の効果について説明をするが，先に留保をしておいたように（⇒ *2*），債務不履行の要件のうち，要件④「損害の発生」および要件⑤「債務不履行と損害の発生との間の因果関係（事実的因果関係)」については，ここで取り上げる。

1 金銭賠償の原則

損害賠償の方法は，別段の意思表示がない限り，金銭をもってその額を定める（417条)。いわゆる金銭賠償の原則である。海外には，原状回復を原則とし，金銭賠償を補充的なものとする法制も存するが（ドイツなど)，わが国では，原状回復には困難を伴うことが多いし，実際に不便であることから，金銭賠償の原則を採用することとした。

2 損　　害

損害の概念

損害の概念については，「損害＝金銭」説（差額説）と「損害＝事実」説の根本的な対立が存する。通説とされる「損害＝金銭」説によると，損害とは，債務不履行がなかったならばあったであろうあるべき利益状態と，債務不履行によってもたらされた現実の利益状態との差額であるとする（「差額説」。特に「総体的差額説」という)。しかし，利益状態を総体として把握することは，理論上は可能であっても，実務上は困難であることから，裁判実務では，たとえば，商品の引渡債務の不履行については，引渡しの遅延のため代替品を調達した費用，営業

や転売機会の喪失，商品の減失，瑕疵ある商品の修理に要した費用などが，具体的な損害項目として想定されるが，その項目を積み上げる形で損害（損害費目およびその数額）の主張・立証がなされる（損害項目積み上げ方式）。ここでも，損害（項目）はあくまで金銭であるので，損害として「損害費目およびその数額」を主張・立証しなければならない。その限りで「損害＝金銭」説（差額説）の範疇に整理することは可能である。これに対して，「損害＝事実」説は，損害とは，債権者に生じた不利益な事実であるとする。この立場は，具体的な事実のどこまでを損害賠償の対象とするべきかという判断（損害賠償の範囲）と，その事実について金銭的にいくらと評価するかという判断（金銭的評価）とは異なる判断であり，後者については裁判官の自由裁量によるべきとする立場である。裁判実務で行われている「損害項目積み上げ方式」と「損害＝事実説」とは，具体的な損害費目を積み重ねて主張する点では共通するが，「数額」（金銭）も当事者主義の範囲として原告に主張・立証させるか否かという点で大きく異なる。なお，「個別項目積み上げ方式」においても，慰謝料（精神的損害）に関しては，金銭的評価は裁判官の裁量によるとの実務が定着している。「損害＝事実説」はこの点を矛盾だと批判するが，決定的な批判とはなり得ていない。本書では，実務の「損害項目積み上げ方式」を前提に叙述を進める。

*Column*⑨　逸失利益と損害概念（差額説から労働能力喪失説へ）
　不法行為により被害者が傷害を受けたが，従前の職場にとどまり，被害者自身の努力または使用者の好意等により減収が生じていない場合に，傷害による慰謝料請求とは別に，逸失利益の賠償請求は認められるであろうか。差額説（総体的差額説）の立場においては，損害が観念できないことから，慰謝料での調整をせざるを得ないが，それには限りがある。他方，損害事実説の立場に立つと，労働能力

の喪失自体を損害と観念することができるから，減収が生じていない場合にも損害賠償が可能となる。判例は，原則として，差額説（総体的差額説）の立場を堅持し，「損害賠償制度は，被害者に生じた現実の損害を填補することを目的とするものであるから，労働能力の喪失・減退にもかかわらず損害が発生しなかった場合には，それを理由とする賠償請求ができないことはいうまでもない」と判示しつつ（最判昭42・11・10民集21巻9号2352頁），特段の事情として，被害者の収入減少の回復のための努力を考慮している（最判昭56・12・22民集35巻9号1350頁）。さらに，交通事故の被害者が事故後に別原因で死亡したという事例では，最高裁は，「労働能力の一部喪失による損害は，交通事故の時に一定の内容のものとして発生しているのであるから，交通事故の後に生じた事由によってその内容に消長を来すものではな〔い〕」として，事故後に死亡した事実は就労可能期間の認定上考慮されないとしたものがある（最判平8・4・25民集50巻5号1221頁）。

損害の種類①
財産的損害・非財産的
損害（慰謝料）

損害の種類については，いくつかの分類が有用である。まず，損害は，財産的損害と非財産的損害（精神的損害）に区別される。精神的損害の賠償を慰謝料と呼ぶ。

不法行為の損害賠償については，被侵害利益についての財産権と人格権の分類と，損害についての財産的損害と精神的損害（慰謝料）の分類が区別される。すなわち，人格権の侵害から，精神的損害だけではなく財産的損害（身体侵害における治療費など）が発生するのと同様に，財産権の侵害からも，財産的損害だけではなく，精神的損害（ペットなど愛玩動物への侵害の場合の慰謝料など）が発生することもある。709条と710条は，ともに被侵害利益として財産権と人格権の両方を想定しているが，損害については，根拠条文を異にし，709条が財産的損害の賠償を対象とするのに対して，710条は精神

的損害（慰謝料）の賠償を対象としている。よって，人格権侵害から財産的損害が発生した場合には709条を，財産権侵害か人格権侵害かの区別なく精神的損害が発生した場合の慰謝料の賠償は710条を根拠条文として請求される。

　不法行為だけではなく，債務不履行についても，安全配慮義務違反など人格権の保護を目的とする債務の不履行については慰謝料の賠償が認められる。判例は，「使用者の労務指揮権から離れ，自由にその時間をすごすことにより肉体的・精神的疲労の回復を計るべく設けられた休憩時間の付与が債務の本旨にしたがってなされず，被控訴人の身体・自由といった法益について侵害があったと認められる以上，これにより被控訴人が精神的損害を蒙ったと認めうることは多言を要しない」とした原審判決を支持している（最判昭54・11・13判タ402号64頁）。債務不履行に関しては，慰謝料も，財産的損害と同様に，根拠条文は415条となる。なお，先述のとおり，実務は，財産的損害については，「損害＝金銭」説（損害項目積み上げ方式）が徹底されているが，慰謝料については，損害額（金銭的評価）を裁判官の自由裁量としており，「損害＝事実」説に接近している。

損害の種類②
積極的損害・消極的損害

　財産的損害については，様々な分類が存する。まずは，積極的損害と消極的損害の区別がある。積極的損害とは，治療費やホテル代など実際に支払った費用，消極的損害とは，転売利益など，得べかりし利益（逸失利益）を指す。積極的損害・消極的損害の区別と，履行利益・信頼利益との区別との関係は後に述べる。

損害の種類③
遅延賠償・塡補賠償

　平成29年改正前民法においては，実務上の区別として，履行遅滞の賠償としての遅延賠償と，履行不能の賠償としての塡補賠

償の区別がなされていた。ただし，履行遅滞の場合にも，契約の解
除をなすことにより塡補賠償を請求することが可能であるとされて
いた（大判大4・6・12民録21輯931頁など）。改正民法は，前述のと
おり，条文において，損害賠償一般（415条1項）と履行に代わる損
害賠償（同条2項）とを区別したことから，改正前の遅延賠償と塡
補賠償の区別との関係が問題となるが，「履行に代わる損害賠償」
（同条2項）は，従前の「塡補賠償」のことを指すと考えてよい。債
務不履行の類型は多様であるが，その中心が履行遅滞と履行不能で
あることに変わりはなく，履行遅滞の損害賠償については，今後も
実務上，「遅延賠償」や「遅延損害金」という用語法は残ることに
なろう。しかし，条文上は，415条1項の損害賠償一般と，同条2
項の「履行に代わる損害賠償」（塡補賠償）を対比すべきである。履
行遅滞であっても，解除されたり，解除権が発生したりする場合に
は塡補賠償の請求が可能である（415条2項3号）。

損害の種類④
履行利益・信頼利益

民法上明文の規定は存しないが，判例・学
説は，履行利益と信頼利益を区別する。履
行利益とは，債務が履行されたならば得ら
れたであろう利益であり，債務不履行の損害賠償は，履行利益の賠
償が想定されている。信頼利益とは，債務や契約が存在しないにも
かかわらず存在すると信じたために被った損害である。履行利益は，
債務が履行されたならば得られたであろう利益と定義されるが，実
際には債務が履行されていないわけであるから，まずは，転売利益
や値上がり益などの消極的損害が思い浮かぶ。これに対して，信頼
利益は，債務や契約が存在しないにもかかわらず存在すると信じた
ために被った損害と定義されるので，余分に支払った契約費用など
積極的損害がイメージされる。しかし，履行利益・信頼利益の区別
と積極的損害・消極的損害の区別は必然的な結びつきはない。

履行利益は，債務不履行によって生じる損害項目をすべて包含する概念である。よって，得べかりし利益（転売利益など）や値上がり益などの消極的損害だけではなく，遅滞や不能において代替取引に要した費用，遅滞や不能において転売先に対して支払った違約金，契約不適合における修補費用などの積極的損害も履行利益に含まれると考えるべきである。

　信頼利益は多義的な概念であり，一致した理解が得られていない。ここでも，契約が有効であると信じて拠出した費用など積極的損害だけではなく，他の有利な申込みを断ったことによる損失など消極的損害が賠償の対象となるか否かが争われているが，直ちに否定すべきではなく，損害賠償の範囲の問題として論じるべきであろう。

　なお，平成29年改正前民法においては，いわゆる契約締結上の過失責任や原始的一部不能の担保責任としての損害賠償については，416条に相当する規定が存しないので，損害賠償の範囲を画する概念として信頼利益概念が重要な役割を演じてきたが，改正民法においては，原始的不能の場合にも債務を発生させて債務不履行による履行利益賠償が認められることとなったことから，信頼利益が用いられるのは，契約が無効であった場合，契約交渉の一方的破棄や中間的合意に基づく損害賠償などの一部のケースに限定されることとなった。改正民法において同概念の重要性は低下しているということはできるであろう。

損害の種類⑤
拡大損害または完全性
利益

　債務不履行責任の拡大により，安全配慮義務（保護義務）違反など，給付以外の債権者の財産権や人格権などの侵害についても債務不履行による救済が与えられるようになった。たとえば，伝染病に罹患した家畜（甲）を売買し，引き渡したために買主所有の他の家畜（乙）に伝染病が感染して被害が生じたという場合，家畜

（甲）についての損害は，履行利益として賠償の対象となるが，家畜（乙）についての損害は，「拡大損害」または「完全性利益」として損害賠償の対象となる。従前は，給付義務違反に基づく損害賠償の範囲の問題として，給付部分を超えた「拡大損害」の賠償が認められるかが論じられたが，近時は，保護義務概念が定着化したことから，保護義務の目的（保護法益）が「完全性利益」であるとの説明がより的確であろう。

③ 事実的因果関係

　債務不履行に基づいて損害賠償を請求するためには，損害の発生（要件④）とともに，不履行と損害の発生との間の因果関係（要件⑤）が必要とされる。「損害＝金銭」説（差額説）を前提とし，損害項目積み上げ方式による裁判実務においては，まずは，損害の要件として，個々の損害費目とそれを金銭に見積もった上で数額を明示しなければならない。次いで，債務不履行と損害の発生との間に因果関係があることを主張・立証しなければならない。その因果関係は「事実的因果関係」と呼ばれ，「条件関係」（いわゆる「あれなければ，これなし」の関係）によってその有無が判断されるといわれる。ところが，因果の流れは，「風が吹けば桶屋が儲かる」式に果てしなく広がることになるので，条件関係がある損害のすべてを債務者に賠償させるのは不公平となり，ひいては私人が安心して経済活動等の市民生活を営むことができなくなってしまう。そこで民法は，債務者が賠償すべき損害の範囲を合理的な範囲に制限することとした（416条）。416条は，イギリスの1854年の著名な判決（ハドレー事件〔Hadley v. Baxendale〕判決）のルール，すなわち，債務不履行に基づく損害賠償は，通常生ずべき損害（通常損害）に限られ，特別事情によって生じた損害（特別損害）については予見可能性がある事

情によって生じた損害のみを賠償すれば足りるとのルールを採用したものである。

　わが国の伝統的通説は，ドイツ法の学説を導入し，「事実的因果関係」と「法的因果関係」を区別した上で，416条を，後者（法的因果関係）の視点から，損害賠償を「相当因果関係」のある損害の範囲で賠償することを定めた規定と位置づけ，「相当因果関係」は損害賠償の一般ルールを定めたものであるから，そのルールが定められた416条は，損害賠償の範囲に関する規定のない不法行為の損害賠償についても類推適用されると論じた（「相当因果関係説」）。

　しかしその後，有力説は，「損害＝事実」説の立場から，通説（相当因果関係説）が，①事実的因果関係，②損害賠償の範囲，③損害の金銭的評価の３つの問題を区別せずに論じる点が誤りであると批判し，416条は因果関係の問題とは切り離して，「保護範囲」として損害賠償の範囲を定めた規定と位置づけるべきであると主張した（「保護範囲説」）。この主張は今日広く支持されている。なお，同説は，さらに，損害賠償の範囲（保護範囲）は，「損害＝事実」のうちどこまでの損害を賠償すべきかの問題（②）であるが，それと別に，賠償すべきとされた「損害＝事実」につき，いくらと見積もるかという金銭的評価の問題（③）があり，それは裁判官の自由裁量に属すると主張するが，その点は「損害＝金銭」説（差額説）に立脚する実務に受け入れられるまでには至っていない。

④　損害賠償の範囲

Case 6-5

　Aは，4月1日，自己所有の中古自動車（甲）を，Bに100万円で売却する契約を締結し，代金100万円は，5月1日にBがAの指定した銀行口座に振り込むこととし，6月1日にAがBの自宅のガレー

ジに甲を搬入することとした。Bは5月1日に代金100万円を支払っ
たが，5月15日にAが甲の整備を整備会社Cに委託し，Cの工場に
甲を搬入したが，翌日Cが昇降機の操作を誤って甲が大破した。Bも中
古自動車販売業者で，5月10日に，Dとの間で，甲を150万円で売
却する契約を締結し，6月10日にDに引き渡すことが合意されていた。
BはAに対してどのような範囲で損害賠償を請求することができるか。

　今日的には，416条が賠償範囲（保護範囲）を規定するとする点
には争いは存しない。同条によれば，損害賠償の範囲は，通常損害
（通常生ずべき損害）と特別損害（特別の事情によって生じた損害）を分
けて，通常損害は常に賠償範囲となるが（同条1項），特別損害につ
いては特別事情を当事者が予見すべきであったときにのみ賠償範囲
となる（同条2項）。

通常損害と特別損害の区別
　通常損害とは，契約および取引上の社会通
念に従って，同様の債務不履行があったな
らば，通常発生するものと想定される損害

を指す。たとえば，履行不能の場合にはその物の価値相当分，履行
遅滞の場合には，履行までの間の代替物の利用料などである。
Case 6-5 では，中古自動車の価格100万円相当が通常損害となろ
う。これに対して，特別損害とは，特別事情によって生じた損害で
あり，当事者がその事情を予見すべきときに賠償される損害を指す。
転売が予定されている場合の転売益が典型例である。Case 6-5 で
は，Dへの転売契約がすでに成立しており，50万円の転売益が見
込まれていたわけであるから，当事者がその事情（150万円での転売
契約の存在）を予見すべきであったと判断される場合には，50万円
が特別損害の賠償範囲となる。
　ただ，通常損害か特別損害かの区別は，契約の類型，当事者の属

性（特に事業者か消費者か），目的物の種類その他の状況によって判断されることになろう。Case 6-5 の Ａ Ｂ のように中古自動車販売業者間であれば，転売は通常の営業行為であり，転売益は合理的な範囲であれば通常損害であるとの判断が成り立つ場合もあるであろう。なお，「通常損害」は「通常生ずべき損害」とされていることから明らかなように，通常生じるか否かについて規範的評価がなされることを前提としている。過失相殺のところで取り上げるが（⇒⑥），カラオケ店舗の修繕義務の不履行の事案において，債権者である賃借人が代替営業場所での営業再開に向けた措置をとるなど損害軽減義務を怠って，漫然と損害が発生するにまかせていたという場合に，得べかりし利益（営業利益の喪失）を「通常生ずべき損害」と認めなかった最高裁判決が知られている（最判平 21・1・19 民集 63 巻 1 号 97 頁参照）。

| 特別事情の予見 | 特別損害については，特別事情について当事者が予見すべきであったことが要件となる（416 条 2 項）。そこでは，予見の主体，予見の時期が解釈問題とされる。条文上は「当事者」と規定しているのみであり，時期については明記していない。判例は古くから当事者とは「債務者」を指し，時期としては債務不履行時に予見すべきであったか否かを判断すべきとしている（大判大 7・8・27 民録 24 輯 1658 頁など）。債務不履行は債務者の行為であり，損害賠償はそれに対する制裁だからである。

これに対して，近時は，契約を発生原因とする債務の不履行については，契約を基礎に規範が抽出されるべきとの理由から，当事者とは「契約当事者（債権者および債務者）」であり，予見すべきであったとされる時期は契約時であるとの考え方が有力である。しかし，この契約アプローチにより，契約両当事者の予見可能性を要件とし，

契約時を基準時とするとなると，債務者のみの予見可能性を要件とし，債務不履行時を基準時とするのと比較すると，損害賠償の範囲が格段に狭くなってしまうことから，債権者の救済に欠け，債務者のモラルハザードを招くおそれがあることが指摘されている。そこで，平成29年改正民法はこの点の論争があることを意識しつつ，明文による解決を避けて，解釈論に委ねることとした。ただ改正前民法は「予見し，又は予見することができたとき」との予見可能性を要件とする文言であったところ，それを「予見すべきであったとき」として規範的評価がなされる要件であることを明らかにしている。

⑤ 損害賠償額の算定

> 金銭的評価

実務の損害項目積み上げ方式による場合には，416条によって損害賠償の範囲に入るとされた損害項目について，金銭的な評価を行った上で，損害項目（損害費目および数額）の積算が損害となる。「損害＝事実」説は，金銭的評価については，裁判官が当事者の主張に拘束されることなくその裁量で自由に判断できるとするが，実務においては，慰謝料を別として，原告（債権者）が損害費目とともに損害額を主張立証しなければならない。なお，損害が生じたことが認められる場合において，損害の性質上その額を立証することが極めて困難であるときは，裁判所は，口頭弁論の全趣旨および証拠調べの結果に基づき，相当な損害額を認定することができる（民訴248条）。損害額の立証が極めて困難となる例としては，個人が居住する家屋が焼失して，その中の家財が失われた場合などが挙げられる。

> 損害賠償額の基準時

金銭的評価に関して，たとえば，物の引渡債務の履行不能に基づいて塡補賠償をする

場合，経済状況の変化に伴い物の価格の変動が生じるので，金銭評価（賠償額算定）の基準時をいつとするかが深刻な問題となる。

Case 6-6 ───────────────────────────────

　Aは，4月1日，自己所有の中古自動車（ヴィンテージカー）甲を，投機目的で購入を希望していたBに1000万円で売却する契約を締結し，Bは6月1日にAに1000万円を支払った。7月1日にAがBの自宅のガレージに甲を搬入することとなっていたが，6月10日にAが甲の整備を整備会社Cに委託し，Cの工場に甲を搬入したが，翌日Cが昇降機の操作を誤って甲を大破させてしまった（この時点での甲の市場価格は1200万円であった）。Bは，8月1日に，Aを被告として損害賠償請求訴訟を提起したが（この時点での甲の市場価格は1500万円であった），その後ヴィンテージカー市場での甲の価格は高騰を続け，10月1日には一時的に3000万円の最高価格を記録した。12月1日の口頭弁論終結時には値を戻して2000万円となっていた。BはAに損害賠償としていくら請求することができるか。

───────────────────────────────

　Case 6-6では，①契約締結時＝1000万円，②不能時＝1200万円，③訴え提起時＝1500万円，④中間最高価格＝3000万円，⑤事実審口頭弁論終結時＝2000万円と目的物の価値が変動している。いわゆる「中間最高価格」の問題である。この点については，判例には一応の準則が存する。判例は，「損害＝金銭」（差額説）の立場に立脚し，賠償範囲の問題と金銭評価の問題とを区別せずに，416条の「相当因果関係」の問題として対応している。(1) 原則は，損害賠償債権発生時（契約時または履行不能時）の時価（①または②）によるが（通常損害），(2) 目的物の価格の騰貴という特別事情があり，その事情を債務者が予見すべきである場合には，口頭弁論終結時の価格（⑤）を基準として，現在の価値（特別損害）を賠償しなければな

らない。さらに（3）中間最高価格（④）については（特別損害），その騰貴時に転売その他の方法により，その利益を確実に取得できたという事情（特別事情）があり，かつその事情を債務者が予見すべきであった場合に賠償が認められるというものである（最判昭37・11・16民集16巻11号2280頁，最判昭47・4・20民集26巻3号520頁など）。

　履行遅滞についても，解除がなされたり，解除権が発生したりするときなどには，履行に代わる損害賠償（填補賠償）をなすことができることから（415条2項3号など），履行不能と同様に目的物の価値の変動に伴い損害賠償の基準時が問題となりうる。債権者である買主が解除後に他の業者から代替物を高騰した価格で購入せざるを得なくなるという形で損害が顕在化するからである。判例の基準は必ずしも明らかではないが，解除時を基準とするもの（最判昭28・12・18民集7巻12号1446頁），履行期を基準とするもの（最判昭36・4・28民集15巻4号1105頁）が存する。

　なお，「代償請求」の場合（本来の給付の請求にあわせてその執行不能の場合における履行に代わる損害賠償を予備的に請求する場合），基準時を口頭弁論終結時とするとの判例が確立している（最判昭30・1・21民集9巻1号22頁）。

　基準時に関する学説は，錯綜を極めており，損害賠償債権発生時説，口頭弁論終結時説などが有力であるが，近時は，基準時を損害賠償の範囲（416条）と切り離して金銭的評価の問題とすることを前提として，基準時を債権者が自由に選択できるとしつつ，債権者に損害軽減義務を負担させて，公平の理念に従った判断をすべきだとする考え方も主張されている。しかしながら，現時点では，基準時の問題を416条の損害賠償の範囲の問題と連動させて妥当な結論を導く判例法理を覆すには至っていない。

| 中間利息の控除 | 債権者が将来取得すべき利益（将来の収入）
や将来負担すべき費用（介護費用など）を
損害賠償として請求する場合，近時は例外的に「定期金」での賠償
が認められるケースも増えているが（たとえば，交通事故当時4歳の
幼児で，高次脳機能障害という後遺障害のため労働能力を全部喪失したと
いう事例につき，最判令2・7・9民集74巻4号1204頁は，後遺障害によ
る逸失利益を定期金による賠償の対象とすることが，損害賠償制度の目的
および理念に照らして相当との判断をなしている），原則として，「一時
金」での賠償がなされる。その場合，将来得られるはずであった労
働収入や将来負担すべき費用につき，それを「現在価値」に引き直
すために，中間利息の控除を行うのが通例である。

　中間利息の割合は，最高裁判決により，法定利率によることとさ
れてきた（最判平17・6・14民集59巻5号983頁など）。計算方法につ
いては，ライプニッツ方式（複利計算）とホフマン方式（単利計算）
とがあるが，交通事故に関しては，東京・大阪・名古屋地方裁判所
による1999年の共同提言以来，主要な地裁の交通部で，ライプニ
ッツ方式が採用されている。しかし，この時点では法定利率は5％
とされていたために，複利計算を用いると控除率が大きくなり過ぎ
ることから被害者保護に反するとの批判はなされていた。

　平成29年改正民法は，417条の2を新設し，中間利息控除は法
定利率（当初は3％。404条2項）によることを明文化しつつ，法定
利率につき変動制を導入したことから（同条3項）から，基準時は
「損害賠償請求権が生じた時点」とした（417条の2第1項）。計算方
式（複利計算によるライプニッツ方式か複式の単利計算による新ホフマン
方式か）については引き続き個別の事案における裁判官の判断に委
ねることとした。将来において負担する費用についても同様とする
（同条2項）。

6 損害賠償額の減額事由① ── 過失相殺

Case 6-7 ────────────────────────────

音響機器製造業者Aは，新店舗での営業を7月1日から予定していたBから，4月1日，音響機器（甲）の製造およびBの店舗への設置を500万円で請け負い，6月15日に甲をBの店舗に設置することとした。

■ Bの店舗の内装設計図に従い甲の製造を終えたAが，6月15日に，Bの店舗に甲を設置しようとしたところ，寸法が合わず，設置できないことが判明した。これは，そもそもBが誤って別の店舗の内装設計図をAに渡したが，Aがその指示を鵜呑みにし，現地の下見をする等の確認を怠ったことに起因するものであった。Aは甲を製造し直したが，7月1日の営業開始には間に合わなかった。BはAに対して，300万円の営業損失が発生したとして損害賠償を請求した。これに対してAは損害賠償額の減額を主張することができるか。

■ Aが，6月15日に甲をBの店舗に設置し，Bは7月1日から営業を開始したが，甲には欠陥があり，7月15日に甲が作動しなくなった。これは，Aの設計ミスによるもので，修理には，1か月かかることが判明した。Aはその間，代替として中古の音響機器を提供すると申し出たが，Bは，それに応じなかった。Bは，1か月間，営業を一切行わず，Aに対して1か月の営業損失1000万円を損害賠償として請求した。これに対してAは損害賠償額の減額を主張することができるか。

────────────────────────────

債務不履行または損害の発生・拡大に関して債権者に過失があった場合には，裁判所は，これを考慮して，損害賠償の責任およびその額を定める（418条）。

過失相殺は，賠償額を減額するための制度であり，その趣旨は，当事者間の公平や信義則に求められる。よって，「過失」および「相殺」について，特別の法的な意味はない。まず，「過失」については，不法行為における「過失」（予見可能性を前提とした上での結果回避義務違反）のように，損害賠償責任を基礎づける法的な義務の存在を前提とするものではなく，それを怠った場合に損害賠償請求権を失ったり減額されたりするなどの不利益を受けることになるという意味での消極的な義務に過ぎない。次いで，「相殺」についても，505 条以下の債権消滅原因としての「相殺」とは異なり，債権者の債務を観念した上で債務者の損害賠償債務と対当額で相殺するということではなく，単に債務者の損害賠償債務について「賠償額を減額する」という意味しかない。

　条文は，額だけではなく責任についても定める点，「定めることができる」ではなく「定める」としている点で，不法行為における過失相殺（722 条 2 項）と異なる。不法行為については，いやしくも加害者の故意または過失による加害行為が前提となっていることから，被害者に過失があるとしても加害者が責任自体を免れるとすることは公平の理念に反し，それゆえに過失相殺の考慮も裁量的となるという点に区別の趣旨があるとされる。

　過失相殺は，訴訟においては，債務者の抗弁として主張される。ただし，債務者の主張がなくても裁判所が職権ですることができるとされ（418 条が「裁判所は……定める」と規定している），その場合は，債務者は債権者の過失の立証責任を負うことになる（最判昭 43・12・24 民集 22 巻 13 号 3454 頁）。

　債権者の過失は，①債務不履行に関する過失，②損害の発生に関する過失，③損害の拡大に関する過失が対象となる。平成 29 年改正前の 418 条の文言は，「債務の不履行に関して債権者に過失があ

ったとき」としか規定されていなかったが，解釈上，②および③も含まれることには争いがなかったところ，改正後の418条はその点を文言上明記することとした。Case 6-7 **1**は，債務不履行に関する債権者の過失の例であり，Case 6-7 **2**は，損害の拡大に関する債権者の過失の例である。

Case 6-7 **1**では，一方では，AがBの店舗に設置できない音響機器（甲）を製造し，Bの店舗に設置できないことは，Bの仕事完成債務の不履行（632条，415条）であるが，他方では，そもそもそれが，Bが誤って別の店舗の内装設計図をAに渡したことに起因するのであるから，Bの損害賠償請求に対して，Aは債権者Bに債務不履行に関する過失があったとして，過失相殺による減額を主張することができる。なお，債権者が目的物を盗取したり意図的に損壊したりする場合（Case 6-7 **1**で想定するならば，Aの下見の後に，Bが勝手に店舗の内装を変更したにもかかわらず，そのことを故意に隠蔽したような場合）には，債権者の過失が415条1項ただし書の「免責事由」に該当することもあろう。その場合，債務者は，債権者の過失を，過失相殺として主張するのではなく，免責事由として主張することも可能である（⇒*2*⑤）。

Case 6-7 **2**では，「Bが正当な理由なくAの代替音響機器提供の申出を断った」とのAの主張が認められれば，損害の拡大に関する債権者の過失と認定される余地がある。損害の拡大に関する過失相殺のケースは，拡大した損害については，そもそも損害賠償の範囲に含まれないという主張をすることが可能なケースも存する（⇒*3*④）。広く，「損害軽減義務」の問題として論じられている（⇒**Web** 損害軽減義務と過失相殺）。

なお，債権者の過失とは，いわゆる債権者側の過失であり，受領補助者その他取引通念上債権者と同視すべき者の過失を含む（最判

昭 58・4・7 民集 37 巻 3 号 219 頁)。

Web 損害軽減義務と過失相殺　❖❖❖❖❖❖❖❖❖❖❖❖❖❖❖❖❖

　近時の契約法の国際化の動向として，そもそも契約違反（債務不履行）は過失責任ではないので，債権者についても過失相殺とするのは不自然であることから，債権者に「損害軽減義務」を認める傾向が増えてきている。ウィーン売買条約では，「契約違反を援用する当事者は，当該契約違反から生ずる損失（得るはずであった利益の喪失を含む。）を軽減するため，状況に応じて合理的な措置をとらなければならない。当該当事者がそのような措置をとらなかった場合には，契約違反を行った当事者は，軽減されるべきであった損失額を損害賠償の額から減額することを請求することができる」と規定する（国際物品売買国連条約 77 条）。わが国の解釈論として，旧418 条を損害軽減義務の根拠とみる学説が有力に主張されていた。

　判例には，損害軽減義務の用語は用いていないものの（先に説明したように 416 条の通常損害の解釈論として解決した），実質的に損害軽減義務を認めたと分析されるものが存する。前掲・最判平 21・1・19 は，事業用店舗の賃借人が賃貸人の修繕義務の不履行に基づく損害賠償として営業利益相当損害金を請求した事案につき，「X がカラオケ店の営業を別の場所で再開する等の損害を回避又は減少させる措置を何ら執ることなく，本件店舗部分における営業利益相当の損害が発生するにまかせて，その損害のすべてについての賠償をY らに請求することは，条理上認められない」と判示した。

　平成 29 年改正民法では，従前の解釈論をリステイトして，過失相殺を「債務不履行」に関する債権者の過失だけではなく，「損害の発生」，「損害の拡大」に関する過失も過失相殺の対象とする点が明記された。

　Case 6-7 **2** については，過失相殺として解決することも可能であるが，なお，損害賠償の範囲の問題として解決する余地も存すると考えるべきであろう（そもそも損害賠償の範囲に入らないとの主張が

可能であれば，過失相殺を主張するよりは，債務者にとって有利である）。

❈❈❈❈❈❈❈❈❈❈❈❈❈❈❈❈❈❈❈❈❈❈❈❈❈❈❈❈❈❈❈❈❈

⑦　損害賠償額の減額事由②──損益相殺

　債権者が，債務不履行によって損害を受けると同時に，利益を受けている場合には，公平の理念から，賠償額が減額される（直接の規定は存しないが，しばしば536条2項後段が援用される）。これを「損益相殺」という。損益相殺は，差額説からは当然の帰結であるが，損害事実説からは，公平の理念に基づく調整の結果認められる効果と位置づけられる。医療過誤で死亡した者の遺族が，逸失利益の賠償をなす場合に，生活費が控除されるのが，「損益相殺」の典型例である。

　さらに，香典，生命保険，遺族年金などが控除されるかが問題となるが，判例は不法行為に関するものではあるが，「損害と利益との間に同質性がある限り」，「損益相殺的な調整」を図るべきとして，医療過誤で死亡した遺族の損害賠償につき，遺族年金を控除する余地を認めた（最大判平5・3・24民集47巻4号3039頁）。

⑧　損害賠償に関する金銭債務の特則

　金銭債務については，履行不能を観念することはできず，債務不履行としてはもっぱら履行遅滞（履行拒絶も含めて）のみが問題となり，さらに不可抗力を抗弁とすることができない（419条3項）。金銭債務の不履行に基づく損害賠償は，実務では「遅延損害金」と呼ばれ，利率および遅滞の期間によって定められる額として算定される。金銭消費貸借契約において，元本の返還（587条）とともに，利息の支払が合意される場合（589条1項），利息も利率で定められる

が，元本使用の対価としての利息と債務不履行の遅延損害金とは異なるものである（⇒第2章4③）。

遅延損害金の利率は，債務者が遅滞に陥った最初の時点の法定利率（当初年3%の変動制。404条）による（419条1項）。利息の約定利率が法定利率よりも高い場合は約定利率による（同項ただし書）。たとえば，現時点の法定利率が年3%とすると，利息の約定利率が年5%と定められている場合（法定利率よりも高い場合）は，遅延損害金の利率も年5%となるが，利息の約定利率が年2%と定められている場合（法定利率よりも低い場合）は，遅延損害金の利率は法定利率である年3%となる。

法定利率に基づく金銭債務の不履行の損害賠償については，債権者は損害の発生を証明することを要しないが（419条2項），逆に419条1項の解釈として，債権者が法定利率分を超えた現実の実損害を被ったことを証明したとしても，原則として，その賠償を請求することはできないと解されている。このように金銭債務の損害賠償額を，原則として法定利率による遅延損害金に限定する理由は，金銭の高度の代替性ゆえに，金銭債務が遅滞となっても，債権者は，少なくとも利息を支払えば，金銭を調達することができる点に存する。よって，法律上の例外が認められており（受託金の消費に関する647条後段，665条，671条，組合員の出資に関する669条など），より広く信義則に基づいて，419条1項の規定にもかかわらず実損害の賠償の請求が認められるとされる余地も存する。

なお，以上とは別に，損害賠償額の予定（420条1項）として，遅延損害金の利率を定めることは可能である（⇒⑨）。

⑨　損害賠償額の予定

契約当事者は，債務不履行があった場合に，一定額の損害賠償を

なすべき旨を，合意によって定めることができる（420条1項）。これを賠償額の予定という。消費貸借等において，貸金返還債務の遅滞を想定して約定される遅延損害金が典型例である。たとえば，金銭消費貸借契約において，利息年1%，遅延損害金年2%と合意された場合には，遅延損害金の利率が法定利率より低くても，遅延損害金の約定の利率である年2%となる（419条1項ただし書の「約定利率」とは，利息（元本使用の対価）としての約定利率を指し，損害賠償額の予定として定める利率とは異なる）。意思自治の原則，契約の内容の自由の原則（521条2項）の趣旨が，本来の履行（給付義務）の内容にとどまらず，法的な救済制度（レメディ）である損害賠償の内容の規律にまで及んだものである。なお，利息制限法は，賠償額の予定（遅延損害金の利率）の最高限度を，利息の最高限度の1.46倍（元本100万円以上の場合，年15%×1.46＝年21.9%）と定めており（4条1項。貸金業者は7条1項により年20%），超過部分は無効となる。

　賠償額の予定がなされた場合には，債権者は，債務不履行の事実を主張・立証すれば，損害の発生とその数額を立証せずに損害賠償を請求することができる（大判大11・7・26民集1巻431頁）。ただし，債務者は，免責事由（債務者の責めに帰することができない事由）を主張・立証して責任を免れることは可能である。また，賠償額の予定があっても，債権者は，履行の請求または解除権の行使を妨げられない（420条2項）。

　違約金の定めについては，損害賠償額の予定という趣旨の場合と，違約罰（さらに現実に被った損害の賠償が可能）という趣旨の場合とが想定できるが，民法は，賠償額の予定であると推定することとした（420条3項）。推定ゆえ，反証（違約罰の趣旨であることの立証）は可能である。

Column⑩ 損害賠償額の予定と不当条項規制 ·•◆•·◆•·◆•·◆•·◆•·◆•

　損害賠償額の予定は，契約自由の原則を基礎としたものであることの反面として，予定された損害賠償額が不当であるような場合には，法律の規定によってその効力が制限または否定されることがある。まずは著しく不当に高額な賠償金の予約は，公序良俗に反して無効となる可能性がある（90条）。さらに，事業者と消費者間の取引のように交渉力や情報に格差が存する場合には，特別法によって，損害賠償額の予定の効力が制限されている（消費契約9条，特定商取引10条，25条，40条の2第3項・4項，49条2項，58条の3，58条の16，割賦6条など。併せて利息4条1項参照）。たとえば，消費者契約法9条1項は，いわゆる「解約金」について，「当該消費者契約と同種の消費者契約の解除に伴い当該事業者に生ずべき平均的な損害の額」を基準とし，それを超える部分を無効としている（1号）。さらに，金銭債務の遅延損害金については，「年14.6％の割合を乗じて計算した額を超えるもの」は，超過部分を無効としている（2号）。学納金の返還について消費者契約法9条1号（現1項1号）を適用した最高裁判決（最判平18・11・27民集60巻9号3437頁など）が知られている。

　なお，民法上の定型約款においては，損害賠償額の予定に特化した不当条項規制の規定を設けていないことから，消費者契約でない定型約款に関しては，一般的な不当条項規制の規定である548条の2第2項（「相手方の権利を制限し，又は相手方の義務を加重する条項であって，その定型取引の態様及びその実情並びに取引上の社会通念に照らして第1条第2項に規定する基本原則に反して相手方の利益を一方的に害すると認められるものについては，合意しなかったものとみなす」）の適用が問題となり得る。これに対して，消費者契約が定型約款でなされる場合には，上記特別法上の損害賠償額の予定の効力に関する規定が適用となるケースが多いであろう。

◆•·◆•·◆•·◆•·◆•·◆•·◆•·◆•·◆•·◆•·◆•·◆•·◆•·◆•·◆•·◆•·◆•·◆•·◆•

⑩ 損害賠償による代位

Case 6-8 ───────────────────────────

　Aが，自己所有の骨董の茶器（甲，時価500万円）の保管をBに寄託
していたところ，Bの管理がずさんで，何者かに盗まれてしまった。B
は返還債務の不能により債務不履行に基づく損害賠償として500万円
の塡補賠償をAに支払った。後日，窃盗犯Cが茶器（甲）を自宅に飾っ
ていることが判明した場合，AとBのいずれがCに対して茶器（甲）の
返還を請求することができるか。BがCから茶器（甲）の返還を得た場
合，AはBに対して茶器（甲）の引渡しを請求できるか。

────────────────────────────────────

　債権者が，損害賠償（塡補賠償）として，その債権の目的である
物または権利の価額の全部の支払を受けたときは，債務者は，その
物または権利について当然に代位する（422条）。債権者の二重の利
得を防止し，賠償した債務者の利益を保護するための制度である。
よって，債務者が代位したのち，目的物を現実に入手した場合には，
債権者は，損害賠償として受領した価額を返還して，債務者に対し
て物の返還が請求できる（533条の類推適用により同時履行関係）。債
権者から所有権を剝奪する趣旨ではないからである。類似の制度と
して，保険法上の残存物代位（保険24条）や請求権代位（同25条）
の制度がある。民法上の損害賠償による代位について，具体例で考
えてみよう。

　Case 6-8では，Aが，自己所有の骨董の茶器（時価500万円）の
保管をBに寄託していたところ（657条），Bの管理がずさんで，誰
かに盗まれて行方知れずとなってしまったわけであるから，返還債
務は履行不能となり，AはBに対して，返還債務（662条）の不能
により債務不履行に基づく損害賠償（塡補賠償）として500万円の

支払をBに請求できる（415条2項1号）。そしてBがAに500万円の賠償金を支払った時点で，Bは損害賠償による代位により茶器の所有権を取得する（422条）。よって，Cに対して茶器の返還を請求できるのは，所有権を有するBである。ただし，損害賠償による代位による所有権取得は，債権者から所有権を剥奪する趣旨ではないから，Aは賠償金をBに返還することによって，茶器の所有権を回復することは可能である。

Case 6-8と異なり，Bの管理がずさんで，Cの放火により茶器が焼失してしまったケースでは，茶器の所有権は失われているので，Bは，422条の賠償者代位により，AのCに対する不法行為（所有権侵害）に基づく損害賠償請求権を取得する。

なお，第三者の不法行為により労働者が死亡し，使用者が遺族に補償した場合（労基79条），使用者は，民法422条の類推適用により，第三者に対する損害賠償請求権に代位するとの判例がある（最判昭36・1・24民集15巻1号35頁）。

⑪ 代償請求権

Case 6-9 ──────────────────────────────

Aが，Bに甲建物を2000万円で売却する契約を締結したが，引渡し前に甲建物が火災で焼失した。AはC保険会社との間で甲建物につき火災保険契約を締結しており，AはCに対して2500万円の保険金請求権を取得した。BはAに対して，保険金請求権の移転を請求することができるか。

────────────────────────────────────

債務が履行不能となった場合に，債権者は本来の履行請求ができなくなる（412条の2第1項）。債権者は，債務者に免責事由がなければ，債務者に対して債務不履行に基づく損害賠償（塡補賠償）を

請求することができるが（415 条 2 項 1 号），それとは別に，債務者が履行不能となった原因と同一の原因より目的物の代償である権利や利益を取得した場合には，債権者は債務者にその権利や利益の移転を請求することができる（422 条の 2）。これを「代償請求権」という。

　平成 29 年改正前においては，債務者（売主）の債務が履行不能となったが履行不能と同一の原因によって債務者が利益（保険金など）を得ている場合，明文でそれを定めた規定は存しないが，「公平の観念」により，債権者（買主）は債務者に対して利益（目的物の代償たる利益）の償還を請求することができると解されてきた（最判昭 41・12・23 民集 20 巻 10 号 2211 頁は，536 条 2 項後段の趣旨を援用していた）。平成 29 年改正民法は，422 条の 2 において，「債務者が，その債務の履行が不能となったのと同一の原因により債務の目的物の代償である権利又は利益を取得したときは，債権者は，その受けた損害の額の限度において，債務者に対し，その権利の移転又はその利益の償還を請求することができる」との明文規定を設けた。

　代償請求権の要件として，代償である権利または利益が，履行不能と同一の原因から生じたものでなければならない（原因の同一性）。原因の同一性がある代償としては，①履行不能を生じさせた第三者に対する損害賠償請求権，②Case 6-9 のような保険金請求権が想定される。ただし，保険法研究者の中では，保険金は保険契約における保険料支払の対価であるので，履行不能を原因として発生するものではないとする見解が有力ではある。③不動産二重売買において登記が先になされた第二売買の売買代金（請求権）が，それにより不能となった第一売買の買主の債権の代償となるかが争われている。肯定説も有力ではあるが，第二売買の代金債権は，第一売買の不能によって生じるものではないので，同一の原因から生じたもの

とするのは難しいであろう。

　代償が，保険金請求権，損害賠償請求権，代金請求権などの債権である場合には，代償請求権として，債務者が第三債務者に対して取得する債権の移転を請求することができる。それらの債権がすでに弁済されて債務者の一般財産に混入された場合には，同じく代償請求権として，利益の償還を請求することになる。

　代償請求の範囲は，「受けた損害の額の限度において」である。Case 6-9 では，保険金請求権は 2500 万円だが，代償請求の範囲は，B の損害（2000 万円 + α）の限度においてとなる。

　代償請求は，損害賠償請求とは異なるので，免責事由がないこと（415 条 1 項ただし書）は要件とならない。履行不能においては，債権者は，415 条に基づく損害賠償請求権と，422 条の 2 に基づく代償請求権という 2 つの救済手段の選択行使が認められることになる。債務者に免責事由がある場合，415 条に基づく損害賠償請求はできないが（415 条 1 項ただし書），422 条の 2 に基づく代償請求権を行使することは可能である。

Part3 債権の効力②
── 当事者以外の者に対する効力

　物権とは異なって，債権には相対効しかない。しかし，民法は，一定の要件のもと，債権者が債務者以外の者に対して権利を行使することを認めている。それが債権者代位権と詐害行為取消権である。

　債権者代位権は，債権者が，自己の債権を保全するため必要があるときに，債務者に属する権利を代わって行使することができるというものである。また，詐害行為取消権は，債務者が債権者を害する行為をしたときに，債権者がこの行為の取消しを請求することができるというものである。このいずれにおいても，債権者は，債務者以外の者（債務者が有する権利の相手方，債務者がした行為の相手方）に対して，直接の権利行使をすることが認められている。

　また，債権も権利である以上，不可侵性を有しており，第三者によって債権が侵害されるときには，債権者がこの第三者に対して損害賠償請求や妨害排除請求をすることが認められる。

　Part3では，これらの，当事者以外の者に対する債権の効力について説明する。

第7章　債権者代位権

> 　債務者が権利を有しており，これを行使すれば責任財産を維持・充実させることができるのに，債務者自身がそれを行使しないことがある。債権者としては，これを放置しておくと，債務者の財産に強制執行をかけても自己の債権の満足を得ることができなくなる可能性がある。そこでこの場合に，債権者が，債務者に代わって，債務者の権利を行使することが一定の要件のもとで認められている。これが債権者代位権である。
>
> 　また，債権者代位権は，債務者の責任財産を増加させる目的ではなく，債権者が自己の債権を直接保全する目的でも用いられることがある。本章では，このような債権者代位権の用法についてもみる。

1 債権者代位権の意義・機能

① 債権者代位権とは

　債権者代位権とは，債権者が自己の債権（被保全債権）を保全するため必要があるときに，債務者に属する権利（被代位権利）を債務者に代わって行使することができるという権利である（423条1項）。まずは2つの具体例に即してその働きをみてみよう。

> 債務者の責任財産の
> 維持・充実

　1つめの具体例は，債務者の責任財産を維持・充実させるために債権者代位権が用いられるケースである。「責任財産」とは，債務者の総財産から，担保権の目的となっている財産と差押禁止財

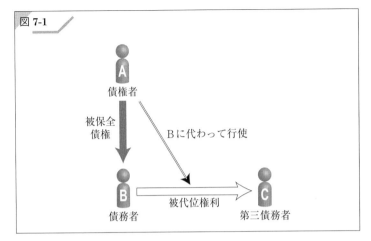

図 7-1

A 債権者
被保全債権
B に代わって行使
B 債務者
被代位権利
C 第三債務者

産を除いたものを指し，これが一般債権者の回収の引当てとなる。

Case 7-1

AはBに対して金銭債権αを有しているが，Bは弁済期が到来しても
これを弁済せず，その資力もない。Bの財産は，以前にCから買った土
地甲のみだが，登記名義はCのままになっており，BはCに登記の移
転を求めることもしない。

　AがBに対する債権αを回収するためには，債務名義（民執22
条参照）を得たうえで，Bの財産の差押えを裁判所に申し立て，そ
の競売代金から配当を受ける必要がある。しかし，土地甲がC名
義のままだと，裁判所はこれをBの財産として差し押さえること
ができない。そこでこのような場合に，Aは，債権者代位権に基
づき，BのCに対する登記請求権（560条参照）をBに代わって行
使することができるとされている。これにより，Aは，B名義とな
った甲を差し押さえて競売にかけ，債権αの回収を図ることがで
きる。

特定の債権の保全　２つめの具体例は，債権者が有する特定の債権を保全するために債権者代位権が用いられるケースである。

Case 7-2

　ＣがＢに土地乙を売り，ＢがさらにこれをＡに売ったが，乙の登記名義はＣのままとなっている。

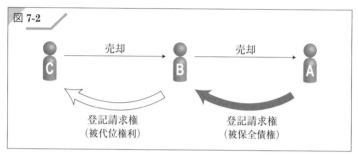

図 7-2

Ｃ　——売却——→　Ｂ　——売却——→　Ａ

登記請求権（被代位権利）　　　登記請求権（被保全債権）

　不動産登記は物権変動の過程を忠実に反映しなければならないから，Case 7-2でも，ＡはＢを飛び越して直接Ｃから登記の移転を受けること（中間省略登記）はできない（最判昭40・9・21民集19巻6号1560頁，最判平22・12・16民集64巻8号2050頁。詳細は*民法2 物権*参照のこと）。そのため，ＢがＣに対する登記請求権を行使して土地乙をいったんＢ名義としない限り，Ａ名義の登記は実現できない。そこでＡは，自己のＢに対する登記請求権を実現するため，ＢのＣに対する登記請求権を代位行使し，Ｃ→Ｂ→Ａの順で移転登記を行うことができるとされている（423条の7）。

② 債権者代位権の機能

２つの異なる機能　①でみたように，債権者代位権には，債務者の責任財産の維持・充実を通じて間接的

に債権を保全する機能を営む場合（Case 7-1）と，特定の債権を直接に保全する機能を営む場合（Case 7-2）とがある。これらは要件などの面で異なっているため，以下ではまず**2・3**で前者（責任財産保全型の債権者代位権）についてその要件・効果をみた後に，**4**で後者（特定債権保全型の債権者代位権）について説明する。

◆「本来型」と「転用型」　平成29年改正の前は，責任財産保全型の債権者代位権を制度の本来の用法とし，特定債権保全型の債権者代位権は制度の「転用」と位置づけるのが一般的な説明だった。これは，改正前は債権者代位権に関する規定が1か条しかなく，この規定が詐害行為取消権と連続的に責任財産保全のための制度として理解されていたためであった。しかし改正法は，従来は「転用型」の一例とされていた登記請求権の代位行使（Case 7-2）に関する規定を新設した（423条の7）。これにより，「本来型」・「転用型」という整理は妥当しなくなったとして，両者を並列的に扱う見解が改正後は有力になっている。本書も，両者を異なる類型として扱うが，「本来型」・「転用型」という位置づけは行わない。

――――――――――――――
　責任財産保全型の
　実際の機能
――――――――――――――

債権者代位権の2つの機能のうち，責任財産保全型では，これを行使する債権者のためだけでなく，すべての債権者のために責任財産の維持・充実が図られるというのが建前である。これによれば，債権者代位権の行使による責任財産の増加分は，これを行使した債権者が独り占めするのではなく，債権者全員で平等に分けられるべきだとも考えられる。

　しかし実際には，債権者代位権は，これを行使する債権者が優先的に自己の債権の満足を受けるための手段としても用いられてきた。平成29年改正前の判例はこれを認める方向で進展してきたが，改正法はそれらの判例法理を追認するかたちで明文化しており，現在では制度の趣旨を責任財産保全のためのものとして整合的に理解す

るのはやや困難になっている（⇒*Column⑪*「事実上の優先弁済」が認められることの是非）。

2 債権者代位権の要件

　423条は債権者代位権の要件を規定する。これは，①被保全債権の性質・弁済期に関する要件，②被代位権利の性質に関する要件，③保全の必要性に関する要件に分けられる。また，条文には明記されていないが，④債務者が被代位権利をまだ行使していないことも必要である。

① 被保全債権に関する要件

被保全債権の
存在・性質

　債権者代位権を行使するためには，その時点で債権者が債務者に対して被保全債権を有していなければならない。「債権者」代位権という以上，これを行使しようとする者が債権者でなければならないのは当然のことである。

　また，責任財産保全型の債権者代位権は，債務者の責任財産を維持・充実させ，それに強制執行をかけることによって被保全債権を回収しやすくするための制度である。そのため，被保全債権は，強制執行により実現可能なものでなければならない（423条3項）。したがって，破産手続によって免責された債権や不執行の合意がされた債権（⇒第3章2）は，被保全債権とすることができない。さらに，このような責任財産保全型の制度趣旨からすれば，被保全債権は責任財産からの回収になじむもの，つまり具体的には金銭債権でなければならないと解されている。

被保全債権は，原則として，債権者代位権
を行使する時点で弁済期が到来していなけ
ればならない（423条2項本文）。これは，
弁済期が到来しておらず自己の権利を行使することもできない債権
者が，債務者の権利を行使できるというのはおかしいからだと説明
される。

　ただし，保存行為を代位行使する場合は，被保全債権の弁済期到
来は要求されない（同項ただし書）。保存行為とは，債務者の財産の
現状を維持するための行為であり，その例としては，債務者が有す
る債権について消滅時効の完成猶予措置をとることなどが挙げられ
る。このような行為は，債権者による代位行使を認めても債務者に
不利益はない一方で，弁済期の到来を待つことができないほど急を
要することもあるため，この例外が認められている。

② 被代位権利に関する要件

被代位権利となりうる
もの

被代位権利は債権であることが多いが，物
権（物権的請求権）や形成権（取消権・解除
権・相殺権・時効援用権など）であってもよ
い。しかし，その例外として，債務者の一身に専属する権利（一身
専属権）や差押えを禁じられた権利は代位行使できないとされてい
る（423条1項ただし書）。

被代位権利の例外①
一身専属権

行使するかどうかを権利主体の意思に委ね
るべき権利（行使上の一身専属権）は，債権
者代位権の被代位権利とすることはできな
い。具体的に何がこれに該当するかについては，権利主体である債
務者の意思を尊重すべきであるという要請と，債権の保全に関する
債権者の期待を保護すべきであるという要請とを衡量して判断され

る。

　離婚請求権や認知請求権など，親族法上の地位に関わる権利は，行使上の一身専属権にあたる。これらの権利が行使されると，債務者の財産状態に間接的に影響が及びうるが，その行使にあたってはやはり債務者自身の意思を尊重すべきだからである。これに対し，相続法上の権利は債務者の財産状態に直接の影響を及ぼしうるため，これが行使上の一身専属権にあたるかは微妙である。相続の放棄をする権利については行使上の一身専属権にあたるとする見解が多数であるが，遺産分割請求権については学説も分かれている。なお，遺留分減殺請求権（平成30年改正後は遺留分侵害額請求権）については，原則として代位行使できないとした判例がある（最判平13・11・22民集55巻6号1033頁）。

　人格権が侵害された場合の慰謝料請求権も行使上の一身専属権とされるが，加害者が被害者に対し一定額の慰謝料を支払う旨の合意をした場合や，一定額の慰謝料の支払を命ずる債務名義が成立した場合など，具体的な金額が確定した後は，一身専属ではなくなり代位行使が可能とされている（最判昭58・10・6民集37巻8号1041頁）。

> 被代位権利の例外②
> 差押えを禁じられた
> 権利

給与債権の4分の3に相当する部分（民執152条1項2号），国民年金受給権（国年24条），生活保護受給権（生活保護58条）など，差押えが禁止されている権利も代位行使することができない。これらは権利者自身が給付を受ける必要性が高いために差押えを禁じられているのであり，債権者はこれを自己の債権の引当てとして期待すべきでないからである。

③　保全の必要性

　債権者は，自己の債権を保全するため必要があるときに限って債

権者代位権を行使することができる（423条1項本文）。被代位権利はあくまで債務者の権利であり，これを行使するか否かは本来は債務者の自由に属するはずである。それにもかかわらず債権者が干渉することを正当化するために，この要件が必要となる。

　責任財産保全型では被保全債権は金銭債権であるのが原則だから，保全の必要性がある場合とは，債務者に弁済の資力がないこと，すなわち債務者の無資力を意味する（判例には，特定債権保全型とみられる事案でも，被保全債権が金銭債権である以上は債務者の無資力が要件であるとしたものがある。最判昭49・11・29民集28巻8号1670頁）。無資力かどうかは，債務者の資産（プラスの財産）と負債（マイナスの財産）とを比較しつつ，債務者の信用や資金調達能力をも考慮して判断される（単に資産と負債の多寡を比べるのではない点で，無資力は債務超過と区別される）。債務者が無資力かどうかを判断する基準時は，債権者代位権が行使された時点（訴訟による場合は事実審口頭弁論終結時）である。

④ 債務者による権利の未行使

　条文には規定されていないが，債務者がすでに権利を行使していれば，その権利を債権者が代位行使することはもはや認められない（最判昭28・12・14民集7巻12号1386頁）。債務者がみずから権利を行使しているにもかかわらず，債権者代位権の行使を認めると，債務者の財産管理に対する過大な干渉となるからである。債務者の権利行使の方法や結果が悪かったとしても，代位行使はやはり認められない。ただしこの場合に，詐害行為取消権の要件を満たしていれば，債権者はそれによって責任財産の保全を図ることが可能である（⇒第8章）。

3 債権者代位権の行使方法・効果

① 行使の方法

　債権者代位権は，裁判で行使してもよいし，裁判外で行使しても
よい。この点において，裁判上の行使しかできない詐害行為取消権
とは異なっている（424条1項本文参照）。

　債権者は，債務者の代理人としてではなく，自己の名において債
務者の権利を行使する。したがって，裁判による場合には，債権者
みずからが原告となる。

② 請求の内容・範囲

　債権者は，債権者代位権に基づいてどのような請求をすることが
できるか。被代位権利が，①不動産の登記請求権である場合，②動
産の引渡請求権である場合，③金銭債権である場合のそれぞれにつ
いてみていこう。

Case 7-3 ──────────────────────────────

　AはBに対して200万円の金銭債権αを有している。債権者代位権
を行使するための要件は備わっているとして，次の**1**～**3**の場合に，A
はCに対してどのような請求をすることができるか。

　1　BはCから土地甲（時価500万円）を買ったが，登記の移転を受
　　けていない。

　2　BはCから絵画乙（時価500万円）を買ったが，引渡しを受けて
　　いない。

　3　BはCに対して500万円の金銭債権βを有しており，弁済期も

到来しているが，弁済を受けていない。

Case 7-3 **1**のように，被代位権利が不動産の登記請求権である場合は，AはCに対し，不動産（土地甲）の登記名義をBとするよう求めることができる。そのうえでAは，甲を競売にかけて債権αを回収することになる。このとき，Bに対して債権を有する者がA以外にもいれば，これらの債権者にも甲の競売手続に参加する機会が与えられるので，Aが債権者代位権行使の成果を独占できるとは限らない。たとえば，Bに対して800万円の債権を有するDが甲の競売手続に参加すれば，甲の競売代金500万円はAD間で200：800＝1：4の割合で按分され，Aは100万円の配当しか得られない。

　それでは，Aは，債権者代位権の行使により，甲の名義をAとするよう求めることができるだろうか。これが認められるならば，AはDを排除して，甲の価値から独占的に債権αの満足を得ることができるであろう。しかし，これでは責任財産の保全という債権者代位権の制度趣旨に反するため，このような請求は認められない。

これに対して，Case 7-3 **2**のように被代位権利が動産の引渡請求権である場合には，Aは動産（絵画乙）を直接自分に引き渡すようCに請求することができる（423条の3前段）。この場合も，不動産の場合と同様に，Bのところに動産の占有を移転させたうえで競売にかけるべきであるようにも思われるが，これだとBが動産の受領を拒む可能性がある（債権者代位訴訟に勝訴すればBの意思にかかわりなく不動産の登記名義をBにすることができる〔民執177条1項参照〕のと異なる）。それだとAが債権者代位権を行使しても実効性が

あがらないため，AがBに代わって動産を受領することが認められているのである。

ただし，Case 7-3 **2**で，Cから乙の引渡しを受けたAが債権 α を回収するためには，乙を執行官に引き渡して動産競売の手続を開始してもらう必要がある。したがって，Aは，そのまま乙の所有権を取得してその価値から債権 α の満足を得られるわけではない。ここで他の債権者が乙の競売手続に参加すれば，Case 7-3 **1**の場合と同様，Aは債権者代位権行使の成果を独占することはできない。

| 被代位権利が
金銭債権の場合 |

Case 7-3 **3**のように被代位権利が金銭債権である場合も，動産の場合と同様に，Aは債権（債権 β）の弁済金を直接自分に支払うようCに求めることができる（423条の3前段）。これは，動産の場合と同じく，Bが金銭の受領を拒むことがありうるからである。

ただし，AがCから弁済金の支払を受けた後に債権 α を回収する方法は，不動産や動産の場合と異なっており，Aは他の債権者に優先して債権 α を回収できる可能性がある。すなわち，債権 β の債権者はあくまでBであってAではないから，AはCから受領した金銭をBに引き渡す債務を負う。しかし，Aはこの債務と被保全債権（債権 α）を相殺することにより，他の債権者を排して事実上の優先弁済を受けられるのである（相殺の担保的機能については⇒第11章2）。

なお，被代位権利が金銭債権である場合には，このように強力な効果を債権者が得られるため，債権者は被保全債権の額の限度でのみ被代位権利を行使できる（423条の2）。Case 7-3 **3**では，Aは債権 α の債権額である200万円の限度でのみ，債権 β の弁済をCに求めることができるにとどまる。

　本文でみたとおり，被代位権利が金銭債権である場合には，債権者代位権を行使した債権者に事実上の優先弁済が与えられることになる。責任財産保全型の債権者代位権は，本来は債務者の責任財産の維持・充実を通じて総債権者の保護を図る制度のはずであり，このように事実上の優先弁済を許容する結果となっていることは制度趣旨からの逸脱・乖離とも考えられる。平成 29 年改正前の学説では，強制執行制度を完備しているわが国においては債権者代位権は必要がないばかりか，債務名義なしに行使できるにもかかわらず事実上の優先弁済を認める点で債権執行制度との整合性を欠いているとして，債権者代位権制度の廃止を主張する見解も唱えられた。しかし他方で，債務名義なしに優先弁済を得られる簡便迅速な債権回収手段として，この制度をむしろ積極的に評価しようとする見解も存在していた。

　平成 29 年改正にあたっては，債権者が金銭の支払を受けた後に債務者への返還債務と被保全債権を相殺することを禁じ，事実上の優先弁済を得られないようにすることで，債権者代位権を責任財産保全のための制度として純化する方向性が検討された。しかし結局，改正法はこのような相殺禁止の規定を設けないこととしたので，債権者は改正法のもとでも引き続き事実上の優先弁済を得られると解される。

③　債務者・相手方・他の債権者の地位

相手方の抗弁

　債権者代位権を行使した債権者から請求を受けた相手方は，債務者に対して有している抗弁（同時履行の抗弁，被代位権利の消滅の抗弁など）をもって債権者にも対抗することができる（423 条の 4）。債権者代位権が行使されたからといって，相手方が立場の悪化を甘受しなければならない理由はないからである。

Case 7-1 では，BがCに甲の代金をまだ支払っていなければ，CはBに対して同時履行の抗弁（533条）を有しているので，これをAにも対抗してAの代位権行使を阻むことができる。

債務者による
権利行使

被代位権利が動産の引渡請求権や金銭債権である場合には，被代位権利の相手方は債権者の求めに応じて履行すればよく，これにより被代位権利は債務者との関係でも消滅する（423条の3後段）。しかし他方で，債権者代位権が行使された後も債務者はみずから被代位権利を行使することができ，この場合には相手方も債務者に履行してよい（423条の5）。債権者代位権は，債務者がみずから権利行使をしない場合に限って認められるものであり（⇒2④），事後的に債務者が権利行使した場合でも，その目的は達せられたといいうるからである。被代位権利が金銭債権である場合に債務者自身の権利行使を認めると，債権者は期待していた事実上の優先弁済を受けられなくなるおそれがあるが，本来の制度趣旨からすればこれもやむをえない（債権者がこれを避けたければ，被代位権利に対して仮差押え〔民保20条〕を行う必要がある）。

債務者への訴訟告知

民事訴訟においては，確定判決の効力（既判力）はその訴訟の当事者にしか及ばないのが原則である（民訴115条1項1号）。しかし判例は，債権者が被代位権利の相手方に対して提起した債権者代位訴訟の判決効が債務者にも及ぶとしている（大判昭15・3・15民集19巻586頁）。したがって，債権者代位権が訴訟で行使されたが，債権者が敗訴してこれが確定したという場合は，この不利な判決の効力が債務者にも及ぶことになる（詳しくは民事訴訟法の教科書にゆずる）。

このように債務者にも判決の効力が及ぶのであれば，債務者に手続上の保障を与える必要がある。そこで，債権者代位訴訟を提起し

た債権者は，遅滞なく債務者に訴訟告知（民訴53条）をしなければ
ならないとされている（423条の6）。訴訟告知がされることにより，
債務者は債権者代位訴訟が提起されたことを知ってこれに参加し，
みずから必要な攻撃防御を行うことができる（債務者が被保全債権の
存在を争わない場合は共同訴訟参加〔民訴52条〕により，債務者が被保全
債権の不存在を主張する場合は独立当事者参加〔民訴47条〕による。詳し
くは民事訴訟法の教科書を参照のこと）。

|　他の債権者との関係　| 債務者に対して複数の債権者がいる場合に
おいて，そのうちの1人が裁判外で債権者
代位権を行使したときも，他の債権者が同じ被代位権利について債
権者代位権を行使することは妨げられない。ただし，債権者の1人
が債権者代位訴訟を提起したときは，他の債権者が重ねて債権者代
位訴訟を提起することは，重複訴訟の禁止（民訴142条）に抵触す
るため許されない。この場合，他の債権者は，先行する債権者代位
訴訟に対して共同訴訟参加または独立当事者参加をすべきである。

　債権者代位訴訟が提起された後も，他の債権者が被代位権利を差
し押さえて取り立てることは可能である。この場合に，裁判所は債
権者代位訴訟と取立訴訟を併合審理し，両者をともに認容すること
ができる（最判昭45・6・2民集24巻6号447頁）。これに対し，債務
者が有する債権がすでに他の債権者によって差し押さえられている
場合は，差押えの処分禁止効（民執145条1項）により，この差し押
さえられた債権を被代位権利とする債権者代位権の行使はできない。

4 特定債権保全型の債権者代位権

① 責任財産保全型との相違点

責任財産保全型の債権者代位権は，①債務者の責任財産の維持・充実をその目的とするものであって，②金銭債権を被保全債権とし，③保全の必要性の内容として債務者の無資力を要求するものであった。これに対し，債権者代位権には，①' 債権者が有する特定の債権を保全する機能もある。そして，債権者代位権がこの機能を営むときには，②' 被保全債権は必ずしも金銭債権でなくてよく，③' 債務者の無資力も要求されない。

この特定債権保全型の債権者代位権は，たとえば Case 7-2 でみたように，登記請求権を保全するために用いられる。このケースでは，債権者代位権は，A の B に対する登記請求権という特定の債権の実現を目的としており（①'），被保全債権（A の B に対する登記請求権）は金銭債権ではなく（②'），債務者 B の無資力も要求されない（③'）。

② 特定債権保全型の例

Case 7-2 のような登記請求権を保全するための債権者代位権については，平成 29 年改正により規定が設けられた（423 条の 7）。これは，改正前の判例法理を明文化したものであるが，以下にみるとおり，これ以外にも判例が特定債権保全型の債権者代位権の行使を認めた例がある。これらについては，要件を定式化することが難しかったため明文化は見送られたが，だからといって改正後はこれらの債権者代位権の行使が認められなくなったというわけではない。

改正法のもとでも，423条の適用により，これらの用法は引き続き認められると解される。

Case 7-4

AがBから土地甲を賃借したが，Cが甲の上に不法に資材を置いている。AがCに対して資材の撤去を求めるためには，どのような手段が考えられるか。

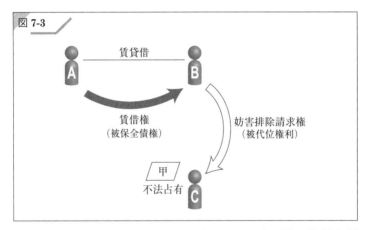

図 7-3

賃貸借

A ── B

賃借権
（被保全債権）

妨害排除請求権
（被代位権利）

甲
不法占有 C

賃借権を保全するための物権的請求権の代位行使

Case 7-4において，Cが不法に資材を置く前にAが土地甲の占有を開始していれば，Aは占有の訴え（197条以下）によってCに資材の撤去を求めることができる。また，Aの賃借権に対抗力があれば（605条，借地借家10条），AはCに対してみずからの賃借権に基づく妨害排除請求を行うことができる（605条の4⇒**第9章** *3*）。

問題は，このいずれの要件も満たさない場合であるが，判例は，Aが，Bに対する賃借権を保全するため，BのCに対する物権的

請求権（妨害排除請求権）を代位行使することができるとした（大判昭 4・12・16 民集 8 巻 944 頁）。このケースでも，債権者代位権は，Aの B に対する賃借権という特定の債権の実現を目的としており（①'），被保全債権である A の賃借権は金銭債権ではなく（②'），債務者 B の無資力は要求されていない（③'）。

同時履行の抗弁を失わ
せるための代位行使 さらに特殊なケースとして，被保全債権は金銭債権ではあるものの，やはり特定の債権の保全のために債権者代位権の行使が認められたものがある。

Case 7-5

D が B に土地甲を売った後，代金支払と登記移転がされない間に D は死亡し，D の子である AC が D を相続した（法定相続分は各 1/2）。A は B に対し，甲の代金のうち半額の支払を請求したが，C が甲の所有権移転登記手続を行うことを拒絶しているため，B は同時履行の抗弁を主張して代金を支払わない。A が代金債権の弁済を受けるためには，どのような手段が考えられるか。

A が代金債権の弁済を受けるには，B が有している同時履行の抗弁（533 条）を失わせる必要がある。しかし，そのためには AC がともに登記移転義務の履行の提供をしなければならないが，この事例では C がこれを拒んでいる。このような場合に，A は，B に対する代金債権を保全するため，B の C に対する登記請求権を代位行使することによって，C の意思に反してでも登記移転義務の履行の提供をさせ，B の同時履行の抗弁を失わせることができるとされた（最判昭 50・3・6 民集 29 巻 3 号 203 頁）。

判例が債権者代位権の行使を認めたこの事例は，被保全債権が金銭債権である点では責任財産保全型と同じであるともいえる（②）。

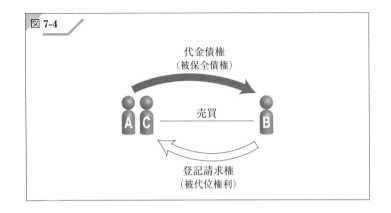

図 7-4

代金債権
（被保全債権）

A C ——売買—— B

登記請求権
（被代位権利）

しかしこの判例は，債務者であるＢの資力の有無を問わないことを明言している（③'）。また，債権者代位権の行使の目的も，Ｂの責任財産の保全ではなく，もっぱらＡのＢに対する代金債権という特定の債権の実現にある（①'）。したがって，これもやはり特定債権保全型の一事例として位置づけられるべきものであろう。

Web 抵当権に基づく妨害排除請求と「423 条の法意」 ❖❖❖❖❖
　かつては，抵当不動産上に占有権原をもたない者が居座り，抵当権の実行を事実上できなくするという執行妨害の例が多くみられた。このような事案につき最高裁は，抵当権者が，抵当不動産の所有者に対して有する侵害状態是正請求権（担保価値維持請求権）を保全するため，423 条の法意に従い，所有者の不法占有者に対する妨害排除請求権を代位行使することができるとした（最大判平 11・11・24 民集 53 巻 8 号 1899 頁）。423 条の直接適用ではなく「法意に従い」とされたのは，抵当権の効力として生じる侵害状態是正請求権（担保価値維持請求権）を債権とみることが難しく，これを被保全「債権」とすることができるかについて疑義があったからだと推察される。
　ただし，最高裁はその後，抵当権自体に基づく妨害排除請求を肯

定するに至ったので（最判平17・3・10民集59巻2号356頁），現在で
はこの種の事案につき債権者代位権という構成を用いる必要はなく
なっている（これらについての詳細は*民法3 担保物権*を参照のこと）。

第8章 詐害行為取消権

> 第7章でみた債権者代位権は，債務者がみずからの権利を行使しないときに，債権者が債務者に代わってその権利を行使することを認め，それによって責任財産の維持・充実を図るという機能を有していた。これに対し，債務者が自己の財産をあえて減少させる行為をしたときなども，債権者が弁済を受けられなくなるおそれが高まる。そこで，債権者が一定の要件のもとで，債務者がしたこれらの行為を取り消し，それによって責任財産の保全を図ることができるという制度が用意されている。それが本章で扱う詐害行為取消権である。

1 詐害行為取消権の意義・機能

Case 8-1

Aは，Bに対して金銭債権 α を有しているが，Bは弁済期が到来してもこれを弁済せず，その資力もない。Bのめぼしい財産は土地甲のみであったが，BはこれをCに贈与してしまった。その後，Cは，甲をさらにDに売却した。

詐害行為取消権とは

Case 8-1 では，Bがした土地甲の贈与によってBの責任財産が減少し，AがBに対して有する債権 α を回収できなくなるおそれが高まっている。このような場合に，民法は，債務者（B）が債権者（A）を害することを知ってした行為（このケースでは贈与）につき，債権者がその取

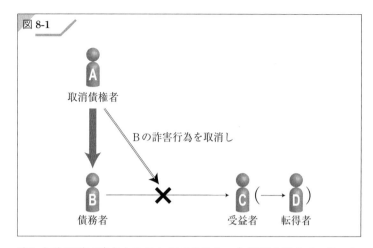

図 8-1

取消債権者 A

B の詐害行為を取消し

B 債務者 ✕ → C 受益者 （ → D 転得者）

消しを裁判所に請求することができるという権利を認めている。これが詐害行為取消権である（424条1項）。

　取消しの対象となる債務者の行為（詐害行為）によって利益を受けた者（Case 8-1 では C）を受益者という。また、詐害行為によって受益者に移転した財産を、受益者がさらに別の者に譲渡したとき、この譲り受けた者（Case 8-1 では D）は転得者とよばれる。詐害行為取消権は、要件を満たす限り受益者・転得者のいずれに対しても行使することができるが、転得者を相手方として詐害行為取消権を行使する場合でも、取消しの対象はあくまで債務者と受益者との間の詐害行為である（受益者と転得者の間の譲渡が取り消されるのではない）。

　詐害行為取消権を行使する債権者のことを、特に取消債権者とよぶことがある。また、取消債権者が債務者に対して有する債権（Case 8-1 では債権 α）は被保全債権とよばれる。

Case 8-2

　A は B に対して金銭債権 α を有している。次のような場合に、A は債

権αの回収を確保するため，どのような手段をとることが考えられるか。

１ Ｂのめぼしい財産は，Ｃに対する債権βのみであったが，Ｂはこの債権βを免除してしまった。

２ Ｂのめぼしい財産は土地甲のみであったが，ＢはこれをＣに贈与し，登記をＣに移転してしまった。

詐害行為の取消しと
財産の返還請求

Case 8-2 **１** では，Ｂが債権βを免除している。免除とは，債権を消滅させる効果を有する，債権者の一方的な意思表示であるが（⇒第12章4），Ｂは債権βの債権者だから，本来であればこれを免除することも自由にできるはずである。しかし，Case 8-2 **１** のように免除がされてしまうと，Ｂの責任財産が減少し，Ａが債権αを回収できなくなるおそれが大きくなる。そこで，Ａが詐害行為取消権を行使すると，Ｂがした免除は取り消され，Ａは債権βの消滅を防ぐことができる。

Case 8-2 **２** では，Ｂが土地甲を贈与している。贈与は無償行為であり，Ｂが見返りに得るものは何もないが，Ｂは甲の所有者だから，本来はこのような処分も自由にできるはずである。しかしここでも，Ｂが甲を贈与すると，Ｂの責任財産が減少し，Ａが債権αを回収できる見込みは低下してしまう。そこで，Ａは詐害行為取消権を行使し，この贈与を取り消したうえで甲の返還（Ｃに移転した登記の抹消）をＣに求めることによって，Ｂの責任財産を回復させることができる。Ａは，この詐害行為取消権の行使に続けて，Ｂのもとに回復された甲に対して強制執行を行うことにより，債権αの回収を図ることが可能になる。

Case 8-2 **１** では，Ａは詐害行為（免除）の取消しのみを請求すれば足りるが，Case 8-2 **２** では，詐害行為（贈与）を取り消すととも

に財産の返還をCに求めなければAの目的は達せられない。そこで，詐害行為取消権を行使する債権者は，詐害行為の取消しのみを求めてもよいが，取消しとあわせて財産の返還等を請求することもできるとされている（424条の6）。

詐害行為取消権の機能 詐害行為取消権の典型的な適用場面は，Case 8-2のように，債務者が自己の責任財産を減少させる行為をしたときに，責任財産を回復させるためにこれを取り消すというものである。これに対し，債務者が債権者のうち一部の者に対してのみ弁済をしたような場合は，債務者の責任財産はトータルでは増減がない（弁済することによって債務者の積極財産は減少するが，その分だけ消極財産である債務の額も減少する）。しかし，これだと債権者間の平等が害されるため，民法は，一部の債権者のみを利する債務者の行為（これは偏頗行為とよばれる）も一定の要件のもとで詐害行為取消権の対象としている。このように，詐害行為取消権には，財産減少行為を対象とする場合（424条）と，偏頗行為を対象とする場合（424条の3）がある。また，そのほかに，相当の対価を得て財産の処分行為がされた場合（424条の2）や，過大な代物弁済がされた場合（424条の4）にも，詐害行為取消権を用いることができる。

Web 倒産法上の否認権 ✧✧✧✧✧✧✧✧✧✧✧✧✧✧✧✧✧✧✧✧

倒産法には否認権という制度がある。これは，債務者の倒産手続が開始する前にされた，債権者を害する行為を，倒産手続開始後に倒産手続との関係で失効させて，逸出した財産を倒産財団（債権者に対する配当の引当てとなる倒産債務者の財産の総体）に回復するという権利である。否認権には，詐害行為否認（破160条）と偏頗行為否認（同162条）のほか，相当の対価を得てした財産の処分行為の否認（同161条），対抗要件否認（同164条），執行行為否認（同165条）などの類型がある。

民法上の詐害行為取消権と倒産法上の否認権は，沿革的には共通のものであり，その機能も類似している。そこで，平成29年改正では，詐害行為取消権の要件を否認権の要件と整合させるべく条文の整備が行われた（⇒*3*）。

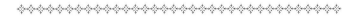

　詐害行為取消権は，責任財産保全型の債権者代位権と同じく，債務者の責任財産の保全を通じて債権者の保護を図るという制度である。したがって，建前上は，詐害行為取消権は総債権者の利益のための制度であるといいうる。しかし，これも責任財産保全型の債権者代位権と同様に，平成29年改正前の判例は，一定の要件のもと，詐害行為取消権を行使した債権者に事実上の優先回収を認めてきた。改正法はこの判例法理を明文化しており，ここでも制度の趣旨を一元的に理解するのはやや困難になっている。

2 詐害行為取消権の要件 —— 原則ルール

　詐害行為取消権の要件は，424条〜424条の5に定められている。このうち，詐害行為取消権の原則的な要件を定めるのが424条である。これは，①被保全債権に関する要件，②債務者がした行為に関する要件，③債務者の主観に関する要件，④受益者・転得者の主観に関する要件の4つに整理することができる。

1 被保全債権に関する要件

被保全債権の種類 　詐害行為取消権は債権者に与えられる権利であり，これを行使しようとする者は，詐害行為をした者に対して債権（被保全債権）を有している必要がある。そして，詐害行為取消権は，責任財産を保全し，強制執行によ

る被保全債権の回収の可能性を高めるための制度であるから，強制執行によって実現することのできない債権は被保全債権となりえない（424条4項）。よって，破産免責を受けた債権や不執行の合意がされた債権など（⇒第3章2）は被保全債権とすることができない。

　被保全債権に債務者が提供した担保が付いている場合は，債権額が担保価値を超えるときに限って詐害行為取消権を行使することができる。担保によって全額を回収できる債権者は，詐害行為取消権によって債務者の責任財産の維持を図る必要がないからである。

　詐害行為取消権の制度趣旨が責任財産の保全にある以上，被保全債権は債務者の責任財産を回収のよりどころとする債権，すなわち金銭債権に限られると解するのが通説である。それでは，次のような場合はどうだろうか。

Case 8-3 ────────────────────────────────

　AはBから土地甲を買ったが，引渡しや所有権移転登記は済ませていなかった。Bにはほかに見るべき資産がなく，借入金の弁済に窮していた。そこでBは，Bの窮状を知るCに対し，甲を時価よりも安い価格で売却して，Cへの所有権移転登記を行った。Aは，詐害行為取消権を行使して，BC間の売買を取り消すことができるか。

──

　Case 8-3では，AがBに対して有している債権は土地甲の引渡請求権・登記請求権であり，これは金銭債権ではない。しかし判例は，特定物の引渡請求権も究極においては損害賠償債権（＝金銭債権）に変わりうるから，債務者の責任財産によって担保されなければならないことは金銭債権と同様だとして，これを被保全債権とする詐害行為取消権の行使を認めている（最大判昭36・7・19民集15巻7号1875頁）。

　ただし，Aは自己に対して甲の所有権移転登記をせよと請求す

ることはできず，Bのもとに戻った甲に対して強制執行を行って，損害賠償債権を回収することができるにとどまる。これは不動産の二重譲渡のケースであり，仮にAが自己への所有権移転登記を求めることができるとすると，先に登記を具備したほうが勝つという177条のルールと正面から抵触するためである。

被保全債権の取得時期 詐害行為取消権の被保全債権は，詐害行為よりも前の原因（たとえば詐害行為の前に締結された契約など）に基づいて生じたものでなければならない（424条3項）。これは，詐害行為よりも後の原因に基づいて債権を取得した者は，債務者がすでに無資力となっていることを当初から覚悟していたはずだから，詐害行為取消権による保護を与える必要がないという考慮に基づく。債権の発生原因が詐害行為の前であれば，債権が現に発生したのが詐害行為の後であっても，詐害行為取消権の被保全債権となりうる。たとえば，詐害行為の前から成立していた債権に基づいて，詐害行為の後に遅延損害金が発生した場合には，この遅延損害金債権も被保全債権とすることができる。

なお，債権者代位権とは異なり，詐害行為取消権は，被保全債権の弁済期が未到来であっても行使することができる。

② 債務者がした行為に関する要件

債務者の無資力 詐害行為取消しの対象となるのは，「債権者を害する」行為である（424条1項）。これには，①財産減少行為のほかに，②相当の対価を得て行う財産の処分，③特定の債権者に対する担保の供与等，④過大な代物弁済等も含まれる。

債務者が①〜④の行為をした後も，債務者に弁済の資力が残っているのであれば，債権者は害されることはない。したがって，①〜

④の行為が「債権者を害する」といえるためには，債務者の無資力が要件となると解されている（責任財産保全型の債権者代位権でも無資力が要件であると解されている⇒第7章2③）。詐害行為取消権は，本来は債務者の自由に委ねられているはずの財産管理に債権者が介入することを許すものだから，それを正当化するためにもこの要件が必要とされる。

　ここでいう無資力とは，その行為によってはじめて無資力になる場合と，無資力の状態でさらに責任財産を減少させる行為をする場合の両方を含む。また，無資力かどうかは，債務者の資産と負債を比較しつつ，債務者の信用や資金調達能力も考慮して判断される（単に資産と負債の多寡を比べるのではない点で債務超過と区別される）。さらに，行為の時に無資力であるだけでは足りず，詐害行為取消権を行使する時まで無資力状態が継続していることが求められる。

行為の種類

取消しの対象となる「債権者を害する」行為は，契約（売買や贈与など）や単独行為（債務免除など）のほか，弁済など法律行為そのものではないものも含む。ただし，債務者がした行為でなければならず，受益者からの相殺や執行行為などは取消しの対象とならない。

　「債権者を害する」行為の典型例は，①債務者の財産を減少させる行為である。これには，贈与や債務免除などの無償行為のほか，廉価売却（時価よりも安い価格での売却）も含まれる。また，②相当の対価を得て行う財産の処分，③特定の債権者に対する担保の供与等，④過大な代物弁済等も，詐害行為取消しの対象になる場合があるが，これらについては要件に関する特別ルールがある（⇒3）。

　被保全債権の発生原因が生じる前に贈与や廉価売却などの財産減少行為がされたときは，この行為それ自体を詐害行為として取り消すことはできないが（⇒①），この行為に基づく財産権の移転の対

抗要件（登記など）が被保全債権の発生原因の後に具備されていれば，この対抗要件具備行為についての取消しができるようにも思われる。しかし判例は，詐害行為取消権の対象となるのはあくまで財産の減少を目的とする行為そのものであり，対抗要件具備行為のみを切り離して詐害行為取消しの対象とすることはできないとしている（最判昭55・1・24民集34巻1号110頁，最判平10・6・12民集52巻4号1121頁）。

財産権を目的としない
行為

財産権を目的としない債務者の行為は，詐害行為取消しの対象とならない（424条2項）。詐害行為取消権は債務者の責任財産を保全するための制度だから，財産権に関係しない行為がその対象から除かれるのは当然である。もっとも，家族法上の行為はしばしば財産の変動を伴うことがあり，それらの行為がこの要件に抵触するかどうかを判断するのは難しい。

離婚に伴う財産分与（768条）について，判例は，それが不相当に過大で，財産分与に仮託してされた財産処分であると認められる特段の事情がない限り，詐害行為とはならないとする（最判昭58・12・19民集37巻10号1532頁）。「特段の事情」が認められる場合には，不相当に過大な部分につき，その限度において取消しの対象となる（最判平12・3・9民集54巻3号1013頁。この事案では，離婚慰謝料として負担すべき損害賠償債務の額を超えた部分が取消しの対象となりうるとされた）。

債務者が相続放棄（938条）をした場合にこれが詐害行為取消しの対象になるかについて，判例は否定する（最判昭49・9・20民集28巻6号1202頁）。その理由としては，相続放棄は財産を積極的に減少させる行為ではなく消極的にその増加を妨げる行為にすぎないこと，相続の放棄や承認などの身分行為は他人の意思によって強制す

べきでないことが挙げられている。

　これに対し，判例は，遺産分割協議（906条）については詐害行為取消しの対象となりうるとする（最判平11・6・11民集53巻5号898頁）。遺産分割協議は，共同相続人の共有となった相続財産についてその帰属を確定させるものであり，財産権を目的とする法律行為といえるからだという。これは，遺産分割協議によって新たな物権変動が生じるとみて，それに伴う対抗要件の具備を要求すること（899条の2参照）とも整合的であるといいうる。もっとも，遺産分割協議と相続放棄は類似の効果をもたらしうるものであり，詐害行為取消しの対象となるか否かについて両者で結論を異にした判例法理には疑問の余地がある。

③　債務者の主観に関する要件

　詐害行為取消しの対象となるのは，債務者が債権者を害することを「知ってした」行為である（424条1項）。つまり，債務者の悪意が詐害行為取消権の要件として求められる。

　この債務者の悪意の意義について，その行為が債権者を害するという認識があれば足りるのか，それとも債権者に損害を与える意図（害意）まで必要かという議論があり，平成29年改正前の多数説は，債務者に求められる悪意の程度・内容は詐害行為の態様（行為自体の詐害性の程度）との相関関係で決まると解していた。

　この点につき，改正法は，後でみるように詐害行為の態様に応じて特則を設け（424条の2，424条の3），債務者の主観としてどこまでを要件とするかについても，これらの特則の中で規定している（⇒3）。これらの特則が適用されず，原則ルールである424条が適用される詐害行為は，無償行為や廉価売却など詐害性が強い類型であるため，同条が定める要件としての債務者の悪意は，害意までは

必要なく，単なる認識で足りると解してよいだろう。

④ 受益者・転得者の主観に関する要件

　債務者がした行為が債権者を害することを受益者が知らなかったときは，詐害行為取消しは認められない（424条1項ただし書）。受益者の善意・悪意を判断する基準時は，詐害行為時である。また，この要件の立証責任は受益者の側にあり，受益者はみずからが善意であったことを立証しなければならない。

　この受益者についての主観要件は，受益者を相手方として詐害行為取消権を行使する場合のみならず，転得者を相手方とする詐害行為取消権の行使の場合にも充足されなければならない。転得者に対する詐害行為取消請求の要件を定める424条の5は，「受益者に対して詐害行為取消請求をすることができる場合において」としており，受益者の悪意を含むすべての要件が受益者について満たされていることを要求しているからである。したがって，受益者が善意であれば，この受益者に対してだけでなく，転得者に対しても（仮にこの転得者が悪意であっても）詐害行為取消権を行使することはできない。

　転得者に対して詐害行為取消権を行使しようとする場合は，受益者に加えて転得者も，債務者がした行為が債権者を害することについて悪意でなければならない（424条の5第1号）。受益者が転得者に譲渡した財産がさらに転々譲渡された場合は，中間の転得者も含めてすべての転得者が悪意だったときに限り，最終の転得者に対する詐害行為取消権の行使が認められる（同条2号）。各転得者の善意・悪意は，それぞれの転得者が転得した時を基準に判断される。転得者が悪意であったことの立証責任は，取消債権者の側にある。

3 詐害行為取消権の要件——特殊な類型についての特則

平成 29 年改正の前は，詐害行為取消権の要件を定めた規定は 424 条だけであり，様々な類型の行為が取消しの対象になるかどうかは，すべて同条の解釈によって判断されていた。これに対して改正法は，詐害行為取消権と類似の機能を有する倒産法上の否認権の規定にならい，相当の対価を得てした財産の処分行為（⇒①）や，特定の債権者に対する担保の供与等および過大な代物弁済等（⇒②）について，固有の要件を定める規定を新設した。これらの類型に該当する行為を取り消すためには，424 条が定める要件（⇒2）に加えて，以下で説明する要件も満たす必要がある。

Column⑫ 詐害行為取消権と否認権の関係 ◆━◆━◆━◆━◆━◆━◆━◆━◆━◆━◆

バブル経済の崩壊という時代背景のもと，平成年間の前半に行われた一連の倒産法の改正では，否認権の要件が明確化され，その適用範囲が限定された。これは，経営危機に陥った企業が，事業の再建を図るため，遊休資産の売却などによって資金を調達したり，膨れ上がった債務を弁済して利息の負担を軽減することをしやすくしようという考慮に基づくものであった。その結果，民法 424 条の抽象的・一般的な要件を緩やかに解することで広範に詐害行為取消しを認めてきた判例法理を前提とすると，詐害行為取消権のほうが否認権よりも適用範囲が広いという状態が生じた。

詐害行為取消権と否認権の関係については，債権者平等の要請がより強く働く債務者の倒産時において用いられる否認権のほうが，平時に用いられる詐害行為取消権よりも広く適用されるべきだという見解が有力であるが，平成 29 年改正前の状況はこれとは逆転していたことになる。また，詐害行為取消権の適用範囲が広いと，上記のような考慮に基づいて否認権の適用範囲を制限した立法趣旨が没却されかねない（債務者による資産の売却や債務の弁済が否認権の対

象となるリスクは緩和されたとしても，詐害行為取消しの対象とされてしまうリスクは残る）。詐害行為取消権の要件を否認権の要件と整合させる改正が行われたのは，このような問題に対処するためだった。

① 相当の対価を得てした財産の処分行為

適用場面

第1の特則は，債務者が相当の対価を得て行う財産の処分行為に関するものである。

Case 8-4 ───────────────────────────

債権者Aは，次の**1****2**の場合に，債務者Bの行為を詐害行為として取り消すことができるか。

1 経営難に陥ったBは，所有していた土地甲を時価相当額でCに売却し，その代金を事業継続のための資金に充てた。

2 経営難に陥ったBは，所有する土地甲に抵当権を設定して，Cから新たに融資を受けた。

債務者が相当の対価を得て財産を売却する行為（Case 8-4 **1**）は，売却による当該財産の逸出に見合う現金の増加を伴うため，計数上は債務者の責任財産を減少させない。また，債務者が新たに融資を受けるにあたって，借入額に見合う担保を融資者に供与すると（Case 8-4 **2**），借り入れた金銭が債務者の責任財産に入ってくるのと引き換えに，それと同額の財産の交換価値が担保権者に捕捉され，一般債権者の引当てとなる債務者の責任財産から除かれる。この点において，新規融資に伴う担保供与は，相当の対価を得て行われる売却と同じく，債務者の責任財産に増減をもたらさない。

しかし，平成29年改正前の判例は，不動産等の重要な財産を相当価格で売却すると消費・隠匿しやすい金銭に替わるため，原則として詐害行為となるとしていた（大判明44・10・3民録17輯538頁）。

取消しの要件の加重　　経済的に困難な状況に陥った債務者が，遊
休資産の売却や担保の供与によって新たな
資金を得ることは，事業再建の方策として認められてよい。倒産法
でも，相当の対価を得てした財産の処分行為については，否認権が
認められるための要件がきわめて厳格なものとされている（破161
条など）。そこで，平成29年改正法は，詐害行為取消権においても
否認権と同様の要件を採用することにした（424条の2）。

424条の2によれば，相当の対価を得てした財産の処分行為（売
却・担保供与など）は，①財産の種類の変更により，債務者において，
隠匿・無償の供与その他の債権者を害することとなる処分（隠匿等
の処分）をするおそれを現に生じさせるものであること，②債務者
が，行為時に，対価として取得した金銭等について，隠匿等の処分
をする意思を有していたこと，③受益者が，行為時に，債務者が隠
匿等の処分をする意思を有していたことを知っていたこと，の3つ
がすべて満たされる場合に限って詐害行為取消しの対象になる。

このように要件が厳格化されたことにより，事業再建のための資
産売却や，新規の事業資金を調達するための担保供与は，詐害行為
取消しの対象から除外される。

② 特定の債権者に対する担保の供与等

適用場面——偏頗行為　　第2の特則は，特定の債権者に対して負う
既存の債務についての担保供与・弁済など
に関するものである。一部の債権者のみを利するこれらの債務者の
行為は，偏頗行為とよばれることがある。

Case 8-5 ————————————————————————————

Aは，Bに対して債権αを有していたが，CもBに対して債権βを有
しており，Bには債権α・βの両方を弁済する資力はなかった。次の**1**

～**❸**の場合に，AはBの行為を詐害行為として取り消すことができるか。

❶ Bは，Cと通謀して，弁済期が到来した債権βを弁済した。

❷ Bは，Cと通謀して，弁済期が未到来だったが債権βを弁済した。

❸ Bは，Cと通謀して，債権βの担保として，Bが所有する土地甲に抵当権を設定した。

Case 8-5 では，BはCに対して債務を負っており，弁済期が到来すればこれを弁済すること（**❶**）はBの義務である。また，弁済によって債務の額もその分だけ減少するので，計数上も債務者の責任財産に増減はない。とはいえ，AとCは対等の立場であるはずなのに，Cだけが抜け駆けして弁済を受けるのは不公平であるとも思われる。Cの債権βの弁済期が到来していないにもかかわらず弁済がされた場合（**❷**）は，なおさらその感が強い。また，Cに対してのみ既存の債権βについて担保を供与すると（**❸**），土地甲のうち債権βの金額に相当する価値がCに把握されてBの責任財産から逸出するので，Aにとっては，Cに対して債権βの弁済がされたのと同様の不利益が生じる。

　従来の判例は，弁済については債務者の義務的行為だから原則として詐害行為にならず，ただ債務者が一部の債権者と通謀し，他の債権者を害する意思をもって弁済した場合にのみ詐害行為となりうるとしていた（最判昭33・9・26民集12巻13号3022頁）。また，既存の債務に対する担保供与については，他の債権者にとっての責任財産を減少させるため原則として詐害行為になるとしつつ（最判昭32・11・1民集11巻12号1832頁），営業の継続を図るためにやむを得ない場合などには例外を認めていた（最判昭44・12・19民集23巻12号2518頁）。

　経済的困難に陥った債務者が，借入金を弁済して利息の支払の負担を減らすことは，事業再建の方策として適切であり，弁済の効果が容易に覆されるのは妥当とはいえない。他方で，弁済期がまだ到来していないのに弁済したり，契約上の義務がないのに既存の債務のために担保供与を行うことは，債権者平等の原則にもとる面もある。そこで平成29年改正法は，ここでも倒産法の偏頗行為否認に関する規定（破162条など）を参照して，424条が定める原則ルールよりも厳格な要件の下でのみ詐害行為取消しを認めることとした（424条の3）。

　既存の債務についての担保の供与または債務の消滅に関する行為（弁済など）は，原則として，①その行為が債務者の支払不能の時に行われたものであること，②その行為が，債務者と受益者とが通謀して他の債権者を害する意図をもって行われたものであること，という2つの要件をともに満たす場合に限り，詐害行為取消しの対象となる（424条の3第1項）。

　このうち①でいう「支払不能」とは，債務者が支払能力を欠くために，弁済期にある債務を一般的・継続的に弁済することができない状態をいう。これは現に資金繰りに困難が生じている場合を指し，換価が困難な財産を考慮に入れない点（財産があり無資力とはいえない場合でも換価が困難であれば支払不能にはなりうる）や，弁済期が到来している債務のみを考慮に入れる点で，無資力とは区別される概念である（424条の3を適用するためには無資力と支払不能の両方を満たす必要がある）。

　また，②では改正前の判例法理にならい，債務者と受益者の通謀を要求している。最高裁は，受益者が他の債権者を害する意思をもって弁済を要求し，債務者も他の債権者を害することを知りながらやむなくこれに応じた，というだけでは「通謀」とはいえないとし

ており（前掲最判昭33・9・26），単なる悪意を超える主観が要求される。

　これら①②の要件が課されることによって，Case 8-5 **1**のような義務的な弁済が詐害行為取消しの対象になる場合は限定される。

　他方で，既存の債務に対する担保供与や弁済のうち，その行為自体が債務者の義務に属しない場合（Case 8-5 **3**において担保供与があらかじめ約定されていなかった場合など）や，行為の時期が債務者の義務に属しない場合（Case 8-5 **2**のような弁済期到来前の弁済など）は，①の要件が緩和されている。すなわち，①' 債務者が支払不能になる前30日以内にその行為が行われていれば，②の通謀の要件を満たす限り詐害行為取消しの対象となる（424条の3第2項）。

　◆「債務者の義務に属しない行為」と代物弁済　　424条の3第2項は，既存の債務についての担保供与または債務消滅行為が債務者の義務に属しないものである場合に，当該行為がされた時期に関する要件を緩和しているが，この「債務者の義務に属しない行為」に代物弁済が含まれるかについては争いがある。

　代物弁済をするためには債権者と債務者が代物弁済契約を締結する必要があるが（⇒**第12章1**），この契約を結ぶことは債務者の義務に属しないから，同項の適用を受けそうである。しかし，424の3の新設にあたって参照された倒産法の偏頗行為否認の規定（破162条など）では，「破産者の義務に属しない行為」と「その方法が破産者の義務に属しない行為」が明確に区別されており，このうち行為がされた時期に関する要件が緩和されているのは前者のみである。そして，倒産法においては，代物弁済は後者の「その方法が破産者の義務に属しない行為」に該当するというのが一般的な理解である。詐害行為取消権と否認権の要件を整合させるという改正法の趣旨に鑑みれば，代物弁済は，424条の3第2項の適用対象に含まれない（同条1項の要件を満たさない限り取消しの対象とはならない）と解すべきだろう。

特定の債権者に対して負う既存の債務について，債務の額を超えた価値を持つ物による代物弁済が行われた場合はどうか。

Case 8-6

AはBに対して債権αを有していたが，Bは，Cに対して負う100万円の債務βの弁済に代えて，時価500万円の土地甲による代物弁済をCに対して行った。Aは，Bがしたこの代物弁済を詐害行為として取り消すことができるか。

債務の額に比べて過大な代物弁済がされた場合は，①代物弁済によって消滅する債務の額に対応する部分（Case 8-6では100万円の部分）と，②それを超える部分（Case 8-6では400万円の部分）とに分けて考える必要がある。まず，①の部分については，424条の3の要件に照らして詐害行為取消しの可否が判断される。次に，②の部分については，424条の3によらず424条の原則ルールに従って詐害行為取消権の成否が判断される（424条の4）。その結果，①の部分については取消しの要件を満たさないが②の部分については満たすという場合には，②の部分についてのみ取消しが認められる。このルールも倒産法の規定（破160条2項など）にならって新設されたものである。

4 詐害行為取消権の行使

① 行使の方法と相手方

詐害行為取消請求訴訟 424条1項は，債権者が詐害行為取消しを「裁判所に請求することができる」と規定

する。つまり，詐害行為取消権は，裁判所に訴えを起こして行使しなければならず，裁判外での行使は認められない。この点で，債権者代位権が裁判外でも行使できるのとは異なる。その理由は，詐害行為取消権は債務者のした行為を取り消すという点で効果が重大であり，要件も複雑であることから，要件が満たされているかを裁判所に判断させるのが適当と考えられたためである。詐害行為取消権の行使は，これを訴訟物とする訴えを提起する方法によらなければならず，裁判中で抗弁の形で主張することも認められない（最判昭39・6・12民集18巻5号764頁）。

　詐害行為取消請求にかかる訴えは，①詐害行為を債権者が知った時から2年，②詐害行為の時から10年のいずれか早いほうが経過したときは，提起することができない（426条）。この期間の性質は，いずれも時効期間ではなく出訴期間であると解されている。

行使の相手方

取消債権者は，**2** **4**でみた要件を満たす限り，受益者・転得者のいずれを被告として詐害行為取消請求を行ってもよい（424条の7第1項）。

　債務者は詐害行為取消請求訴訟の被告とはならない。ただし，債権者は，詐害行為取消請求にかかる訴えを提起したときは，遅滞なく債務者に訴訟告知をしなければならない（同条2項）。これは，債務者にも詐害行為取消請求訴訟の判決効が及ぶため（⇒**5** **1**），債務者に手続保障を与える趣旨に出たものである。

2 請求の内容

財産の返還または価額の償還

取消債権者は，詐害行為の取消しとともに，詐害行為によって受益者・転得者に移転した財産の返還を求めることができるのが原則である（424条の6第1項前段・2項前段）。ただし，受益者・転得

者がその財産自体を返還することが困難であるときは，価額の償還を請求しうるにとどまる（同条1項後段・2項後段）。したがって，たとえば，受益者が詐害行為によって取得した財産をすでに転得者に譲渡してしまっていた場合は，受益者に対しては価額の償還を請求するほかない。

　抵当権の付着した不動産が譲渡された後に，被担保債権の弁済などにより受益者・転得者のもとで抵当権が消滅し，抵当権設定登記が抹消されたときは，譲渡を取り消して所有権登記名義を債務者に戻すと，債務者の責任財産は詐害行為前よりも増加してしまうことになる（詐害行為前は抵当権の負担が付着した不動産を有するにすぎなかったのが，詐害行為取消しの後では抵当権の負担のない不動産を所有することになる）。この場合には，抵当権によって把握されていた価値相当額はもともと債務者の責任財産に含まれていなかったと解することができ（したがってこの部分については詐害行為取消しの対象とならず，これを超過する部分のみが取消しの対象となる），抵当権登記を回復して詐害行為前の原状に戻すのも容易であるとはいえないため，取消債権者は受益者に対して価額の償還を求めることができるにとどまる（前掲・最大判昭36・7・19，最判昭63・7・19判時1299号70頁）。

不動産の返還を求める場合

取消債権者が受益者・転得者に不動産の返還を求める場合，その返還先は債務者である。つまり，債務者から受益者（あるいはさらに転得者）に移された所有権登記は，債務者の名義に戻される。取消債権者は，直接自分の名義に登記を移せと求めることはできない（最判昭53・10・5民集32巻7号1332頁）。

Case 8-7 ━━━━━━━━━━━━━━━━━━━━━━━━━━━━━━━━━━━━

　AはBの債権者であり，詐害行為取消権を行使して，BがCに対して行った土地甲の贈与を取り消した。このとき，AはCに対し，甲の登

記名義を直接 A に移転するように求めることができるか。

　Case 8-7 でも，A は甲の登記名義を直接 A にするよう C に求めることはできず，B 名義に戻すよう求めうるにとどまる。その後，A は，B のもとに戻ってきた甲に強制執行することによって債権の回収を図ることになる。その際，競売代金は競売手続に参加してきた B の他の債権者との間で按分のうえ配当されるので，A が全額弁済を受けられるとは限らない。これは責任財産の保全という本来の制度趣旨に適合的なルールだといえるだろう。

> 動産の返還を求める場合

　動産の返還を求める場合には，不動産とは異なる処理が行われる。すなわち，取消債権者は，直接自分に対して動産を引き渡すように受益者・転得者に求めることができる（424 条の 9 第 1 項前段）。この取消債権者の求めに応じた受益者・転得者は，債務者に対して引渡しをする必要はない（同項後段。ただし，受益者・転得者は，取消債権者に対してではなく，債務者に対して当該動産を返還することもできると解される）。

　不動産と異なるルールが設けられた理由は次のとおりである。不動産の場合には，登記名義を債務者に回復させれば取消しの目的は達せられるところ，詐害行為取消請求を認容する確定判決が得られれば，債務者の意に反してでも登記名義を債務者とすることが可能である（民執 177 条 1 項参照）。これに対して，動産の返還の場合は，債務者が受領を拒むと詐害行為取消権を行使した目的が達成されない。そこで，平成 29 年改正前の判例は，取消債権者による直接受領を認めていた（最判昭 39・1・23 民集 18 巻 1 号 76 頁）。改正法はこれを明文化したものである。

Case 8-8 ─────────────────────────────────

　AはBの債権者であり，詐害行為取消権を行使して，BがCに対して行った宝石乙の贈与を取り消した。このとき，AはCに対し，乙を直接Aに引き渡すように求めることができるか。

──

　Case 8-8 では，AはCに対し，乙を直接Aに引き渡すよう求めることができる。ただし，Aはそのまま乙を被保全債権の回収に充当することはできず，Bに乙を返還する義務を負う。Aは乙に強制執行（競売）をすることはできるが，Bの他の債権者もこの競売手続に参加しうるので，Aが全額弁済を受けられるとは限らない。

```
金銭の返還を求める
場合
```
　　　　　　　　　　　　金銭の返還を求める場合も，動産の返還を
　　　　　　　　　　　　求める場合と同様に，取消債権者は直接自
　　　　　　　　　　　　分に対して金銭を支払うように受益者・転得者に求めることができる（424条の9第1項前段）。価額償還となる場合も同様である（同条2項）。この取消債権者の求めに応じた受益者・転得者は，債務者に対して重ねて支払をする必要はない（同条1項後段。ただし，受益者・転得者は，取消債権者に対してではなく，債務者に対して支払うこともできると解される）。このようなルールが設けられた趣旨は動産の場合と同様であり，これも平成29年改正前の判例（大判大10・6・18民録27輯1168頁）を明文化したものである。

Case 8-9 ─────────────────────────────────

1　AはBの債権者であり，詐害行為取消権を行使して，BがCに対して行った金銭の贈与を取り消した。このとき，AはCに対し，Bから受けたのと同額の金銭を直接Aに支払うよう求めることができるか。

2　Aは，Bに対して300万円の債権αを有していたが，CもBに対して200万円の債権βを有しており，Bには債権α・βの両方

を弁済する資力はなかった。Bは，支払不能となった後，Cと通謀して債権β の全額（200万円）を弁済したので，A は詐害行為取消権を行使してこの弁済を取り消した。このとき，A は C に対し，Bから弁済を受けた200万円を A に支払うよう求めることができるか。

Case 8-9 **1**でも，A は C に対し，金銭を直接 A に支払うよう求めることができる。ただし，A が被保全債権の回収を図る方法は動産の場合と異なる。すなわち，金銭を C から受領した A は，この金銭を B に返還すべき債務を負うものの，A はこれと被保全債権を相殺すれば，事実上の優先弁済を受けられる（⇒第11章2）。

では，Case 8-9 **1**において，A が詐害行為取消権を行使して Cから支払を受けた金銭につき，B の他の債権者が自分にも分配するように A に求めたらどうなるだろうか。取消しの効果はすべての債権者にも及ぶとされているから（425条⇒5 ①），この請求は認められるようにも思われる。しかし判例は，分配のための手続を定めた規定がないことを理由に，このような分配請求を斥けている（最判昭37・10・9民集16巻10号2070頁）。

Case 8-9 **2**では，C も B の債権者である。B が C に対して行った弁済が取り消されたとき，C は，B から弁済を受けた金銭（200万円）を A の債権額（300万円）と C の債権額（200万円）で按分し，自己の債権に配当されるべき金額（80万円）を控除した残額（120万円）しか A に支払わないといえるか。判例はこれを否定する（最判昭46・11・19民集25巻8号1321頁）。このような C の主張を認めると，いちはやく弁済を受けた C を保護し，総債権者の利益を無視することになるからだという。しかし，この判例に対しては批判が強い。判例の立場だと，先に権利を行使した勤勉な C は弁済を取

り消されてしまうのに対し，後から詐害行為取消権を行使したA
は事実上の優先弁済を受けられるので，遅れて権利を行使したA
を逆に優遇する結果となることが指摘されている。ただし，平成
29年改正後の現行法のもとでは，Cは，AではなくBに支払うこ
とによって，Aのみが利益を得るという帰結を回避することがで
きる可能性がある。

◆事実上の優先弁済と改正の経緯　詐害行為取消権を行使した債
権者のみに事実上の優先弁済効を認めてしまうと，民事執行法上の
債権執行制度との間で著しい不整合を生じる。そこで，平成29年
改正の際には，取消債権者の優先回収を否定するため，①債権者の
直接受領は認めつつ，②債務者への返還債務と被保全債権との相殺
は禁止するという案が検討されていた。また，これにより責任財産
の保全という制度本来の趣旨が強まるため，③詐害行為取消権を行
使できる範囲を被保全債権の額に限定しないという提案もあわせて
されていた。

　しかし改正法は，①を明文化しつつも（424条の9），②の相殺禁
止の規定は設けなかった（その根拠としては，優先回収機能を否定する
と詐害行為取消権行使のインセンティブが失われることなどが挙げられた）。
また，これにあわせて，③の詐害行為取消権の行使可能範囲につい
ても被保全債権の額に限るとされ（424条の8⇒③），責任財産の保
全という制度本来の趣旨は貫徹されないままとなった。

③　取消しの範囲

Case 8-10

　AはBに対して300万円の債権αを有しており，これを被保全債権
として，BがCに対してした金銭1000万円の贈与を取り消したい。
Cに対する詐害行為取消権行使の要件はすべて満たされているとして，
Aはどの範囲でこの贈与を取り消せるか。

詐害行為の目的物が金銭など可分な財産である場合には，取消債権者は，自己の被保全債権の額を限度として取消しを請求できるにとどまる（424条の8第1項）。総債権者のために債務者の責任財産を保全するという詐害行為取消権の本来の制度趣旨からすれば，被保全債権の額を超えて詐害行為の全部を取り消すことを取消債権者に認めてよいようにも思われる。しかし②でみたように，目的物が金銭であれば取消債権者は受益者・転得者から直接支払を受けることができるとされており，その結果として，取消債権者は優先的に自己の債権を回収することが事実上可能になっている。このこととバランスをとるため，取り消しうる範囲は被保全債権の額にとどめておくのが妥当だと考えられたのである。

Case 8-10 では，取消しの対象となる BC 間の贈与は可分な財産である金銭を目的物としているから，A は被保全債権 α の額である 300 万円を限度としてこれを取り消すことができる。残りの 700 万円の贈与は取消しの対象とならず，引き続き有効なものとして取り扱われる。

Case 8-11 ─────────────────────────────────

A は B に対して 300 万円の債権 α を有しており，これを被保全債権として，B が C に対してした土地甲（時価 1000 万円）の贈与を取り消したい。

1 詐害行為取消権行使の要件はすべて満たされているとして，A はどの範囲でこの贈与を取り消せるか。

2 すでに C が D に甲を売却しており，C に対する詐害行為取消権行使の要件は満たされているが，D に対する詐害行為取消権行使の要件は満たされていないという場合，A はどの範囲でこの贈与を取

り消せるか。

詐害行為の目的物が
不可分である場合

詐害行為によって債務者の責任財産から逸出したのが、不動産などの不可分な財産である場合には、仮にその価額が被保全債権の額を超えていたとしても、原則として詐害行為の全部を取り消すことができる。これが平成29年改正前の判例の立場であり（最判昭30・10・11民集9巻11号1626頁）、改正後は424条の8の反対解釈によってこの結論が導かれる。Case 8-11 **1** では、BのCに対する贈与の目的物である土地甲の価額はAの有する被保全債権 α の額を超えているが、それでもAは贈与を全部取り消して、甲をBのもとに返還させることができる。

ただし、受益者が目的物をすでに転売しているなど、目的物の返還をすることが困難で価額償還のみが可能である場合（⇒**2**）は、詐害行為の目的物が可分であるケースに準じ、債権者は被保全債権額の限度でのみ一部を取り消せるにとどまる（424条の8第2項）。Case 8-11 **2** では、AはもはやCに対して甲の返還を求めることはできず、価額償還を求めることができるのみであるが、このときの取消しの範囲は被保全債権 α の額である300万円の範囲に限られる。

抵当権付きの不動産の譲渡が詐害行為となる場合には、抵当権によって把握されていた価値相当額はもともと債務者の責任財産に含まれていなかったため、これを超過する部分のみが取消しの対象となる（一部取消し）。ただし、このときも取消債権者は当該不動産の現物返還を求めることが可能であるが（最判昭54・1・25民集33巻1号12頁）、受益者・転得者のもとで抵当権が消滅し、抵当権設定登記が抹消されたときは、被保全債権額の限度で価額償還を求めるこ

とができるにとどまる（前掲最大判昭 36・7・19, 前掲最判昭 63・7・19 ⇒ ②）。

5 詐害行為取消権の効果

① 取消しの効果

認容判決の効果の遡及

詐害行為取消しの効果は認容判決の確定により生じるが, その効果が将来に向かってのみ生じるのか, それとも過去に遡って生じるのかは別の問題である。判例は, ①詐害行為取消権は逸出した財産を回復して債務者の責任財産を保全することを目的とするものであり, 受益者・転得者が債務者の財産を逸出させた責任を原因として, その財産の回復義務を生じさせるものであること, ②詐害行為取消しによる受益者の受領金支払債務が認容判決の確定より前に遡って生じないとすれば, 受益者はそれまでに生じた受領済みの金員の運用利益をすべて得られるが, これは相当ではないこと, を理由に, 取消しの効果が遡及効をもつとした（最判平 30・12・14 民集 72 巻 6 号 1101 頁）。

この判例によれば, 受益者の受領金支払債務は, 詐害行為取消請求を認容する判決の確定により, 受領時に遡って期限の定めのない債務として生じるので, 受益者は取消債権者から履行の請求を受けた時に履行遅滞に陥る。

認容判決の効力が
及ぶ者の範囲

詐害行為取消請求が裁判所によって認容され, 判決が確定すると, その効力は被告とされた受益者（または転得者）のみならず, 債務者とそのすべての債権者にも及ぶ（425 条）。民事訴訟法では, 確定判決の効力はその訴訟の当事者にのみ及ぶのが原則であるとさ

れているが（民訴115条1項1号），詐害行為取消請求訴訟はこの例外をなす。もっとも，これだと債務者は被告でもないのに判決効を及ぼされることになるので，手続保障を与えるべく，取消債権者は債務者に訴訟告知をしなければならないとされている（424条の7第2項⇒**4** ①）。なお，転得者を被告とする詐害行為取消請求訴訟の認容判決の効力は，債権者・転得者に加えて債務者にも及ぶが，受益者（および当該転得者より前の転得者）にはこの判決の効力は及ばないことに注意が必要である。

取り消された行為は債務者との関係でも無効となるので，債務者が受益者に対してした不動産の贈与が取り消されれば，原則としてその所有権は受益者から債務者に戻り，登記名義も債務者のもとに戻される。また，詐害行為取消権の行使により金銭の返還を求める場合には，取消債権者が直接これを受領することが認められているが（424条の9），取消しの効果が債務者にも及ぶことから，債務者は取消債権者に対して，本来は自分が受領できるはずだった金銭を引き渡すよう求めることができる（この返還請求権と被保全債権との相殺が認められることについて⇒**4** ②）。不動産の廉価売却などのように，取り消された行為に反対給付があったときは，受益者は支払った対価を返還するよう債務者に求めることができる（⇒②）。

425条は，詐害行為取消請求を認容する確定判決は債務者のすべての債権者に対しても効力を有するとしている。これは，債務者のもとに回復された財産が総債権者のための引当てとなることを述べているように読めるし，このように解することが責任財産の保全という制度趣旨にも沿うはずである。しかし実際には，**4** ②でみたとおり，取消債権者が事実上の優先弁済を受ける結果となることが多い。

◆平成 29 年改正前の相対的取消しの構成とその問題点　　平成 29 年改正前の判例は，取消しの効果は訴訟の当事者である取消債権者と受益者（または転得者）との間でのみ生じ，債務者には取消しの効果が及ばないとしていた（大連判明 44・3・24 民録 17 輯 117 頁）。この判例の立場は相対的取消しとよばれたが，この構成では，次のような理論的難点が生じると指摘されていた。①不動産の譲渡が取り消された場合に，債務者に登記名義が戻ることや，取消債権者がこれを債務者の財産として強制執行しうることの説明が困難である。②受益者・転得者から金銭の返還を受ける場合には，取消債権者が受領したうえで，債務者へこれを返還すべき債務と被保全債権とを「相殺」することができるというが，取消しの効果が及ばない債務者は取消債権者に対して当該金銭の返還請求権を有しないので，債権の対立は生じず相殺は本来できないはずである。③受益者・転得者は，取消しによって財産の返還を命じられる一方で，対価を支払ったことによる損失をそのまま不当利得として債務者に請求することができない。

　そこで，平成 29 年改正では，これらの難点を回避するため，取消しの効果を債務者にも及ぼすこととされたのである。

② 受益者・転得者との関係

Case 8-12

1 BがCに対して土地甲（時価 1000 万円）を 100 万円で売却したところ，Bの債権者Aが詐害行為取消権を行使してこの売買を取り消した。このとき，甲をBに返還したCは，Bに対して代金 100 万円の返還を求めることができるか。

2 BがCに対して 100 万円の債務を弁済したところ，Bの債権者Aが詐害行為取消権を行使してこの弁済を取り消した。このとき，弁済により消滅したはずのCの債権はどうなるか。

詐害行為取消しの効果は債務者にも及ぶので（425条），不動産の廉価売却などのように，取り消された行為において受益者が債務者に反対給付をしていた場合には，受益者はその返還を債務者に請求することができる（425条の2前段）。反対給付そのものの返還が困難であれば，その価額の償還を求めることになる（同条後段）。Case 8-12 ❶でも，CはBに対して100万円の返還を請求することができる。なお，この請求権はCが甲を返還してはじめて生じるのか，それとも取消しによりCの返還請求権もただちに生じるのか（Cはこれと甲の返還義務との同時履行を主張しうるのか）については争いがありうる。425条の2の「債務者がした財産の処分に関する行為……が取り消されたときは」という文言からは，いずれの解釈も成り立ちうるが，後者の考え方によると，詐害行為取消権の実効性に問題が生じるおそれがある。

　取り消される債務者の行為が債務の消滅に関するもの（債権者の一人に対する弁済など）である場合において，受益者が債務者から受けた給付（またはその価額）を返還したときは，いったん消滅したはずの受益者の債権は原状に復する（425条の3）。これも，債務者に取消しの効果が及ぶことの帰結である。425条の3の「受益者が債務者から受けた給付を返還し，又はその価額を償還したときは」という文言からも明らかなとおり，受益者が受領した弁済金などを債務者に返還するまでは債権は回復しない。Case 8-12 ❷では，CがBから受領していた100万円をBに返還すれば，CのBに対する債権が回復する。

Case 8-13

❶　BがCに対して土地甲（時価1000万円）を1000万円で売却し，

Cがさらに甲をDに800万円で転売したところ，Bの債権者A
がDを被告として詐害行為取消請求訴訟を提起し，これを認容する
確定判決を得た。このとき，甲をBに返還したDは，誰に対して
いくらの返還請求ができるか。

❷ Bが，Cに対する1000万円の債務を土地甲（時価1000万円）
で代物弁済し，Cがさらに甲をDに800万円で転売したところ，
Bの債権者AがDを被告として詐害行為取消請求訴訟を提起し，
これを認容する確定判決を得た。このとき，甲をBに返還したD
は，誰に対していくらの返還請求ができるか。

転得者との関係

転得者を被告として詐害行為取消権が行使
された場合，取消しの効果は受益者（およ
び当該転得者より前の転得者）には及ばない（⇒①）。そうすると，
Case 8-13 ❶❷のDは，取消しの効果を受けてBに甲を返還しな
ければならない一方で，Cに支払った代金の返還を求めることもで
きないとなりかねない。しかし，この帰結はDにとってさすがに
酷であるため，転得者の権利に関して425条の4が設けられた。

債務者がした財産の処分に関する行為が転得者に対する詐害行為
取消請求によって取り消された場合は，転得者は，その行為が仮に
受益者を被告として取り消されたならば受益者が得たであろう反対
給付の返還請求権（またはその価額の償還請求権）を，債務者に対し
て行使することができる（425条の4第1号）。ただし，その転得者
が受益者（または直前の転得者）に対してした反対給付の価額を限度
とする（同条柱書ただし書）。これをCase 8-13 ❶についてみると，
仮にBC間の売買がCを被告とする詐害行為取消請求によって取
り消されていれば，CはBに対して1000万円の返還を請求できた
はずなので（425条の2），DはこのCのBに対する返還請求権を，

自己がＣに対してした反対給付 800 万円の限度で行使することができる。

　また，債務者がした債務の消滅に関する行為が転得者に対する詐害行為取消請求によって取り消された場合も，転得者は，その行為が受益者を被告として取り消されたならば受益者が回復を受けたであろう債権を，債務者に対して行使することができる（425 条の 4 第 2 号）。ただしここでも，その転得者が受益者（または直前の転得者）に対してした反対給付の価額を限度とする（同条柱書ただし書）。Case 8-13 ❷ では，仮に BC 間の代物弁済がＣを被告とする詐害行為取消請求によって取り消されていたとすると，Ｃは甲を返還すればＢに対して 1000 万円の債権を回復したはずなので（425 条の 3），ＤはこのＣのＢに対する債権を，自己がＣに対してした反対給付 800 万円の限度で行使することができる。

第9章 第三者による債権侵害

Part2 でみたとおり，債務者が債務を履行しない場合，債権者は履行の強制や損害賠償請求などの手段をとることができる。それでは，債務者以外の者が債権の実現を妨げる場合には，債権者はどのような手段をとることができるだろうか。本章では，①債権を侵害した者に対して不法行為に基づく損害賠償請求をすることができるか，②債権の侵害に対して妨害排除請求をすることができるか，という 2 つの問題について学ぶ。

1 債 権 侵 害

第三者の侵害に対する
債権の保護

所有権などの物権は絶対権とされ，これを第三者が侵害すれば，権利者は侵害者に対し，不法行為に基づく損害賠償請求や，物権的請求権の行使としての妨害排除請求をすることができる。これに対して，債権は相対権とされ，債務者に対してのみ権利を行使することができるにすぎないから（⇒序章5），第三者が債権を侵害しても，債権者はその第三者に対して何の権利行使もできないとも考えられる。

しかし，債権も物権と同様に，法が認めた財産権であり，侵害に対して何の保護も与えられないと解すべきではない。判例・通説も，第三者が債権を侵害した場合に，債権者が一定の要件のもとで，①不法行為に基づく損害賠償請求や，②債権に基づく妨害排除請求をすることができるとしている。以下では，どのような場合にこれら

①②が認められるかについてみていこう。

2 債権侵害による不法行為

被侵害権利としての
債権の特徴

債権も「権利」であり，これが侵害されれ
ば，債権者は侵害者に対して不法行為に基
づく損害賠償を請求することができるはず
である（709条）。判例も，およそ権利には不可侵性があり，債権も
その例外ではないとして，債権侵害による不法行為の成立を認めて
いる（大判大4・3・10刑録21輯279頁）。

とはいえ，次にみるように，債権には物権と異なる特徴があり，
常に物権と同じような保護が与えられるとは限らない。

（1）公示の欠如　物権は，登記や占有を通じて，権利の所在や
内容が外部からわかることが多い。これに対し，債権は原則として
公示されるものではなく，誰が誰に対してどのような債権を有して
いるかを外部から知るすべが乏しい。したがって，債権に対する侵
害があっても，侵害者がその債権の存在自体を知らないということ
が頻繁に起こりうる。

（2）自由競争の許容　物権は，同一の物について同じ内容のも
のが複数成立することがない。このような物権の性質を排他性とい
う。これに対し，債権には排他性がなく，同一の内容の債権が複数
成立しうる（⇒序章5）。そして，すでに成立している債権と両立し
ない債権を第三者が取得し，この第三者が債務者から給付を受けた
ために，先に成立した債権が履行不能になったとしても，これは自
由競争の範囲内として許容される余地がありうる。

債権にはこれらの特徴があるため，従来の通説は，債権侵害によ

る不法行為が認められるためには過失では足りず侵害者の故意が必要であるとか，不法行為が成立するのは侵害行為の違法性が強い場合に限られるなどと解してきた。しかし，近時では，債権侵害が問題となる場面を類型化し，不法行為の成立要件をよりきめ細かく検討する見解が有力になっている。以下では，①債権の帰属自体を侵害する場合，②債務者による給付を妨害する場合，③債務者の責任財産を減少させる場合の3つに分けて，それぞれの要件をみていくことにしよう。

Case 9-1 ————————————————————————

　AはB銀行に対して預金債権αを有していたが，Cは，Aから盗み出した通帳と印章を持ってBの窓口に現れ，みずからをAと偽って債権αの払戻しを請求した。Bの行員は，Cが持参した印章の印影が口座開設時に届け出られた印鑑と一致したため，CをAであると誤信し，Cに対して払戻しを行った。

————————————————————————

| 債権の帰属を |
| 侵害する場合 |

　Case 9-1 では，債権αの債権者であるAではなく，Cが弁済を受領している。受領権者（債権者および正当な受領権限をもつ者）以外の者に対して弁済しても債権は消滅しないのが原則であるが，その者が取引上の社会通念に照らして受領権者としての外観を有していた場合には，債務者が善意・無過失でした弁済は有効となり，債権は消滅する（478条⇒第10章3②）。Case 9-1 でも，CをAと信じたことについてBに過失がないとされれば，Aが弁済を受領していないにもかかわらず債権αは消滅する。

　このように，第三者が代わりに弁済を受けることによって債権が消滅するときは，債権の帰属自体が侵害されているとみることがで

きる。また，債権者の無権代理人が勝手に債権譲渡を行ったが，この譲渡が表見代理により有効とされるときも，無権代理人の行為によって債権の帰属が侵害されることになる。これらは，債権の帰属そのものを害する点で，所有権の客体である有体物を損壊する行為に近いものである。したがって，この場合は不法行為の成立要件を加重する必要はなく，侵害者に過失がありさえすれば不法行為が成立すると解されている。Case 9-1 では，侵害者Ｃは，Ａの債権を侵害することについて過失どころか故意まであるため，ＡはＣに対して不法行為に基づく損害賠償を請求することができる（なお，この場合，ＡはＣに対して不当利得返還請求を行うこともできる）。

> 債務者による給付を
> 妨害する場合
> ――事実行為

第２の類型は，債務者による給付を第三者が妨害する場合である。これには，第三者の事実行為によって給付が妨げられるケースと，第三者が法律行為（契約）を行うことによって債務者の給付ができなくなるケースとがある。

Case 9-2

❶ Ａは，Ｂとの間で，Ｂが所有する自動車甲を買う契約を結んだ。ただし，代金の弁済期は１か月後と定められ，代金が支払われるまでの間は甲の所有権はＢに留保することとされた。ところが，売買契約から10日後，Ｃはみずから運転する自動車を駐車中の甲に衝突させ，甲は修理不能なほどに大破してしまった。

❷ Ａ社は，代表取締役Ｂによるワンマン経営だったが，ＢはＣが運転する自動車にひかれて重傷を負った。Ｂは長期間にわたって入院することを余儀なくされ，ＢがＡ社のために進めていた商談はご破算となってしまった。

Case 9-2 はいずれも事実行為による給付の妨害のケースである。

Case 9-2 **1**では，AB 間で自動車甲の売買契約が締結されている
が，所有権はまだ A に移転していない。しかし，A は B に対して
甲の引渡しを求めることができる債権を有しており，A はこの引
渡債権の侵害を根拠として C の不法行為責任を追及することがで
きると解される。ただし，A の債権は公示されていないから，常
に C の責任が肯定されるわけではなく，C が A の債権の存在を認
識していることが必要であるとする見解が多い。なお，Case
9-2 **1**では A の責めに帰することができない事由によって甲が滅
失しており，A は B に対する代金債務の履行をしなくてよいため
（536 条 1 項），A が被る損害は得べかりし利益（転売利益）などに限
られる（これが損害賠償の範囲に含まれるかどうかについては不法行為の
教科書を参照のこと）。

　Case 9-2 **2**は，B に対する不法行為によって間接的に A の利益
も害される場合である。ここでは役員の負傷によって会社に営業上
の損害が発生しており，このような損害は特に企業損害とよばれる
こともある。判例には，これと類似した事例において，会社の営業
上の損害についての不法行為責任を肯定したものがある（最判昭
43・11・15 民集 22 巻 12 号 2614 頁）。しかし，この判例は，直接の被
害者と会社が経済的にみて一体であることをその理由として挙げて
おり，企業損害についての不法行為責任を常に認める趣旨ではない
と解されている。学説でも，過失による不法行為で間接的な損害の
賠償を認めると責任の範囲が無限定に拡大してしまうとして，判例
の立場を支持する見解が多くみられる。これに対し，加害者に故意
があれば，このような間接的な損害も含めて加害者に賠償させても
よい場合が多いだろう。

では，第三者の法律行為によって債務者の
給付ができなくなる場合はどうか。

Case 9-3

❶ Ａは，Ｂとの間で，Ｂが所有する土地乙を買う契約を結んだ。
ＡＢ間の売買契約では，所有権移転登記は１か月後に行うこととさ
れていた。ところが，この売買契約の10日後，ＣはＢとの間で乙
を買う契約を結び，ただちに所有権移転登記を具備した。

❷ Ａ社は腕利きのプログラマーＢを雇用し，ゲームソフトの開発に
従事させていた。ところが，Ａのライバル企業であるＣ社がＢに
目を付け，Ｂに高額の報酬を提示して引抜きを図った。ＢはＣの申
し出に応じ，Ａを退職した後にＣに入社して，現在はＣが制作す
るゲームソフトの開発に従事している。

Case 9-3 **❶**は不動産の二重譲渡の事例である。ＡとＣは，同一
の前主であるＢから乙を譲渡されており，原則として先に登記を
備えたＣが乙の所有権を確定的に取得する（177条）。判例・通説に
よれば，このときＣはAB間の譲渡について悪意であってもよい。
それは，先行する譲渡を知りつつ，重ねて譲渡を受けて先に対抗要
件を備える行為も，自由競争の範囲内として許容されるからだと説
明される。

このような考え方を前提として，判例は，Ｃは悪意であってもＡ
に対する不法行為責任を負わないとしている（最判昭30・5・31民集
9巻6号774頁）。たしかにＣは，ＡのＢに対する債権（乙の引渡し
や登記を求める債権）を侵害しているものの，177条では保護される
Ｃが不法行為責任は負うというのでは，Ｃの行為に対する評価に矛
盾が生じてしまうからである。もっとも，学説においては，物権法

上の保護と不法行為法上の責任とは別問題だとして、Cが悪意であれば不法行為責任を肯定すべきだという見解もみられる。

　なお、背信的悪意者は自由競争の範囲外とされ、177条の「第三者」から除かれるので、Cが背信的悪意者であれば不法行為責任も負うと解される。

　Case 9-2 **2**は労働者の引抜きの事例である。AがBに対して有する雇用契約上の債権は、ライバル企業であるCの干渉によって妨げられており、客観的にみて債権侵害が認められる。ただしこのケースでは、自由競争の許容という観点に加えて、憲法上保障されている従業員の職業選択の自由にも配慮する必要がある。Bが自分の意思でCに転職したのであれば、原則としてCの引抜き行為はAに対する不法行為とはならず、Aに対する積極的な害意をCが有していた場合に限って不法行為責任を認めるべきであろう。

| 債務者の責任財産を減少させる場合 | 第3の類型は、第三者の行為によって債務者の責任財産が減少し、その結果として債務の履行が危うくなる場合である。 |

Case 9-4 ─────────────────────────────

1　AはBに対して金銭債権βを有していたが、Bは唯一の財産である建物丙をCに贈与した。

2　AはBに対して金銭債権βを有していたが、Bの唯一の財産である建物丙をCが損壊した。

─────────────────────────────

　Case 9-4 **1**のように、第三者が債務者から贈与や弁済などを受けた結果として債務者の責任財産が減少する場合は、債権者は詐害行為取消権を行使してその行為を取り消すことができる（⇒**第8章**）。したがって、Aとしては、まずは詐害行為取消権の行使によってBの責任財産の回復を図るべきであって、債権βの侵害を理由とし

てCに対する不法行為責任を追及することができるのは，Cの行為の違法性が特に強い場合に限られると解すべきであろう。

Case 9-4 **2**のように，第三者による損傷・窃取・隠匿の結果として債務者の責任財産が減少する場合は，詐害行為取消権によることはできない。ただし，丙の所有者であるBは，Cに対して不法行為に基づく損害賠償請求権を取得するので，Aは債権βを被保全債権としてこれを代位行使することができる（⇒第7章）。ここでも，AがCに対して債権βの侵害を理由とする不法行為責任を追及できるかが問題となるが，債権に公示性がないことに鑑みて，Cに悪意がある場合のみこれを肯定すべきであろう。

3 債権に基づく妨害排除請求

問題となりうる場面

債権の実現が妨げられている場合に，債権者は，債権自体の効力に基づいて妨害を排除することができるか。これが，「第三者による債権侵害」に関して論じられているもう1つの問題である。

物権であれば，その絶対性を理由に，物権的請求権の行使として妨害排除ができることが異論なく認められている。たとえば，地上権者は，土地の不法占有者に対し，地上権に基づく妨害排除請求権を行使することができる。これに対して，債権は相対権であり，債権者は債務者に対してしか行為を請求することができないのが原則である。そうすると，たとえば土地の賃借人は，その土地の不法占有者に対して，みずから妨害排除請求権を行使することはできないとも思われる（⇒序章5）。

しかし，不動産賃借権については，賃借人の生活基盤の保障などの要請が働くことから，債権ではあっても妨害排除請求を認めるべ

き必要性が高い。そのため，判例も一定の要件のもとで賃借権に基づく妨害排除請求を肯定してきたが，平成29年改正ではこの判例法理を明文化する規定が設けられるに至った。以下ではそれをみていこう。

Case 9-5

Aは，Bとの間で，Bが所有する土地甲を建物所有目的で賃借する契約を締結した。Aは，甲の上に建物乙を建築し，乙の保存登記をA名義で行った。しかし，甲のうちAが庭として使用している部分に，Cが無断で自動車を駐車するようになった。

不動産賃借権に基づく妨害排除請求

Case 9-5において，AはBに対する賃借権を有している。また，賃貸された土地甲の上にAが所有する建物乙があり，これについての登記がされているから，Aの賃借権は第三者に対抗することができる（借地借家10条）。判例は，このように不動産賃借権が対抗要件を備えている場合には，賃借権自体に基づく妨害排除請求を認めてきた（最判昭30・4・5民集9巻4号431頁）。そして，平成29年改正では，この判例法理を明文化する規定が新設された（605条の4）。これによれば，対抗要件を備えた不動産賃借人は，第三者に対して妨害の停止の請求や返還の請求をすることができる。

　対抗要件を備えていれば妨害排除請求ができるとされる理由については，対抗力ある不動産賃借権が「物権化」するからだと説明されることがある。これに対して学説では，対抗要件が備わっていなくても，不法占有者に対しては不動産賃借権に基づく妨害排除請求が認められるべきであるという見解が有力に主張されている。新設された605条の4も，対抗要件を備えない不動産賃借権に基づく妨害排除請求を否定する趣旨ではない。

◆妨害排除を請求するための他の方法　　賃借人が占有を開始した後に第三者の侵害を受けた場合には，賃借人は占有保持の訴え（198条）によって妨害の停止を請求することができる。また，賃借人は，賃貸人に対して有する賃借権を被保全債権として，賃貸人が侵害者に対して有する物権的請求権（返還請求権・妨害排除請求権）を代位行使することもできる（423条⇒第7章 *4* ②）。

Part4　債権の消滅

　契約や不法行為などによって発生した債権は，やがて様々な原因によって消滅する。Part4 では，この債権の消滅に関する民法の規定を説明する。

　民法の「第3編 債権」「第1章 総則」「第6節 債権の消滅」には，債権の消滅原因として，弁済・相殺・更改・免除・混同に関する規定が置かれている。このうち，「弁済」の款には代物弁済と弁済供託に関する規定が含まれているので，「債権の消滅」の節には7つの消滅原因が規定されていることになる。

　もっとも，債権の消滅原因はこれらに限られるものではなく，消滅時効や法律行為の取消しなどによっても債権は消滅する。しかし，それらの詳細については民法総則の教科書にゆずることとして，以下では上記の7つの消滅原因について説明する。

第10章 弁　済

> 　債務者の給付によって債権の内容が予定どおり実現さ
> れ，債権がその目的を達成すると，その債権は消滅す
> る。これが弁済であり，債権の消滅原因として最も一般
> 的なものであるということができる。
> 　民法には，弁済に関する様々なルールが規定されてい
> る。そのうち特に重要なのは，弁済の当事者に関する規
> 律（表見受領権者に対する弁済，第三者弁済など）と，
> 弁済による代位に関する規律である。

1 弁済の意義

弁済とは

　弁済とは，債務者または第三者が，債権の
内容である給付行為をすることをいう。弁
済がされると，債権はその目的を達成して消滅する（473条）。なお，
日常のことばでいう「弁済」は金銭債権について用いられるイメー
ジがあるが，民法でいう「弁済」はこれより広い概念であり，債権
一般についての「履行」を別の観点からみたものである。つまり，
「履行」は債務者の行為の面からみるものであるのに対し，「弁済」
は債権が消滅するという効果の面からみるものであるといえる。

　ある給付が弁済と評価されるために，債務の弁済として給付行為
をする意思が必要かについては議論がある。債務者が行った給付が
弁済とは別の意図，たとえば贈与の意図に基づく場合に，これを弁
済ではないとするためには，弁済の意思を弁済の要件とする必要が
あるようにも思われる。しかし，たとえば夜間に騒音を出さないよ

うにするという債務では，静粛にしていれば債務者の意思にかかわらず弁済があったと解してよい。このように，不作為債務などでは，弁済の意思がなくとも弁済と評価しうる場合がある。そこで，弁済の意思は弁済の必須の要件ではなく，給付と債権とを結びつける一要素として理解すればよいとする見解が有力である。

2 弁済に関するルール

民法は，弁済に関して様々なルールを規定している。そのうち，弁済の提供（履行の提供）については，受領遅滞とあわせてすでに説明した（⇒第4章2）。また，弁済の当事者については3で，弁済による代位については4でそれぞれ説明する。ここではそれ以外のルールについてみておく。

1 弁済の場所・時間

弁済の場所

弁済をすべき場所は，当事者の意思表示（契約など）によって決められる。これがない場合には，特定物の引渡しは債権発生の時にその物が存在した場所において，その他の弁済は債権者の現在の住所において，それぞれしなければならないとされている（484条1項）。

金銭債権の弁済は「その他の弁済」に当たるため，当事者が特に取り決めていなければ，債権者の現在の住所で弁済すべきこととなる。つまり，金銭債権は原則として持参債務である。ただし，売買代金債権については特則があり，売買の目的物の引渡しと同時に代金を支払うべきときは，その引渡しの場所において支払わなければならない（574条）。

> 弁済の時間

法令または慣習により取引時間の定めがあるときは，弁済はその取引時間内に行わなければならない（484条2項）。債権者も，その取引時間内にしか弁済の請求をすることができない。

したがって，たとえば法令または慣習により定まる取引時間が午後7時までである場合に，債務者が弁済期当日の午後9時に弁済の提供とみられる行為をしても，これは弁済の提供とは評価されず，債務者は履行遅滞の責任を負う。ただし，取引時間外にされた弁済を債権者が任意に受領した場合には，この弁済は有効であり，債務者は履行遅滞の責任を負わない。

② 弁済の内容・方法

債務者が何をどのように弁済しなければならないかは，債権の発生原因である契約や法律の規定によって定まる。民法は，断片的に，①弁済として他人の物を引き渡した場合の事後処理の規定，②預貯金口座への払込みによる弁済の規定，③特定物債権における現状での引渡しを定める補充規定を置くにとどまる。

> 弁済として他人の物を
> 引き渡した場合

弁済者が弁済として他人の物を引き渡したときは，弁済者は，さらに有効な弁済をしなければその物を取り戻すことができない（475条）。他人の物による弁済は，債権者がその物を即時取得（192条）しない限り無効であるが，債権者がただちにこれを返還しなければならないとすると，債権者の利益が害される（債権者がすでに対価の支払をしている場合など）。そこで，475条は，有効な弁済があるまでは債権者が他人の物を保持することを認めたものである。他方で，弁済者は，引き渡した物の所有権を有していないにもかかわらず，有効な弁済をすればそれを取り戻すことができる。

債権者が弁済として受領した他人物を善意で消費し、または譲り渡したときは、その弁済は有効とされる（476条前段）。この場合に、債権者が第三者（引き渡された物の所有者など）から賠償の請求を受けたときは、債権者は弁済者に対して求償することができる（同条後段）。

――――――――――
預貯金口座に対する
払込みによる弁済
――――――――――

契約などで認められていれば、金銭債権の弁済は債権者の預貯金口座に対する振込みによって行うことができ、実際にもこの方法はよく用いられている。民法は、この方法による弁済が行われる場合に、債権者が金融機関に対して払戻請求権を取得した時点で弁済としての効力を生じると規定している（477条）。

――――――――――
特定物の現状による
引渡し
――――――――――

債権の目的が特定物の引渡しである場合において、契約その他の債権の発生原因および取引上の社会通念に照らして引渡しをすべき時の品質を定めることができないときは、弁済者は、引渡しをすべき時の現状でその物を引き渡さなければならない（483条）。「引渡しをすべき時の品質を定めることができないとき」とは、たとえば不当利得返還請求に応じて特定物の引渡しをしなければならない場合などが考えられるものの、契約により生じた債権については、この規定が適用される場面はほとんどない（⇒第2章2②）。

③ 弁済の費用

運送費や振込手数料など、弁済にかかる費用を債権者と債務者のどちらが負担するかについては、当事者の間で合意があればこれに従うが、それがなければ債務者の負担となる（485条本文）。ただし、債権者が住所の移転その他の行為によって弁済の費用を増加させたときは、その増加額については債権者が負担する（同条ただし書）。

なお，契約書作成費用などの契約に関する費用は，当事者双方が等しい割合で負担することとされている（558条。559条により有償契約一般に準用）。登記費用も契約に関する費用とするのが判例の立場だが（大判大7・11・1民録24輯2103頁），実務上は債権者（買主）の負担とされていることが多い。

4 弁済の証拠

受取証書の交付請求　弁済者は，弁済と引換えに，弁済を受領する者（弁済受領者）に対して受取証書（＝領収証）の交付を請求することができる（486条）。一般に訴訟では，債権が存在することについては債権者が立証責任を負うのに対し，債権が弁済等によって消滅したことについては債務者が立証責任を負う。受取証書は，弁済の有無をめぐって後日紛争が生じた場合に，債務者が弁済の事実を立証して二重払を回避するために重要な役割を果たす。

「弁済と引換えに」とあるので，債務者が弁済の提供をしたにもかかわらず債権者が受取証書を交付しないときは，債務者は受取証書の交付があるまで弁済を拒むことができる。この場合，債務者は履行期を過ぎて弁済しなくても履行遅滞にならない。

債権証書の返還請求　債権に関する証書（債権証書）がある場合には，弁済者は全部の弁済をすることにより，その証書の返還を請求することができる（487条）。債権証書とは，借用証書などのように，債務を負担したことを証するために債務者が債権者に交付した書面である。これが債権者の手元に残っていると，弁済の有無をめぐって後日紛争が生じた際に，債権がまだ存在しているとされて債務者が二重払を強いられかねない。そこで，債務者がこのような事態に陥ることがないよう，債権の存在につい

ての証拠を債権者から奪うために，債権証書の返還請求権が認められている。

受取証書の場合とは異なり，弁済者は先に全部の弁済をしない限り債権証書の返還を求めることができない。弁済者は受取証書さえあれば弁済したことを証明できるし，債権者が債権証書を紛失したなどの理由で債務者に返還できないような場合にも債務者が弁済を拒めるというのでは行きすぎだからである。

⑤　弁済の充当

<u>充当のルール</u>　　債務者が同一の債権者に対して同種の複数の債務を負っており，弁済として提供された給付がそのすべての債務を消滅させるのに足りない場合には，その給付をどの債務に対する弁済とするかが問題となる。これを取り扱うのが弁済の充当に関する規定であり，以下に述べるルールに従う（488条～490条）。なお，代金の分割払など，一個の債務の弁済として数個の給付をすべき場合に，その債務の全部を消滅させるのに足りない給付がされたときも，同じルールが準用される（491条）。

<u>合意による充当</u>　　まず，弁済者と弁済受領者との間に弁済の充当の順序に関する合意があれば，その順序に従う（490条）。以下で説明する指定充当・法定充当の方法は，充当の順序に関する当事者間の合意がない場合に限って適用される。

また，次にみるように，民法は，費用→利息→元本の順序で充当しなければならないとする規定を設けているが（489条1項），当事者間に合意があれば，これと異なる順序での充当を行うこと（たとえば元本から先に充当するなど）も可能である。

充当の順序に関する合意がない場合は，次
にみる指定充当・法定充当の方法によるが，
元本・利息・費用への充当順位に関する
489条1項の定めがこれらに優先する（合意がある場合以外はこれに
反する充当はできない。488条1項かっこ書）。すなわち，元本のほかに
利息や費用を支払う必要がある場合には，費用→利息→元本の順に
充当しなければならない。費用は債務者が負担すべき分を債権者が
立て替えたものなので，まず最初に支払われるべきであり，利息よ
りも先に元本を弁済すると，その分に対応する利息が生じなくなっ
て債務者に有利にすぎるからである。

支払うべき費用・利息・元本が複数あり，そのいずれかのすべて
を消滅させるのに足りない給付がされたときは，どの費用・利息・
元本に充当すべきかを決定するため，次に説明する指定充当・法定
充当のルールが準用される（489条2項）。

充当に関する合意がない場合は一方当事者
の指定による。まず，弁済者の意思・利益
が重視され，弁済者は給付時にどの債務に充当するかを指定するこ
とができる（488条1項）。

弁済者が指定をしないときは，弁済受領者が受領時に充当の指定
を行うことができる（同条2項本文）。ただし，弁済者がこれに対し
てただちに異議を述べたときは，充当の指定は行われず，次の法定
充当による（同項ただし書）。

これらの充当の指定は，相手方に対する意思表示によって行われ
る（同条3項）。

指定充当がされなかった場合には，488条
4項に基づいて，次のとおり法定充当が行
われる。

①　弁済期が到来している債務と弁済期が未到来の債務とがあるときは，弁済期が到来しているものに先に充当する（同項1号）。弁済期が未到来のものに充当すると，債務者の期限の利益が奪われるからである。

②　すべての債務の弁済期が到来しているとき，またはすべての債務の弁済期が未到来であるときは，債務者のために弁済の利益が多いものに先に充当する（同項2号）。無利息の債務よりも利息付きの債務のほうが，低利率の債務よりも高利率の債務のほうが，無担保の債務よりも担保付きの債務のほうが，それぞれ「債務者のために弁済の利益が多いもの」にあたる。

③　債務者のために弁済の利益が相等しいときは，弁済期が先に到来したもの，または先に到来する予定のものに先に充当する（同項3号）。

④　以上によっても順序が決まらないときは，各債務の額に応じて按分で充当する（同項4号）。

3 弁済の当事者

当然のことながら，弁済は債務者から債権者に対してされるのが通常である。しかし民法は，債権者に対して弁済を行っても有効とされない場合や，逆に債権者以外の者に対して行った弁済が有効とされる場合，さらには債務者と異なる者が行った弁済が有効とされる場合について規定を設けている。

①　弁済の相手方

弁済の受領権限を
有する者（受領権者）

弁済は，これを受領する権限を有する者
（受領権者）に対してしなければ，債権を消
滅させる効果を生じない。この権限を有す
るのは通常は債権者であるが，債権者の意思または法律の規定によ
って，債権者以外の者が受領権限を与えられる場合もある。たとえ
ば，①債権者の代理人，②不在者の財産の管理人（28条），③債権
者代位権を行使した債権者（423条の3⇒第7章3②），④差押債権者
（民執155条1項），⑤債権質権者（366条1項），⑥破産管財人（破78
条1項）などである。このうち④〜⑥の者が受領権限をもつ場合に
は，次にみるように，債権者自身の受領権限が失われる。

Case 10-1 ─────────────────────────────

　AはBに対して100万円の金銭債権αを有している。次の**１**〜**３**の
場合に，BはAに対して債権αの弁済を行うことができるか。

　１　Aに対して200万円の金銭債権を有するCが債権αを差し押さ
　　えた場合

　２　AがDから200万円の融資を受けるにあたって，Dのために債
　　権αに質権を設定した場合

　３　Aについて破産手続開始決定がされ，Eが破産管財人に選任され
　　た場合

─────────────────────────────────────

債権者が弁済の受領
権限を有しない場合

（1）　差押えを受けた債権の債務者（第三債
務者）が自己の債権者（差押債務者）に弁済
をしても，差押えを行った債権者（差押債
権者）は，さらに弁済をすべき旨を第三債務者に請求することができ

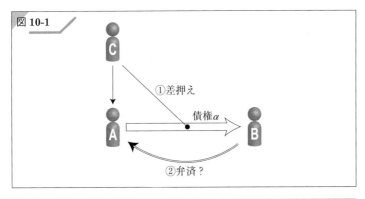

図 10-1

①差押え

債権α

②弁済？

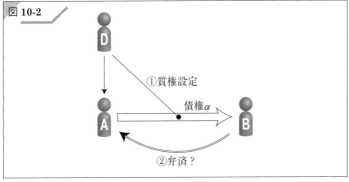

図 10-2

①質権設定

債権α

②弁済？

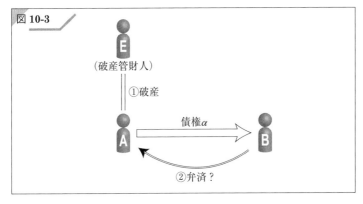

図 10-3

E
（破産管財人）

①破産

債権α

②弁済？

きる（481条1項）。Case 10-1 **1** では，Aが差押債務者，Bが第三債務者，Cが差押債権者にそれぞれ該当する。Cの申立てによる差押命令がBに送達され，債権αについて差押えの効力が生じると（民執145条5項），Aは債権αの弁済を受領する権限を失う（同条1項）。ここで，BがAに弁済しても，それによる債権αの消滅はCに対抗することができず，BはCからの請求に応じて二重払をしなければならない。なお，この場合，BはAに対して求償権を行使し，Aに支払った分を取り返すことはできる（481条2項）。しかし，Cから差押えを受けるようなAは無資力であることが多く，実際にBが求償権の満足を受けられる可能性は高くない。

(2)　債権に質権が設定され，第三債務者に対する対抗要件（364条）が備えられたときは，質権者に直接の取立権限が与えられる一方で（366条1項），質権の目的とされた債権の債権者（質権設定者）は受領権限を失うと解されている。Case 10-1 **2** では，BがAに対して債権αの弁済を行っても，これは質権者Dに対抗することができないので，BはDから請求されれば再度の弁済に応じなければならない。BはAに対して不当利得返還請求を行うことはできるが，この場合もBが回収に成功する可能性は低いと思われる。

(3)　破産手続が開始された場合，破産者が有する債権の管理処分権は破産管財人に専属し，破産者はその債権の受領権限を失う（破78条1項）。したがって，Case 10-1 **3** で，Aの破産手続開始後にBがAに弁済を行っても，これは破産手続との関係では効力を有しないため，Bは破産管財人Eに対して再度弁済しなければならない（ただし，債務者が破産手続の開始を知らないで債権者に弁済した場合には，この弁済は例外的に有効とされる〔破50条1項〕）。BはAに対して不当利得の返還を請求できるが，その実効性が乏しいことは(1)・(2)と同様である。

弁済の受領権限を有しない者に対して弁済をしても，債権の消滅という効果は原則として生じない。ただし，それによって債権者が利益を受けた場合には，その利益の限度で弁済としての効力が認められる（479条）。たとえば，AのBに対する債権につき，Bが誤って第三者Cに弁済したが，CがAにそのうちの一部を交付したという場合には，その一部について有効な弁済があったものとして取り扱われる。

さらに，一定の場合には，誤って受領権限を有しない者に対してした弁済が完全に有効となることもある。これは，受領権者としての外観を有する者に対して善意・無過失で弁済した場合であり，次の②で詳しく説明する。

② 表見受領権者に対する弁済

Case 10-2 ─────────────────────────────

AはB銀行に10万円の預金債権を有していた。ある朝，Aと名乗る人物が通帳と印章を持ってBの窓口に現れ，預金全額の払戻しを請求した。応対したBの行員は，印章の印影とAが届けていた印鑑とが一致することを確認したうえで払戻しに応じた。ところがその日の正午頃，BはAから，前夜に通帳と印章が盗難に遭ったとの連絡を受けた。Aは，預金債権10万円がまだ残っていることをBに対して主張できるか。

─────────────────────────────────────

①で述べたとおり，受領権者ではない者に弁済をしても債権を消滅させる効果は生じず，債務者は債権者に二重払をしなければならないのが原則である。しかし，弁済を請求する者が受領権限を有しているかのように見える場合にまでこの原則を貫くと，債務者は，その者が本当に受領権

者であるかについて徹底的に調査・確認を行ってからでないと安心して弁済することができなくなる。だが，弁済を請求した者が結局は正当な受領権者だった場合には，請求にすぐに応じなかった債務者は履行遅滞の責任を問われかねない。それに，このように弁済の事務が滞ることは，取引社会全体にとっても決して好ましくないだろう。

　そこで，取引上の社会通念に照らして受領権者としての外観を有する者（表見受領権者）に対してされた弁済は，弁済者が善意・無過失である場合には有効とされている（478条）。このルールは，表見代理などと同じく権利外観法理の1つとして位置づけられるものであり，特に銀行取引において重要な機能を果たしている。

　◆免責約款と478条の関係　　金融機関の預金取引において用いられている約款（預金規定）では，「払戻請求書に使用された印影を届出の印鑑と相当の注意をもって照合し，相違ないものと認めて取り扱いましたうえは，それらの書類につき偽造，変造その他の事故があってもそのために生じた損害については，当行は責任を負いません」とする条項が置かれている。これは過誤払についての金融機関の責任を免除するもので，免責約款とよばれる。

　もっとも，このような条項が定められたからといって，その効力がそのまま認められるわけではなく，金融機関は，預金の払戻しにあたって社会通念上期待される注意義務を負うことにかわりはない。免責約款があっても，478条の要件が緩和される（金融機関に過失があっても免責が認められる）と解すべきではないだろう。

　　　　　　　　　　　　　478条が適用される「受領権者としての外観
　┌──────────┐
　│ 表見受領権者の例 │　を有する」者の具体例としては，Case 10-2
　└──────────┘
のように，通帳と届出印を持参して銀行窓口に現れた払戻請求者が挙げられる。したがって，Case 10-2では，B銀行が善意・無過失であれば預金の払戻しは弁済として有効であり，Aは預金債権を

失う。

　そのほか，受取証書の持参人，表見相続人なども478条の適用の対象となる。債権が二重に譲渡された場合において，第三者対抗要件（467条2項）の具備が後れた譲受人に誤って弁済したときにも，478条の適用の余地があるとされている（最判昭61・4・11民集40巻3号558頁。もっともこの判例は，債務者が無過失であるといえるためには，劣後譲受人を真の債権者であると信じるにつき相当な理由があることが必要であると判示し，債務者の過失を認定して478条による免責を否定した）。

Case 10-3 ————————————————————————

　Case 10-2において，窓口に現れた者が「Aの代理人として払戻しに来た」と言った場合はどうか。

————————————————————————

| 詐称代理人の場合 | 　Case 10-3のように，弁済受領者が本人ではなく代理人と称した場合には，478条で |

はなく表見代理の規定の適用を検討すべきだとも思われる。仮にそのように考えるとすると，Aによる代理権授与表示（109条）や基本代理権の授与（110条）などが要件となるが，通帳・印章が盗難に遭ったような場合にはこれらの要件が満たされることはまずないので，B銀行が行った弁済はほぼ常に無効とされることになりそうである。しかし，弁済を請求する者が本人と称して現れるか，それとも代理人と称して現れるかはたいして違いがないのに，これによって弁済者が保護されるための要件が大きく異なってくるのは妥当ではない。そこで判例は，詐称代理人に対する弁済にも478条の適用を認めている（最判昭37・8・21民集16巻9号1809頁）。

　なお，478条も権利外観法理にその基礎を置くものであるが，真の債権者の帰責事由が条文上は要件とされていない。そのため，表

見代理による場合と比べて，外観を信頼した者（弁済者）が保護される範囲がより広くなっている。通常，代理行為が行われるのは，これから新たな取引が開始されるという場面だから，相手方にも代理権の有無について慎重な調査を求めてもよいが，弁済は債務者にとって既存の義務の履行であり，債務者は弁済しなければ債務不履行責任を負わされてしまう。また，弁済に際して厳密な調査義務を課すと，弁済事務が滞り，取引の混乱を招きかねない。弁済者が保護されるための要件が表見代理と比べて緩和されている理由は，このように説明されることが多い。これに対し，学説のなかには，債権者にまったく落ち度がない場合は，弁済者の過失の有無を厳しく判断することによってバランスを図ろうとする見解もある。

効　果　表見受領権者に対する弁済が行われた場合において，弁済者が善意・無過失であるときは，この弁済は有効とされる。債権者は弁済を受領していないが，債権者が債務者に対して弁済を求めたとしても，債務者が478条の適用を主張すれば，債権者の請求は斥けられる。債権者としては，受領権限なく弁済を受領した者に対して不当利得返還請求をするほかないが，この者は行方不明である場合や無資力である場合が多く，そのリスクは債権者が負担しなければならない。ただし，債務者が478条の適用を主張せず，表見受領権者から不当利得の返還を受けたうえで債権者に弁済することは妨げられない。

　なお，表見受領権者（C）に対して債権者（A）が不当利得の返還を求めた場合に，Cが債務者（B）の過失を主張して478条の適用を否定し，「AのBに対する債権はまだ消滅していないからAには損失がない」と主張することは，信義則に反し許されない（最判平16・10・26判時1881号64頁）。

478 条をめぐっては，判例が大胆な展開を
みせ，銀行取引を中心にその適用領域を拡
張してきた。

Case 10-4

Case 10-3 において，Ａの預金が定期預金であって，その満期日が未
到来だった場合はどうか。

この場合に定期預金を払い戻すためには，満期日（期限）よりも
前に解約する必要がある。定期預金の解約は預金契約の合意解除で
あって弁済ではないから，この部分については 478 条は適用できず，
表見代理の成否が問題となりうるのみであるとも思われる。しかし
判例は，契約当事者が，定期預金を期限前に払い戻す場合には利息
を普通預金と同率とする商慣習によるという意思を有しており，期
限前払戻しの場合における弁済の具体的内容が契約成立時にすでに
合意により確定されているとして，期限前解約・払戻しの全体につ
いて 478 条の適用を認めた（最判昭 41・10・4 民集 20 巻 8 号 1565 頁）。
銀行実務では，定期預金の期限前解約に応じるかどうかをそのつど
判断しているわけではなく，普通預金と同等の利息しか付けない代
わりに期限前解約に応じるのが通例だから，478 条の適用において
普通預金と異なる取扱いをすべき理由はないといえよう。

Case 10-5

ＡはＢ銀行に 100 万円の定期預金を有していた。ある日，Ａと名乗
る人物が通帳と印章を持ってＢの窓口に現れ，「定期預金の満期日まで
あと 1 か月あるが，どうしてもすぐに 80 万円が必要になった。いま定
期預金を解約すると利率が低くなってしまうので，満期日までの 1 か月
間，この定期預金を担保にして 80 万円を融資してほしい」と申し入れ

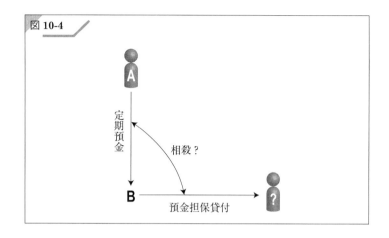

図 10-4

定期預金

相殺？

B 預金担保貸付

たので，Bはこれに応じた。ところがその翌日，BはAから，通帳と印章が盗難に遭ったとの連絡を受けた。Aは，80万円の融資を受けたのは自分ではないと主張している。Bは，定期預金の満期日に預金債務と貸付債権を相殺することができるか。

判例の展開②
預金担保貸付

預金担保貸付は，銀行が，預金者から預かっている定期預金に質権を設定したうえで貸付を行い，定期預金の満期日に貸付債権と預金債務を相殺するという取引である（相殺については⇒**第11章**）。定期預金の満期日が近く，期限前解約を行うよりも利息の面で預金者に有利になるときなどに，このような取引が行われることがある。

ここで，銀行が預金者とは異なる者に対して貸付を行ってしまった場合に，銀行は貸付債権と預金者に対する定期預金債務とを相殺することができるかが問題となる。相殺も債権の消滅原因ではあるものの，弁済そのものではないし，さらにこの場合には貸金契約の締結まで行われているため，478条が本来想定している場面とはか

なり異なるようにも思われる。

　しかし判例は，この場合にも478条を類推適用し，銀行は貸付債権と定期預金債務との相殺をもって預金者に対抗することができるとした（最判昭59・2・23民集38巻3号445頁）。この取引の経済的実質が定期預金の期限前解約・払戻しと同視できることがその理由である。

　もっとも，Case 10-5では，B銀行は融資の相手方がAではなかったことを満期日より前にすでに知っており，満期日に相殺を行っても478条の善意・無過失の要件を満たさないのではないかとも思われる。しかし，判例（前掲・最判昭59・2・23）は，銀行の善意・無過失の判断基準時は相殺時ではなく貸付時であるとしている。これは，貸付と相殺を一体のものとみて，期限前解約・払戻しと同視する趣旨であると解される。したがって，Case 10-5でも，B銀行は相殺によって預金債務を免れることができる。

判例の展開③
保険契約者貸付

478条に関する判例法理の展開は，さらに保険契約者貸付にも及んでいる。保険契約者貸付とは，生命保険会社が保険契約者に対し，約款に基づいて解約返戻金の範囲内で行う貸付であり，保険金の支払等の際に貸付金額が解約返戻金から差し引かれることによって清算が行われる。判例は，保険契約者の代理人と詐称する者に対して行われた保険契約者貸付につき，その経済的実質が解約返戻金の前払と同視できるとして478条の類推適用を肯定し，保険会社は保険契約者に貸付の効力を主張することができるとした（最判平9・4・24民集51巻4号1991頁）。これは，債権の消滅原因である払戻しや相殺を有効としたのではなく，保険契約者以外の者に対して行った貸付を保険契約者との間で有効としたものである。

　このように，判例は取引上の要請に応じて478条の適用範囲を広

げてきたが，これに対しては，478条の本来の適用場面と隔たりが大きすぎるのではないかという批判もある。

Case 10-6 ────────────────────────────────

　Aは，B銀行に普通預金口座を開設する際に，愛車のカーナンバーを暗証番号として届け出た。Bが設置するATMは，通帳を挿入して暗証番号を入力すれば払戻しができるようになっていたが，預金契約にはその旨の記載がなく，Aもこのことを知らなかった。ある夜，Aは通帳を自動車の中に入れたまま駐車したが，何者かによってこれを自動車ごと盗まれてしまった。翌朝，AがBに連絡した時点では，Aの預金全額がすでにATMで払い戻されていた。Aは，Bに対して預金の払戻しを請求できるか。

──

```
┌───────────────┐
│  機械払と478条  ╱
└───────────────╱
```
　　　　　　　　　弁済の典型例である普通預金の払戻しについても，これがATMなどによって行われる場合には，478条の適用の有無が問題となりうる。払戻しが機械によって完結するため，弁済時における弁済者の善意・無過失は問題となりようがないとも考えられるからである。しかし判例は，機械による払戻しにも478条の適用があるとしたうえで，銀行が無過失であるというためには，払戻しの際に機械が正しく作動したことだけでなく，機械払システムの設置管理の全体について，可能な限度で無権限者による払戻しを排除しうるよう注意義務を尽くしていたことが必要であるとした（最判平15・4・8民集57巻4号337頁）。この判例は，Case 10-6のような事案につき，通帳でもATMによる払戻しができることを預金者に明示していなかった点に過失があるとして，銀行の免責を否定している。

　なお，偽造カードや盗難カードによる被害が増加したことを受け，2006年に「偽造カード等及び盗難カード等を用いて行われる不正

な機械式預貯金払戻し等からの預貯金者の保護等に関する法律」が施行された。同法によれば，偽造カードによる払戻しの場合には，478条の適用が排除され（偽造カード3条），預金者に故意または重過失がない限り弁済の効力は生じない（同4条）。これに対して，盗難カードによる払戻しの場合には478条の適用がありうるが，一定の要件を満たせば，預金者が無過失の場合には全額，軽過失がある場合にも4分の3の補塡を金融機関から受けられる（同5条）。

③ 弁済を行う者

債務者本人など

弁済を行うのは通常は債務者であるが，債務者が履行補助者を用いて弁済することもありうる。また，債務者の代理人・財産管理人・破産管財人など，債務者の意思または法律の規定によって弁済の権限を与えられた者も弁済をすることができる。

第三者弁済

これに加えて民法は，債務者以外の第三者による弁済（第三者弁済）を認めている（474条1項）。これを認めたとしても，通常は債権者に不利益はないからである。ただし，次の①〜④の場合には第三者弁済はできない。

① 債務の性質が第三者弁済を許さないとき（474条4項）。たとえば，高名なピアニストがコンサートで演奏する債務を負うような場合である。このように，債務者自身によらなければ目的を達することができない給付は，一身専属的給付とよばれる。金銭債務の場合にはこの制限は問題にならない。

② 当事者が第三者弁済を禁止または制限する旨の意思表示をしたとき（474条4項）。この意思表示があると，弁済をするについて正当な利益を有する者（次の③④を参照）であっても第三者弁済をす

ることはできない。

③　弁済をするについて正当な利益を有する者（⇒**4**②参照）でない第三者は，債務者の意思に反して弁済をすることはできない（474条2項本文）。ただし，債務者の意思に反することを債権者が知らなかったときは，その弁済は有効である（同項ただし書）。

この③の制限の趣旨は，他人の弁済によって恩義を受けることを潔しとしないという債務者の意思を尊重するため，あるいは債務者の意に沿わない第三者が弁済して過酷な求償権行使をしてくるのを防ぐためなどとされる。しかし，保証人となったうえで弁済することは債務者の意思に反しても可能だし，意に沿わない者から債権の行使を受けることは債権譲渡などでもありうる。そこで多くの学説は，「正当な利益」を広く解したり，第三者弁済を望まないことが明示的・確定的に示されている場合にのみ「債務者の意思」があると解するなどして，第三者弁済が有効となる場合を広く認めようとしている（最判昭63・7・1判時1287号63頁は，借地上の建物の賃借人が敷地の地代の第三者弁済をすることを認めた）。

④　弁済をするについて正当な利益を有する者でない第三者は，債権者の意思に反して弁済をすることもできない（474条3項本文）。この者は債務者の意思に反して弁済をすることができないが（上記③），債権者が債務者の意思を確認することが困難な場合もありうるため，債権者の意思による第三者弁済の制限を認めたものである。ただし，その第三者が債務者の委託を受けて弁済をする場合において，そのことを債権者が知っていたときは，債権者の意思に反しても弁済ができる（同項ただし書）。

有効な第三者弁済がされると債権は消滅する。また，これに伴い，弁済者は債務者に対して求償権を取得する。

4 弁済による代位

① 意義と機能

Case 10-7

　AはBに対して債権を有しており，これを担保するためB所有の土地甲に抵当権の設定を受けている。Cは，Bの懇請を受け，Bに代わってこの債務の弁済を行った。このとき，Cは，Bに対してどのような権利を行使することができるか。

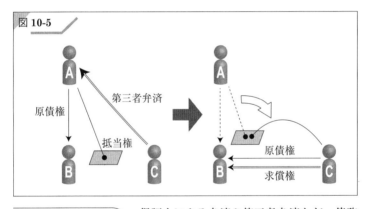

図 **10-5**

第三者弁済

原債権

抵当権

原債権

求償権

弁済による代位とは　保証人による弁済や第三者弁済など，債務者以外の者の弁済によっても債権は消滅し，その多くの場合に弁済者は債務者に対する求償権を取得する。この際に，もとの債権（原債権）を担保していた抵当権などは，本来であれば付従性により消滅するはずである。しかしこれだと，弁済者（C）の債務者（B）に対する求償権が無担保となり，弁済者の保護に欠ける。そこで民法は，弁済者が，求償権の範囲内で，債権の効

力および担保として債権者（A）が有していた権利を行使することができるとした（499条，501条）。この制度を「弁済による代位（弁済者代位）」という。

弁済による代位の機能 弁済による代位は，すべての当事者にとって利益となる制度であるといわれる。まず，弁済者は，債権者の有していた担保等を取得することによって，求償権の満足を得られる可能性が高まる。また，債権者も，すでに自己の債権（原債権）の弁済を受けた以上，それに伴う権利を行使する必要はないし，むしろこの制度があることによって第三者弁済が促されるので弁済を受けやすくなる。さらに，債務者にとっても，権利を行使するのが債権者から弁済者に代わるだけであって特に不利益を被らないうえに，自己に代わって債務を弁済してくれる者が現れやすくなる。

② 要件・対抗要件

要　件 弁済による代位が生じるための要件は，次の2つである。

まず，第三者（保証人・連帯債務者などの共同債務者を含む）の弁済により，債権者が満足を得ることが必要である。ここでいう「弁済」には，狭義の弁済のほか，代物弁済・供託・相殺・混同，さらには担保権の実行により配当がされた場合も含まれる。

次に，弁済による代位は求償権の確保を目的とするものであるから，弁済によって求償権が発生することが必要である。求償権は，弁済が債務者の委託による場合は委任の費用償還請求権（650条1項）として，委託によらない場合は事務管理の費用償還請求権（702条1項・3項）としてそれぞれ発生するほか，弁済者の地位に応じて個別の根拠規定が設けられている（351条，372条，442条，459条，

462条など）。これに対し，弁済者が債務者に贈与する意思で第三者弁済したような場合には，求償権は発生しないので，弁済による代位も生じない。

――――――――――
対 抗 要 件
――――――――――

弁済による代位を債務者や第三者に対抗するために何が必要かについては，場合を分けて考える必要がある。

弁済をするについて正当な利益を有する者が債権者に代位する場合には，何もしなくとも，当然に代位を債務者や第三者に対抗することができる（500条かっこ書参照）。ここで「弁済をするについて正当な利益を有する者」とは，①弁済しないと債権者から執行を受ける地位にある者（連帯債務者・保証人・物上保証人・担保不動産の第三取得者など），②弁済しないと債務者に対する自分の権利が価値を失う地位にある者（後順位抵当権者・一般債権者・抵当不動産の賃借人など）を指すとされている。

それ以外の者が弁済者である場合には，代位を債務者・第三者に対抗するために，債権譲渡と同様の対抗要件（467条⇒**第15章3**②③）を備えなければならない（500条本文）。これは，次に③で述べるように，代位の効果として原債権の移転が生じるためである。

③ 効　　果

――――――――――
原債権の移転
――――――――――

債権者に代位した弁済者（代位者）は，「債権の効力及び担保としてその債権者が有していた一切の権利を行使することができる」（501条1項）。ただし，この権利行使は，代位者が債務者に対して有する求償権の範囲内に限られる（同条2項）。判例によれば，これは，弁済によって消滅するはずの原債権および担保権が，代位者との関係では求償権を確保するという目的の限度で存続し，原債権者から代位者へと移転する

ものであると説明されている（最判昭59・5・29民集38巻7号885頁）。
この帰結として，代位者は，原債権者が債務名義を有していればこ
れに基づいてただちに強制執行することができるし，原債権に伴う
担保権の実行や保証人への請求を行うこともできる。ただし，契約
の解除権は契約上の地位に基づくものなので，代位者による行使は
できない（502条4項は一部代位の場合についてのみ規定しているが，全
部代位の場合でも同様である）。

　全部の弁済を受けた債権者は，債権証書および自己の占有する担
保物を代位者に交付しなければならない（503条1項）。

> **求償権と原債権との関係**

原債権が弁済者に移転するとされているため，弁済者が取得する求償権とこの原債権との関係が問題となるが，両者は別個の債
権として並存すると解されている。つまり，両債権は元本額や利率
等が異なりうるため総債権額が別々に変動するし，消滅時効にも別
個にかかる。担保権の被担保債権も原債権のままであり，求償権が
被担保債権になるのではない。したがって，求償権の額よりも原債
権の額のほうが小さい場合は，担保権の実行によって回収できる額
は原債権の額によって画される（前掲・最判昭59・5・29）。また，裁
判所が原債権についての給付請求を認容するときは，判決主文にお
いて，求償権の限度で給付を命じなければならない（最判昭61・2・
20民集40巻1号43頁）。

　他方で，原債権およびそれに伴う担保権は求償権を確保するため
に存続するにすぎないから，求償権が消滅するとこれらも当然に消
滅するし，求償権の存する限度を超えてこれらを行使することもで
きない（前掲・最判昭61・2・20）。

④ 一 部 代 位

Case 10-8

AはBに1000万円の債権を有し，これを担保するためB所有の土地甲（時価500万円）に抵当権の設定を受けていたが，CがBに代わってこの債権のうち400万円を弁済した。このとき，Cは甲の抵当権を実行することができるか。また，甲の抵当権が実行されて500万円で売却されたとき，代金はA・Cにそれぞれどのように配当されるか。

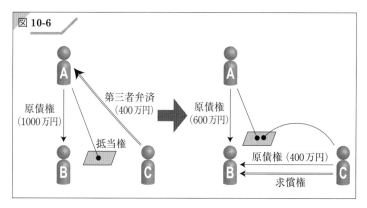

図 10-6

第三者弁済（400万円）

原債権（1000万円）　抵当権

原債権（600万円）

原債権（400万円）

求償権

一部代位の意義

　第三者が債務の一部についてのみ弁済の提供を行っても，これは債務の本旨に従っていないので，債権者は受領を拒絶することができる。しかし，債権者がこれを拒絶せず受領すると，債権者の権利の一部について代位が生じ，弁済者（一部代位者）は債権者とともにその権利を行使できるようになる（502条1項）。この場合，債権者は債権証書にその代位を記入するとともに，自己の占有する担保物の保存を代位者に監督させなければならない（503条2項）。

　一部代位で問題となるのは，①原債権に伴う担保権を一部代位者

が単独で実行することができるか，②担保の目的物の競売手続において債権者と一部代位者との間でどのように配当がされるかの2点である。

◆全部代位と一部代位の区別　　同一当事者間に複数の債権が存在していたところ，そのうち1個の債権の全額について債務者以外の者による弁済が行われたという場合は，全部代位か一部代位かの区別が難しい。判例は，1個の抵当権が数個の債権（$\alpha \cdot \beta \cdot \gamma$）を担保し，保証人がそのうちの1個の債権（$\alpha$）のみを保証していたという場合において，保証人が債権αの全額について弁済したときは，債権αについて全部代位が生じたとみるべきであるとした（最判平17・1・27民集59巻1号200頁）。この場合，債権者は債権αについて完全な満足を得ており，保証人が全部代位しても債権者が不利益を被ることはない反面，保証人が自己の保証していない債権についてまで債権者の優先的な満足を受忍しなければならない理由はないからであるという。この判例の立場によると，債権$\beta \cdot \gamma$を有する債権者と，債権αを代位により取得した保証人とが抵当権を準共有することになるので，抵当権が実行されると，配当は債権者と保証人との間で債権額に応じて按分される。

―――――
一部代位者の
権利行使方法
　　一部代位者が代位によって取得した権利を行使するためには，債権者の同意が必要である（502条1項）。仮に一部代位者による単独行使が可能だとすると，債権者が担保目的物の値上がりを期待して実行時期を遅らせたいと考えている場合でも，その意に反して担保権が実行されてしまいかねないからである。したがって，Case 10-8 では，一部代位者Cは単独で甲の抵当権を実行することはできず，Aの同意を得なければならない。

　なお，債権者は単独で権利を行使することができるとされているので（502条2項），AはCの同意を得ることなく甲の抵当権を実行

できる。

債権者と一部代位者の
優劣 原債権の担保の目的となっている財産の売
却代金については，債権者が一部代位者に
優先して権利を有する（502条3項）。一部
代位によって債権者と一部代位者が原債権とその担保権を準共有し
ていると考えれば，売却代金も按分で配当することになりそうだが，
弁済による代位の結果として債権者の地位が低下することは予定さ
れておらず，この場合にもあくまで債権者が優先されるべきだから
である。したがって，Case 10-8 では，甲の売却代金 500 万円は A
と C との間で 6：4 で按分配当されるのではなく，その全額が A に
配当される。

⑤　代位者相互の関係

ルールの必要性 たとえば，A の B に対する債権について
保証人 C と物上保証人 D がいる場合にお
いて，C が先に A に弁済したとする。ここで，仮に C が D に対し
て全額につき A に代位できるとすると，C は D が設定した抵当権
を実行して，A に弁済した全額を回収することができる一方で，D
は全額を負担することになってしまう（仮にこのようになったとして
も，D は債務者 B に対して全額の求償をすることができるのは当然であ
るが，B は無資力であることが多く，回収に不安がある）。このような帰結
は不公平なので，民法は代位者相互の関係を規律する規定を設けて
いる（501条2項・3項）。このルールは一見すると複雑だが，基礎と
なる考え方はさほど難しいものではない。以下，順をおって説明す
る。

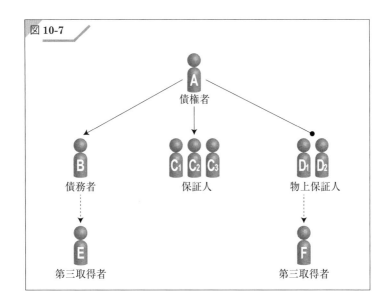

図 10-7

A
債権者

B
債務者

C₁ C₂ C₃
保証人

D₁ D₂
物上保証人

E
第三取得者

F
第三取得者

①保証人が複数いる場合

保証人が複数いる場合，保証人の1人が他の保証人に対して債権者に代位できるのは，債務者に対する求償権の範囲内ではなく，共同保証人間の求償権（465条）の範囲内に限られる（501条2項かっこ書）。したがって，たとえば，C_1～C_3の3人が連帯保証人となっていて，C_1が全額をAに弁済した場合，C_1は特約などによって定まる負担部分に応じてC_2・C_3に対する求償権を取得し（特約がなければ負担部分は3分の1ずつと解される），この求償権の範囲内でC_2・C_3に対してAに代位する。

②物上保証人が複数いる場合

物上保証人が複数いる場合，物上保証人の1人は，各財産の価格に応じて，他の物上保証人に対して債権者に代位する（501条3項3号）。たとえば，1500万円の債務についてD_1・D_2が物上保証し

ており，D_1 の抵当不動産が 2000 万円，D_2 の抵当不動産が 1000 万円の価値を有している場合は，両者の負担割合は 2：1 となり，D_1 が 1000 万円，D_2 が 500 万円を負担する（自己の負担割合を超えた部分に限り他の物上保証人に対して代位できる）。

③保証人と物上保証人が混在している場合　保証人と物上保証人の両方がいる場合には，まず保証人と物上保証人を足した人数に応じて各保証人の負担部分を決定する。そして，物上保証人が数人いるときは，保証人の負担部分を除いた残額につき，各財産の価格に応じて各物上保証人の負担部分を決する（501 条 3 項 4 号）。たとえば，1500 万円の債務について保証人が 3 人（$C_1 \sim C_3$），物上保証人が 2 人（$D_1 \cdot D_2$）いる場合には，まず 1500 万円を人数（5 人）で割って $C_1 \sim C_3$ の負担部分（各 300 万円）を決定する。次いで，残額の 600 万円につき，「②物上保証人が複数いる場合」と同じ方法によって $D_1 \cdot D_2$ の負担部分を決する（D_1 の抵当不動産が 2000 万円，D_2 の抵当不動産が 1000 万円の価値を有している場合には，D_1 の負担部分は 400 万円，D_2 の負担部分は 200 万円となる）。

　なお，保証人と物上保証人とを兼ねる者がいる場合には，この者を 1 人と数えるか 2 人と数えるかについての対立があるが，判例はこれを 1 人として数え，各代位者の負担部分を全員の頭数に応じた平等の割合とする（最判昭 61・11・27 民集 40 巻 7 号 1205 頁）。

④債務者からの第三取得者がいる場合　債務者 B からの第三取得者 E は，最終的に全額を負担すべき B の立場を引き継ぐと考えられる。したがって，E は保証人 C や物上保証人 D に対して債権者に代位することはできず（501 条 3 項 1 号），他方で C・D は E に対して全額につき代位することができる。債務者からの第三取得者が複数いる場合は，その相互の関係は「②物上保証人が複数いる場合」と同じ方法によって決せられる

（501 条 3 項 2 号）。

┌─────────────────┐
│ ⑤物上保証人からの │
│ 第三取得者がいる場合 │
└─────────────────┘

物上保証人 D₁ からの第三取得者 F は，前主である D₁ に準じて扱われる（501 条 3 項 5 号）。したがって，保証人 C と F との間では「③保証人と物上保証人が混在している場合」と同じ方法により，他の物上保証人 D₂ と F との間では「②物上保証人が複数いる場合」と同じ方法により，それぞれ負担部分を決する。物上保証人からの第三取得者が複数いる場合も，「②物上保証人が複数いる場合」と同様である。

　債務者からの第三取得者 E と物上保証人からの第三取得者 F とがいる場合は，「④債務者からの第三取得者がいる場合」と同じである。つまり，E は F に対して代位できず，他方で F は E に対して全額につき代位できる。

　◆代位割合変更特約　　中小企業が金融機関から融資を受けやすくするため，信用保証協会という公的機関が中小企業の借入れの保証人となることがある。たとえば，銀行 A から中小企業 B が借入れをするにあたって，B の代表取締役 C が自己所有の不動産甲に根抵当権を設定するとともに，信用保証協会 D が保証人となるといった具合である。ここで D が B に代わって A に弁済した場合，501 条 3 項 4 号によれば，D は C に対して 2 分の 1 の割合で A に代位し，甲の根抵当権を実行して得られた競売代金から，原債権の半額の限度で求償権を回収できるにとどまるはずである。しかし実際には，C と D との間で，D が A に弁済すれば D が C に対して全額につき A に代位することができるとする特約（代位割合変更特約）が結ばれるのが通例である。仮にこの特約が有効であれば，D は原債権全額の範囲内で甲の競売代金から求償権を回収することができる一方で，甲の競売代金から C（および甲の後順位抵当権者）が得られる配当はその分少なくなる。

判例は，甲の後順位抵当権者が代位割合変更特約の効力を争った
事案において，501条3項4号（当時は501条5号）が補充規定にす
ぎないことを理由に，このような特約の効力が後順位抵当権者にも
及ぶとした（前掲最判昭59・5・29）。この判例は，①同号は392条と
は異なり，後順位抵当権者の権利を積極的に認めたうえで代位割合
を規定しているとは解されないこと，②代位により行使される根抵
当権は公示されており，もともと後順位抵当権者は，債権者がその
極度額の範囲内で優先弁済を主張した場合にはそれを承認せざるを
えない立場であること，を挙げ，後順位抵当権者が不利益を被るの
もやむをえないとしている。

6 　債権者の担保保存義務

Case 10-9

　AはBに1000万円の債権を有し，これを担保するためB所有の土
地甲（時価700万円）に抵当権の設定を受けていた。また，このBの債
務について，Cが保証人となっていた。ところが，Aはその後，甲の抵
当権を放棄してしまった。CはAに対してどのような主張ができるか。

担保保存義務の意義

　Case 10-9における保証人Cは，将来自
分が債権者Aに弁済すれば，Aが有する
担保権（債務者Bが設定した抵当権）を代位によって行使することが
できると期待していたはずである。それにもかかわらず，AがC
の保証のみで十分だと考えて抵当権を放棄してしまうと，Cが抱い
ていた代位への期待が害される。

　そこで，債権者が故意・過失によって担保を喪失・減少させたと
きは，弁済をするについて正当な利益を有する者は，その喪失・減
少のために代位による償還を受けることができなくなる限度で責任
を免れるとされている（504条1項）。これは，債権者の立場から見

て，担保保存義務とよばれている。

| 免責の要件 |

債権者の担保保存義務違反を理由に免責を主張しうる者は，まず，弁済をするについて正当な利益を有する者（代位権者）である（504条1項前段）。Case 10-9の保証人Cもこの代位権者に該当する。また，代位権者である物上保証人から担保の目的となっている財産を譲り受けた第三取得者も，同様に免責を主張することができる（同項後段）。

　債権者が保存すべき「担保」は物的担保または人的担保を指し，一般財産の減少はここでいう喪失・減少に含まれない。

　なお，銀行実務では，担保の差替えを行ったり，抵当不動産を競売によらずに売却して代金から弁済を得るために抵当権の放棄を行ったりすることがある。これらの行為は，形式的には担保保存義務違反となる可能性があるが，そうなると債権者としては，状況に応じた柔軟な対応が難しくなるおそれがある。そこで，担保を喪失・減少させたことが取引上の社会通念に照らして合理的な理由を有する場合には，免責の効果は生じないとされている（504条2項）。

| 免責の効果 |

債権者が担保保存義務を遵守しなかった場合には，代位権者はこれによって償還を受けることができなくなる限度で免責される。代位権者が保証人のように債務を負う者である場合は，債務がその分だけ減額される。代位権者が物上保証人や第三取得者である場合は，担保に供された財産が負担する責任額が縮減する。

　Case 10-9では，Aが抵当権を放棄しなければ，Cは保証債務の履行後にBに対してAに代位し，抵当権を実行することによって700万円の償還を受けることができたはずである。そこで，Cは700万円の限度で保証債務を免責され，Cの保証債務は300万円に縮減する。

◆担保保存義務免除特約　　金融実務では，金融機関と保証人・物上保証人との間で，金融機関の担保保存義務を免除し，504条1項による免責の利益を保証人・物上保証人が放棄する旨の特約（担保保存義務免除特約）が結ばれるのが通常である。平成29年改正前の判例は，債権者の担保喪失・減少行為が金融取引上の通念から見て合理性を有し，代位権者が正当に有しうべき代位の期待を奪うものとはいえないときは，債権者がこのような特約の効力を主張することは信義則違反・権利濫用にならないと判示していた（最判平7・6・23民集49巻6号1737頁）。

　平成29年改正では，担保喪失・減少行為が取引上の社会通念に照らして合理的な理由があると認められる場合には，担保保存義務違反による免責の効果は生じないことが条文上明記された（504条2項）。したがって，現行法のもとでは，担保保存義務免除特約のもつ意味は大きくないようにも思われる。ただし，担保保存義務免除特約が締結されている場合には，504条2項の「合理的な理由」の存否についての主張立証責任が債権者から代位権者に転嫁されるとする見解もある。

第11章　相　殺

> 　民法は弁済以外にも債権の消滅原因をいくつか規定している。そのなかでもとりわけ重要なのが相殺である。これは，2人が互いに同種の債権を持ち合っている場合に，一方の意思表示によって，互いに債務を履行することなく相対立する債権をともに消滅させるというものである。相殺は，金融の世界などで多く用いられており，実務的に重要な機能を有する。
>
> 　本章では，民法が定める相殺の要件・効果などについて学ぶ。

1 相殺の意義

Case 11-1

　AはBに対して500万円の金銭債権αを有しており，他方でBもAに対して300万円の金銭債権βを有している。このとき，A・Bがそれぞれの債務を弁済する以外に，これらの債権を消滅させる方法はないか。

相殺とは

　相殺とは，2人の者が互いに同種の債権を有し債務を負担する場合に，これらの相対立する債権を金額の重なる範囲（これを「対当額」という）でそれぞれ消滅させることである（505条1項）。Case 11-1において，AまたはBの一方が債権αと債権βを相殺する旨の意思表示をすれば，両債権はそれぞれ対当額である300万円の限度で消滅する。その結

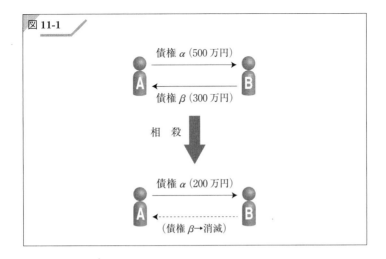

図 11-1

債権 α (500 万円)

A → B

債権 β (300 万円)

相　殺

債権 α (200 万円)

A → B

(債権 β→消滅)

果，債権 β は完全に消滅し，債権 α のみが 200 万円の限度で残る
ことになる。

　Case 11-1 では，A・B 両者の合意によって債権 α と債権 β を対
当額で消滅させることも可能であり，日常的にはこのような場合に
も「相殺」ということばが用いられることがある。これに対し，民
法が規定する相殺は，一方が相手方の同意を得ることなく，一方的
な意思表示（単独行為）によって行うことができるというものであ
る。民法が規定するこのような相殺を法定相殺とよび，A と B の
合意によって行われる相殺は合意相殺とよばれる。法定相殺を行う
には，民法に定められているいくつかの要件を満たす必要がある
（⇒*3*）。

　相殺の意思表示を行う者が有する債権は自働債権，相手方が有す
る債権は受働債権とよばれる。Case 11-1 において，A が相殺の意
思表示を行う場合には，債権 α が自働債権，債権 β が受働債権と
なる。

2 相殺の機能

相殺の制度は，現実の社会において，①簡易決済機能，②公平維持機能，③担保的機能を果たしている。①②が相殺の本来の機能であり，③は派生的な機能であるが，この③の機能は社会的に特に重要な意味を有する。

簡易決済機能

Case 11-1 において，A・Bが各自の債務を現金の手渡しや振込みなどによって弁済するとなると，手間もコスト（振込手数料など）もかかってしまう。これに対し，相殺を行えば，対当額については資金を実際に往復させる必要がなくなるため，手間もコストも省ける。これが相殺の簡易決済機能とよばれるものである。

公平維持機能

Case 11-1 においては，AがBに対して債権βにかかる弁済を行ったにもかかわらず，BはAに対して債権αにかかる弁済をしないという場合がありうるが，それではAにとって不公平である。ここで相殺を用いれば，債権αと債権βは対当額の範囲では同時に消滅するので，A・B間の公平が保たれる。このことを指して，相殺には公平維持機能があるといわれる。

Case 11-2

Case 11-1 において，BはAに対する 500 万円の金銭債務（債権α）のほかにも，Cに対して 1000 万円の金銭債務，Dに対して 1500 万円の金銭債務を負っている。Bが有する財産は，Aに対する 300 万円の金銭債権（債権β）のみであり，A・C・Dの全員に対して債務の全額

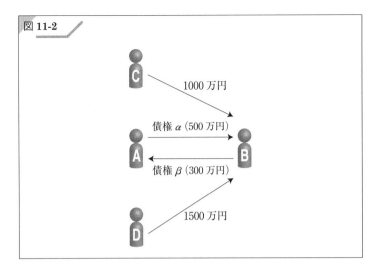

図 11-2

債権 α（500 万円）

債権 β（300 万円）

1000 万円

1500 万円

を弁済する資力はない。

担保的機能

Case 11-2 では，A は債権 β にかかる弁済を B に対してしなければならない一方で，B が無資力状態にあるため債権 α の全額の弁済を受けることは期待できない。さらに，B の破産手続においては，A は同じく B の債権者である C・D との競合関係に立たされ，債権額に応じて按分された配当しか受けられない（A が弁済した 300 万円が A：C：D＝500：1000：1500＝1：2：3 の比率で按分され，A には 50 万円しか配当されない）。

しかし，ここで A が相殺を行うと，A は B に対して弁済した 300 万円を用いてただちに B から弁済を受けたのと同じことになり，A は 300 万円については確実に回収することができる（他方，C・D は B に対する債権をまったく回収することができない）。これはあたかも，B の A に対する債権 β に A が担保権を設定して，そこから優先弁

済を受けるのに等しいため，相殺の担保的機能とよばれている。これは相殺の機能として最も重要なものであり，銀行実務などではこの機能を利用した債権回収が行われている（⇒5）。

3 相殺の要件

相殺の要件
——相殺適状

合意相殺であれば，当事者が合意する限り，どのような債権・債務の相殺も可能である。これに対し，一方当事者の意思表示のみによって行われる法定相殺では，相殺が可能となるための要件が定められており，それらを満たさない限り相殺はできない。その要件とは，①当事者間に債権が対立して存在すること，②両債権が同種の目的を有すること，③両債権の弁済期が到来していること，④債務の性質が相殺を許さないものでないことである（505条1項）。これらの要件を満たして相殺が可能となっている状態を，相殺適状とよぶ。

当事者間に債権が対立
して存在すること

相殺を行うためには，相殺の意思表示を行う時点において（同時性），自働債権と受働債権の両方が存在していること（相互性）が必要である。

いったんは債権が対立して存在していたとしても，相殺をする前にいずれかの債権が弁済などによって消滅していれば，相殺をすることはできない。ただし，自働債権が時効消滅した場合は例外であり，時効消滅以前にすでに相殺適状になっていれば，時効消滅後も相殺が可能であるとされている（508条）。これは，いったん相殺適状になれば当事者は債権・債務が決済されたと考えるのが通常なので，その期待を保護する必要があるためである。なお，508条の

「消滅以前に」については，時効完成の前（時効期間の満了前）を意味するのか，それとも時効援用の前を指すのかが問題となりうるが，判例（最判平 25・2・28 民集 67 巻 2 号 343 頁）は，「消滅時効が援用された自働債権はその消滅時効期間が経過する以前に受働債権と相殺適状にあったことを要する」として，前者の立場を採っている。

相殺は，二当事者間で相対立する債権を互いに持ち合う場合に行われるのが原則である。ただし，二当事者間で債権・債務の対立が生じた後に受働債権が譲渡された場合には，三当事者間にわたる相殺が認められることがある（469 条⇒第 15 章 3 ②）。

Column⑬ 三者間相殺の可否 ◆◆◆◆◆◆◆◆◆◆◆◆◆◆◆◆◆◆◆◆◆◆◆

　　民法の明文で認められている場合以外に，三当事者間での相殺が認められることがありうるかについては議論がある（三当事者全員の合意があれば相殺は可能であると解されており，問題となりうるのは法定相殺の可否である）。A について倒産手続（民事再生手続）が開始した後，A に対して債務 α を負う B が，A に対して債権 β を有する C の同意を得て債務 α と債権 β を相殺することができるかが争われた事案において，最判平 28・7・8 民集 70 巻 6 号 1611 頁は，「民事再生法 92 条〔1 項〕は……民法 505 条 1 項本文に規定する 2 人が互いに債務を負担するとの相殺の要件を，再生債権者がする相殺においても採用しているものと解される」と判示し，三者間相殺を認めなかった（この事案では B と C は関連会社だったが，それでも相殺が認められなかった）。この判例からすれば，倒産手続以外の局面においても，三者間の法定相殺は認められないことになろう。

◆◆◆◆◆◆◆◆◆◆◆◆◆◆◆◆◆◆◆◆◆◆◆◆◆◆◆◆◆◆◆◆◆◆◆◆◆◆◆

両債権が同種の目的を
有すること

相殺によって消滅する両債権は，同種の目的をもつものでなければならない。したがって，相殺が可能なのは種類債権のみであるが，現実にはそのうちの金銭債権について相殺が行われるケースがほとんどである。

なお，双方の債務の履行地が異なっていても相殺は可能であるが，相殺を行う者は，これによって相手方に生じた損害を賠償しなければならない（507条）。

両債権の弁済期が
到来していること

505条1項によれば，相殺するためには双方の債務が弁済期にあることが必要とされる。自働債権については，この要件が文言どおり要求される。自働債権の弁済期が到来していないにもかかわらず相殺ができるとすると，相手方は期限前の弁済を強制されたのと同様の結果となってしまうからである。これに対し，受働債権については，505条1項の文言にもかかわらず，弁済期の到来は問題とならない。なぜならば，期限は債務者の利益のために定めたものと推定されるので（136条1項），相殺を行おうとする者は，みずからが負っている債務（受働債権）の期限の利益を放棄すれば足りるからである（同条2項）。

Case 11-3

AはBに対して金銭債権αを有しており，その弁済期もすでに到来している。他方，BもAに対して金銭債権βを有しているが，その弁済期は未到来である。Aは債権αと債権βを相殺することができるか。Bはどうか。

Case 11-3のAは，自働債権である債権αの弁済期が到来しているので，受働債権である債権βの期限の利益を放棄したうえで相殺をすることができる。これに対してBは，自働債権である債権βの弁済期が到来していないため，相殺を行うことはできない。

ただし，銀行などの金融機関は，借主の信用状態の悪化を示す一定の事由が生じた場合には借主が債務の期限の利益を失う旨の約定をあらかじめ結んでおき，これによって弁済期が到来した貸付債権

（自働債権）と預金債務（受働債権）とを相殺して債権回収ができるようにしている（⇒**5**）。

債務の性質が相殺を許さないものでないこと

債務の性質によっては，他の要件が備わっていても相殺ができない場合がある（505条1項ただし書）。たとえば，2人が互いに農作業を手伝う債務（なす債務）を負っている場合や，互いに深夜に騒音を出さない債務（なさざる債務）を負っているような場合において，仮に相殺が認められるとすると，前者の例では互いに独力で農作業を行わなければならなくなるし，後者では互いに騒音を出してよいことになってしまう。これらの債務は，互いに現実に履行されることによってのみ意味をもつものなので，相殺することはできない。

4 相殺の禁止・制限

相殺が禁止・制限される場合

3で挙げた要件をすべて満たしていても，相殺が許されない場合がある。それは，①自働債権に抗弁権が付着している場合，②当事者が相殺禁止・制限の意思表示をした場合，③受働債権が不法行為等により生じた債権である場合，④受働債権が差押禁止債権である場合，⑤受働債権が差押えを受けている場合である。⑤は特に重要なので**5**で詳細に検討するとして，以下では①～④について説明する。

Case 11-4 ——————————————————————————

AはBに対して貸金債権αを有している。他方で，BはAに対して自動車甲を販売し，代金債権βを有しているが，BはまだAに甲を引き渡していない。Aから債権αの弁済を求められたBは，債権βを自働債

権として債権αと相殺することができるか。

自動債権に抗弁権が
付着している場合

Case 11-4 では，A は，B が甲を引き渡すまでは債権 β の弁済を拒むことができるはずである（同時履行の抗弁。533 条）。しかし，ここで仮に B による相殺を認めると，A は弁済を拒む正当な理由を有しているにもかかわらず，その意に反して債権 β の弁済を強制されたのと同じことになってしまう。そこで，明文はないが，自働債権に同時履行の抗弁や催告・検索の抗弁（452 条，453 条）などの抗弁権が付着している場合には，相殺はできないと解されている。

ただし，自働債権に同時履行の抗弁権が付着していても相殺ができる場合がある。請負契約において，請負人がした仕事に契約不適合があるときは，注文者は請負人に対して損害賠償請求権を取得する（559 条，564 条，415 条）。この損害賠償請求権と請負報酬債権とは同時履行の関係に立つが（533 条かっこ書），注文者は，前者を自働債権，後者を受働債権として，これらの債権を相殺することができるとされている（最判昭 51・3・4 民集 30 巻 2 号 48 頁，最判昭 53・9・21 判時 907 号 54 頁）。この場合，損害賠償請求権は実質的には報酬債務の減額をもたらす機能を有するものであり，両債権について相互に現実の履行をさせるべき必要性は特にないから，相殺を認めても請負人に抗弁喪失の不利益を与えることにはならない。

なお，受働債権に抗弁権が付着している場合には，受働債権の債務者は，これを行使せずに相殺することができる（Case 11-4 の A は，債権 β について同時履行の抗弁を主張せず，債権 α と債権 β を相殺することができる）。

相殺禁止・制限の意思
表示をした場合

当事者は，相殺を禁止・制限する旨の合意をすることがある。この合意により，当事者は，みずからの債権が相殺されて現実の弁済を受けられないという事態を回避することができる。ただし，債権の一方が譲渡されたような場合には，この相殺禁止・制限の意思表示は，第三者（債権の譲受人など）がこれを知り，または重過失により知らなかったときに限ってその第三者に対抗することができる（505条2項）。

受働債権が不法行為等
により生じた場合

①悪意による不法行為に基づく損害賠償の債務を受働債権とする相殺や，②人の生命・身体の侵害による損害賠償の債務を受働債権とする相殺はできない（509条）。これらの相殺が禁止される理由はそれぞれ異なる。

　①は，不法行為の誘発の防止をその根拠とする。つまり，自働債権の弁済を受けられない債権者が，腹いせに債務者に対して不法行為を行い，これによって負担する損害賠償債務を受働債権として相殺することを禁ずる趣旨である。このことから，ここでいう「悪意」とは，単に何かを「知っている」という意味ではなく，「積極的に損害を加える意図」を指すと解されている。

　②は，生命・身体を侵害された被害者に現実の賠償を受けさせるべきであるとの配慮に基づく（「薬代は現金で」などといわれる）。損害賠償債権の発生原因は，不法行為による場合と債務不履行（安全配慮義務違反など）による場合が考えられるが，そのいずれであっても相殺は禁止される。

　なお，これらの債権が譲渡された場合は，相殺禁止による保護を譲受人に与える必要はないので，これを受働債権とする相殺は禁じられない（同条ただし書）。また，これらの債権を自働債権とする相

殺を被害者の側から行うことは，本条の趣旨に抵触しないため可能である。

差押禁止債権を受働債権とする相殺

法律によって差押えを禁じられた債権を受働債権とする相殺はできない（510条）。法律が債権の差押えを禁止するのは，債権者がその債権につき現実の給付を受けるのを保障するためだから，これらの債権を受働債権とする相殺も禁止することによって，債権者の保護を貫徹させようという趣旨である。差押禁止債権の例としては，給与債権の4分の3に相当する部分（民執152条1項2号）や労働災害補償受給権（労基83条2項）などが挙げられる。

　なお，賃金債権（給与債権）には全額払の原則（労基24条1項）があり，差押禁止の部分（4分の3）にとどまらず全額について相殺が禁止されると解されている。

5 差押えと相殺

Case 11-5

　AのBに対する金銭債権αが，Aの債権者Cによって差し押さえられた。Bは，Aに対して金銭債権βを有している。このときBは，債権βを自働債権とし，債権αを受働債権とする相殺をすることができるか。

差押えを受けた債権を受働債権とする相殺

債権が差し押さえられた場合には，第三債務者（B）は自己の債権者（A）に弁済しても，その効力を差押債権者（C）に対抗することができない（481条1項⇒第10章3①）。それにもかかわらず，ここで無制限に相殺を認めると，481条の趣旨が没却されてしまう（Bが債権αを弁済する代わりに同額をAに貸し，これによって得た債権β

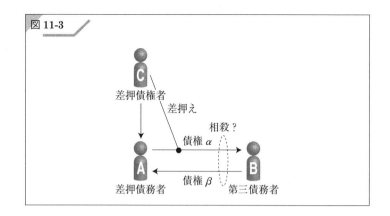

図 11-3

C
差押債権者
差押え
相殺？
債権 α
A
差押債務者
債権 β
B
第三債務者

と債権 α とを相殺すれば、481 条の適用を回避できてしまう）。他方、差押えよりも前にすでに債権・債務が対立していた場合には、差押えという第三債務者のあずかり知らない事情によって相殺の期待が害されるのは妥当ではない。そこで、これらの利害調整のために、511 条 1 項のルールが設けられている。それによれば、差押えを受けた債権の第三債務者は、差押え後に取得した自働債権による相殺をもって差押債権者に対抗することはできないが、差押え前に取得した自働債権による相殺は対抗することができる。

Case 11-5 に即してこのルールを説明すると、差押えを受けた債権 α の債務者である B は、債権 β の取得が差押えの前であれば、これと債権 α との相殺を C に対抗することができる。これに対し、債権 β の取得が差押えの後であれば、これと債権 α とを相殺しても C に対抗することはできない。

自働債権が差押え前の原因に基づいて差押え後に生じた場合

511 条 1 項によれば、受働債権の差押え後に取得した債権を自働債権とする相殺は認められない。ただしこれには例外があり、自働債権が差押え前の原因に基づく場合は、その発生が差押え後で

あっても，相殺を差押債権者に対抗することができるとされている（同条2項）。これは，受働債権の差押えの時点ですでに自働債権の発生原因が存在している以上，この場合も第三債務者は相殺に対する合理的な期待を有しており，これを保護する必要があると考えられるためである。これに対し，第三債務者が差押え後に他人の債権を取得したときは，相殺に対する合理的な期待が認められないため，その債権が差押え前の原因に基づいて生じたものであったとしても，これを自働債権とする相殺は許されない（同項ただし書）。

511条2項の「差押え後に取得した債権が差押え前の原因に基づいて生じた」という要件に該当するのは，どのような場合だろうか。これについては今後の判例の蓄積を待たなければならないが，同様の規律をもつ倒産法上の相殺権に関する議論が参考になるだろう（破2条5項，72条2項2号など参照⇒**Web** 511条2項と倒産法の相殺権に関する規定との関係）。たとえば，AのBに対する債権（受働債権）をCが差し押さえる前に，AがDに対して負う債務につきBがAの委託を受けて保証人となっており，差押え後にBが保証債務を履行してAに対する求償権（自働債権）を取得した場合などは，511条2項により相殺が認められると解されよう（最判平24・5・28民集66巻7号3123頁参照）。また，差押え前に請負人と注文者が複数の請負契約を締結していた場合において，これらの請負契約中に，工期内に工事が完成しなければ注文者が違約金債権を取得する旨の約定があるときは，未払の請負報酬債権に対する差押えがされた後に注文者が取得する違約金債権は，差押え前の原因に基づいて生じたものといえるので，注文者は，違約金債権と報酬債務が同一の請負契約から生じたものであるか否かにかかわらず，これらの債権・債務を相殺することができると解される（最判令2・9・8民集74巻6号1643頁参照）。

Web 511条2項と倒産法の相殺権に関する規定との関係　❖❖❖

　平成29年改正前の511条は，自働債権の取得時期が差押え後であれば相殺を差押債権者に対抗できないとだけ規定していたため，差押え時において自働債権発生の原因のみが存するにすぎない場合には，相殺は認められないと解される可能性があった。これに対し，破産法では，自働債権が破産債権（破産者に対し破産手続開始前の原因に基づいて生じた債権。破2条5項）であれば，原則として相殺が認められている（同67条1項）。また，破産者が支払不能などの危機時期に陥った後に破産債権を取得した場合は，これを自働債権とする相殺は禁止されるが（同72条1項2号〜4号），この破産債権の取得が危機時期の認識時より前に生じた原因に基づくときは，例外的に相殺が許容される（同条2項2号）。民事再生法や会社更生法にも，これらと同様の規定がある。

　倒産時には通常時よりもさらに強く債権者平等が要請されるが，相殺が認められるとその債権者のみが優先的な回収を受けられる結果となるため，倒産手続において相殺ができる範囲は通常時よりも狭くするべきであるという見解が有力である。しかし，自働債権が倒産手続開始前の原因に基づいて倒産手続開始後に発生した場合は相殺が認められるのに，自働債権が差押え前の原因に基づいて差押え後に発生した場合は相殺が認められないとすると，むしろ倒産法よりも民法のほうが相殺できる範囲が狭いという逆転現象が生じてしまう。そこで改正法は，511条に2項を追加し，倒産法の規律と横並びに，民法上も差押え前の原因に基づいて生じた債権であれば自働債権とすることができるとしたのである。

　この立法の経緯からすれば，どのような場合に自働債権が「差押え前の原因に基づいて生じた」といえるかを検討するにあたっても，倒産法の議論を参照することが有益であろう。

❖❖❖

*Column*⑭　511条2項と469条2項の違い　●●●●●●●●●●●●●●●

　469条2項2号は，自働債権が債権譲渡の対抗要件具備時より後

の原因に基づくものであっても，自働債権と受働債権が同一の契約から生じた場合には，両債権の相殺をもって受働債権の譲受人に対抗することができるとしている（⇒第 15 章 3 ②）。対抗要件具備時にすでに自働債権の発生原因となる契約が締結されている場合は同項 1 号が適用されるから，2 号の適用対象となるのは将来債権譲渡の場合である。

469 条 2 項 2 号と同様の規律は，差押えと相殺に関する 511 条には設けられておらず，債権譲渡と相殺の場合に固有のルールとなっている。これは，将来債権譲渡がされた後も譲渡人との間の取引関係を維持・継続するインセンティブを債務者に与えるために，差押えと相殺の場面よりもさらに広く債務者の相殺期待を保護したのだと説明されている。自働債権と受働債権が発生原因をともにする場合は，両債権の間に牽連関係が認められるから，それらの相殺を広く認める 469 条 2 項 2 号の規律は理に適っている。だが翻って，それならば差押えと相殺に関する 511 条にも同様の規律を設けるべきだったのではないかという立法論的批判はありえよう。

Case 11-6 ━━━━━━━━━━━━━━━━━━━━━━━━━━━━━━━━

5 月 1 日，Ａの B 銀行に対する預金債権 α が，Ａの債権者 C によって差し押さえられた。B は，差押えの前から，Ａに対して貸付債権 β を有している。債権 α の弁済期は 6 月 1 日，債権 β の弁済期は 7 月 1 日である。

❶ B は，債権 β を自働債権，債権 α を受働債権とする相殺を行うことができるか。

❷ Ａと B との間で，「債権 α について差押命令が発せられると債権 β についてＡの期限の利益が失われる」という特約がされていた場合はどうか。

受働債権の差押えよりも前に自動債権を取
得していれば，自動債権・受働債権の弁済
期が差押えの後に到来する場合でも，常に
相殺を認めてよいだろうか。差押えの時点で自動債権・受働債権とも弁済期が到来して相殺適状になっていなければならないという見解もあるが，これは少数説であり，平成 29 年改正前は，自動債権の弁済期が受働債権の弁済期よりも前に到来する場合に限って相殺を認める見解（制限説とよばれる）と，自動債権・受働債権の弁済期の先後を問わずに相殺を認める見解（無制限説とよばれる）が鋭く対立してきた。最高裁は，当初は制限説の立場を採っていたが（最大判昭 39・12・23 民集 18 巻 10 号 2217 頁），後に判例変更を行って無制限説の立場に転じた（最大判昭 45・6・24 民集 24 巻 6 号 587 頁）。

　平成 29 年改正前の旧 511 条は，「支払の差止めを受けた第三債務者は，その後に取得した債権による相殺をもって差押債権者に対抗することができない」とだけ規定していた。無制限説の結論はこれを反対解釈することによって導かれるが，学説では制限説もなお有力であった。そこで，改正後の 511 条 1 項は，「……差押え前に取得した債権による相殺をもって対抗することができる」という文言を追加することにより，無制限説の立場を採用することを明らかにした。

　Case 11-6 **1**では，自動債権（債権 β）の弁済期は受働債権（債権 α）の弁済期に後れるが，この場合でも，自動債権の弁済期が到来すれば B は相殺を行うことができる。

　◆「差押えと相殺」に関する平成 29 年改正前の議論　平成 29 年改正前に特に争いがあったのは，Case 11-6 のように，差押えの時点で自動債権・受働債権とも弁済期が到来しておらず，かつ自動債権の弁済期が受働債権の弁済期に後れる場合の相殺の可否であった。

この場合のＢは，差押えの時点（５月１日）で相殺をすることができないのみならず，債権αの弁済期が到来した時点（６月１日）でも，自働債権である債権βの弁済期が到来していないため，依然として相殺を行うことができない。Ｂが相殺しようとすれば，６月１日に弁済期が到来した債権αの弁済を拒絶しつつ，債権βの弁済期が到来する７月１日まで待つほかはないが，制限説は，このように自己の債務の履行を遅滞してまで相殺しようとするＢの態度は保護に値しないと評価するものであった。

しかし，これに対しては，無制限説の立場から強い批判が加えられた。銀行取引では，貸付債権（自働債権）と預金債務（受働債権）のいずれの弁済期が先に到来するかは偶然に左右されるのに，それ次第で相殺の可否が決せられるというのは不合理だというのである。

前掲・最大判昭45・6・24はこの主張を容れ，相殺権を行使する債権者の「受働債権につきあたかも担保権を有するにも似た地位」を尊重すべきであるとして，無制限説に転じた。それ以降，無制限説は判例法理として約半世紀にわたって安定的に運用されてきたため，改正法はこの立場を明文化することとした。

差押えと相殺予約　無制限説によった場合でも，自働債権・受働債権の弁済期が到来して相殺適状にならない限り，第三債務者は相殺することができない。Case 11-6 でも，Ｂが相殺できるようになるのは，債権βの弁済期が到来する７月１日以降である。しかし他方で，Ｂは６月１日以降は債権αについて履行遅滞に陥っており，Ｃから債権αの取立てを受けるおそれがある（民執155条１項）。

このような事態を避けるため，銀行の貸付契約には，Case 11-6 **2**のように，借主が有する預金債権に対して差押命令が発せられた時点で借入債務の期限の利益が失われるとする条項（一般に相殺予約とよばれることが多い）が含まれているのが通常である。差押えの効力は差押命令が第三債務者に送達された（届いた）時に生じるので

（民執145条5項），この条項によれば，銀行の側からみた自働債権
である貸付債権は，差押えの時点で常に弁済期が到来していること
になる（Case 11-6 **2**でも，債権αの差押えによって債権βの弁済期が到
来するため，Bはただちに債権αと債権βを相殺することができ，債権α
について履行遅滞に陥るのを避けられる）。前述の最大判昭45・6・24
は，相殺予約が契約自由の原則上有効であることは論をまたないと
して，その有効性を一般的に承認している。

とはいえ，相殺予約の存在が外部に知られていない場合にまで，
差押債権者に対してその効力を主張できるとすると，差押債権者が
不測の損害を被るおそれがある。学説のなかには，最大判昭45・
6・24に付された大隅健一郎裁判官の意見を参照し，自働債権と受
働債権が相互に密接な牽連関係に立つ場合や，相殺予約の存在が広
く知られている場合などに限り，相殺予約の効力を第三者にも対抗
することができると解するものがみられる。

Web 物上代位と相殺　❖❖❖❖❖❖❖❖❖❖❖❖❖❖❖❖❖❖❖❖❖
　担保物権の目的物の賃貸等によって債務者が金銭債権を取得する
場合には，担保権者はこの債権からも優先弁済を受けることができ
る。これを物上代位という（304条，350条，372条）。
　担保権者が物上代位を行うためには債権を差し押さえる必要があ
るが（304条1項ただし書），この差押えと相殺との関係について，
判例は511条とは異なる規律を採用している。すなわち，最判平
13・3・13民集55巻2号363頁は，「抵当権者が物上代位権を行使
して賃料債権の差押えをした後は，抵当不動産の賃借人は，抵当権
設定登記の後に賃貸人に対して取得した債権を自働債権とする賃料
債権との相殺をもって，抵当権者に対抗することはできない」と判
示し，自働債権が（差押えの後ではなく）抵当権設定登記の後に取得
された場合には相殺を認めないこととしている。これは，賃料債権
が物上代位の対象となりうることが，抵当権設定登記を通じて公示

されているとみることによって正当化される（⇒詳細は*民法 3 担保物権*参照）。

6 相殺の方法・効果

> 相殺の方法

3 で挙げた相殺の要件を満たし，*4* で述べた相殺の禁止・制限にも抵触しない場合には，当事者の一方が相手方に対して相殺の意思表示をすることによって相殺の効力が生じる（506条1項前段）。

相殺の意思表示には条件や期限を付すことができない（506条1項後段）。条件を付すことは，条件の成否が判明するまでの相手方の立場を不安定にするし，期限を付すことは，次に述べるとおり相殺に遡及効があるため無意味だからである。

> 相殺の効果

相殺の意思表示により，自働債権・受働債権のそれぞれが対当額の限度で消滅するが，この消滅の時期は相殺適状となった時点にまで遡る（506条2項）。このように相殺の意思表示に遡及効が認められる理由は，相殺適状に達すれば当事者は両債権がすでに決済されたと考えるのが通常だからである。

相殺の意思表示が行われると，相殺適状となった時点以後の利息は発生しなかったものとして扱われるし，履行遅滞もなかったことになる。ただし，相殺の意思表示を行う前に契約が履行遅滞を理由として解除された場合には，相殺の遡及効によって解除の効力を覆すことはできない（最判昭32・3・8民集11巻3号513頁）。

> 相殺の充当

自働債権・受働債権の一方または双方が複数ある場合において，当事者が別段の合意

をしなかったときは，相殺適状に達した時期の順序に従ってどの債権・債務が相殺されるかを決定する（512条1項）。これに加え，自働債権が受働債権の全部を消滅させるのに足りないときや，受働債権が自働債権の全部を消滅させるのに足りないときは，弁済充当に関する488条4項2号〜4号・489条が準用される（512条2項・3項）。当事者の債権に，1個の債権の弁済として数個の給付をすべきものがある場合についても，これと同様に扱われる（512条の2）。

第12章 その他の債権消滅原因

代物弁済は，本来の給付に代えて他の給付をすることで債権を消滅させるものであり，担保の機能を有することがある。弁済供託は，債権者の協力が得られないなどの理由で債務者が弁済できない場合に用いられる。更改は，債務を消滅させ，代わりに新たな債務を発生させるというものである。免除は，債権者の単独行為であり，これによっても債権は消滅する。混同は，債権と債務が同一人に帰属したときに生じ，このとき債権は存続の意味を失って消滅する。

本章では，民法の「第3編 債権」「第1章 総則」「第6節 債権の消滅」に定められた債権の消滅原因のうち，弁済と相殺以外のこれら5つについて説明する。

1 代 物 弁 済

代物弁済の意義

弁済者が，債権者との間で，本来負担していた給付に代えて他の給付をすることにより債務を消滅させる旨の契約をし，かつ現実にそれを給付したときは，その給付は弁済と同一の効力を有する（482条）。これを代物弁済という。たとえば，金銭債務を負っているが手元に資金がない債務者が，自己の所有する土地を債権者に譲ることで金銭の支払に代えることを債権者と約したうえで，土地の所有権を確定的に債権者に移転すれば，これにより債務は消滅する。当初予定されていたのとは異なる給付がされる点では，*3* で説明する更改と共通するが，更改が旧債務を消滅させる代わりに新債務を発生させるのに対して，

代物弁済は当初の債務に満足を与えて消滅させる点で異なる。

代物弁済契約は諾成契約であるが，債権の消滅という効果が生じるのは，代物の給付が実際にされた時点である。代物弁済契約が締結された後に，債権者が本来の給付を請求することができるか，あるいは債務者が本来の給付を履行することができるかは，代物弁済契約の解釈によって定まる。

| 代物弁済の機能 | 代物弁済は担保として用いられることがある。金銭債務を負う者が，あらかじめ債権者との間で，債務を弁済できないときは自己の所有する不動産で代物弁済することを約する場合がそれである。これを代物弁済予約といい，順位保全のために仮登記がされることが多い。

代物弁済予約は，代物の価値が債務額を大きく超過している場合には暴利行為となりかねないため，判例により，差額を清算金として債務者に支払うべき義務が債権者に課されるようになった。この判例法理は，1978 年に「仮登記担保契約に関する法律」として立法化されている（⇒*民法 3 担保物権*参照）。

| 要件・効果 | 代物弁済の要件は，①債権が存在すること，②代物弁済契約が締結されること，③本来の給付とは異なる給付がされることである。①の要件を欠く場合には，給付された物は不当利得（703 条，704 条）として債務者に返還されなければならない。③について，給付がされたといえるためには，登記や引渡しなど対抗要件の具備まで行われる必要がある（最判昭 39・11・26 民集 18 巻 9 号 1984 頁，最判昭 40・4・30 民集 19 巻 3 号 768 頁）。

①〜③の要件が満たされると，債権は代物弁済によって消滅する。ただし，代物弁済契約も有償契約であるから売買に関する規定が準用され（559 条），契約の内容に照らして代物の種類・品質・数量が

不適合である場合には，債権者は追完請求・損害賠償請求・解除を行うことができる（562条以下）。

2 弁済供託

弁済供託の意義・機能

弁済供託とは，弁済者が債権者のために弁済の目的物を供託所に寄託することによって，債務を消滅させることをいう（494条）。

債権者が弁済を受領しない場合には，債務者は弁済の提供をすることによって債務不履行責任を免れることができる（492条⇒第4章2②）。しかし，これだと債務者が依然として債務を負っていることにかわりはなく，債務者は，債権者が履行を請求してくればそれにただちに応じられる状態を保っておかなければならない。また，債務が消滅しないので，設定した担保もそのまま存続してしまう。そこで，債権者の協力が得られないなどの理由で弁済ができない債務者には，弁済の目的物を供託することによって債務を一方的に消滅させるという手段が与えられているのである。

なお，供託にはほかにも，担保供託（366条3項，461条2項など）・保管供託（394条2項，578条など）・執行供託（民執156条）・譲渡制限特約付き債権が譲渡された場合の供託（466条の2，466条の3⇒第15章2②）などの種類があるが，ここでは債権消滅原因として規定されている弁済供託についてのみ説明する。

弁済供託の要件
（供託原因）

弁済供託はどのような場合にも認められるというわけではない。弁済供託の要件は供託原因とよばれるが，494条は供託原因として次の3つを定めている。

(1) 債権者が弁済の受領を拒んだとき（494条1項1号）　　平成29

年改正前は，債権者があらかじめ弁済の受領を拒絶している場合にも，債務者はやはり弁済の提供を行ったうえでなければ供託することができないのかが議論されていた。改正後の条文には「弁済の提供をした場合において」という文言が加わっているが，これは，このような場合であっても供託に先立って弁済の提供を行わなければならないという趣旨である。ただし，この場合の弁済の提供は口頭の提供で足りる（493条ただし書）。

(2) **債権者が弁済を受領することができないとき**（494条1項2号）ここでいう債権者の受領不能は，履行すべき時期に債権者が履行場所にいないなどの場合も含むものとして，広く解されている。また，受領できないことについての債権者の帰責事由も要しない。

(3) **債権者を確知することができないとき**（494条2項）　たとえば，債権の二重譲渡がされたが，どちらの譲渡が先に第三者対抗要件を備えたか明らかでない場合などがこれに該当する（⇒第15章4②）。ただし，債権者を確知できないことについて弁済者に過失があるときは，供託は認められない（同項ただし書）。

> **弁済供託の手続**

弁済供託は債務の履行地の供託所にしなければならない（495条1項）。供託所は，目的物が金銭・有価証券の場合は法務局等（供1条），それ以外の物品の場合は法務大臣の指定する倉庫営業者または銀行である（同5条1項）。これらによっても供託所が定まらない場合には，裁判所は，弁済者の請求により供託所の指定・供託物の保管者の選任を行わなければならない（495条2項）。供託をした弁済者は，遅滞なく債権者に供託の通知をしなければならない（同条3項）。

弁済供託は債権の消滅をもたらすものであるから，債務の本旨に従った弁済と同一内容の目的物が供託されなければならない。したがって，金銭債務の一部のみを供託しても弁済供託の効力は生じな

いのが原則である。もっとも，不足額がわずかである場合には，供託された金額の限りで弁済供託が有効とされることはありうる。

弁済の目的物が供託に適しない，滅失・損傷などによる価格の低落のおそれがある，保存に過分の費用を要するなどの事情がある場合には，弁済者は，裁判所の許可を得て，目的物を競売したうえでその代金を供託することができる（497条）。

弁済供託の効果 債務の本旨に従った弁済と同一内容の目的物が供託されれば，債権は消滅する（494条1項後段）。ただし，弁済者が供託物を取り戻した場合は，供託ははじめからされなかったものとみなされる（496条1項後段）。

弁済者は，①債権者が供託を受諾したとき（496条1項），②供託を有効と宣告した判決が確定したとき（同項），③供託によって質権または抵当権が消滅したとき（同条2項），④取戻権を放棄したとき，⑤取戻権が時効消滅したとき（最大判昭45・7・15民集24巻7号771頁は，紛争の解決などによって債務の不存在が確定するなど，供託者が免責の効果を受ける必要が消滅した時を起算点とする）は，供託物を取り戻すことができなくなる。③の場合に取戻しが認められないのは，いったん付従性によって消滅した担保権が取戻しによって復活すると，後順位抵当権者などの第三者を害するおそれがあるからである。

弁済供託がされると，債権者は，供託所に対して供託物の還付を請求する権利を取得する（498条1項）。ただし，同時履行の抗弁を有する債務者が供託した場合は，債権者は自己の給付をした後でなければ供託物を受領することができない（同条2項）。また，債権者の確知不能を理由に弁済供託がされたときは，供託物の還付を受けようとする者は，「還付を受ける権利を有することを証する書面」を添付しなければならない（供8条1項，供託規則24条1項1号）。

3 更　改

更改の意義・機能　　更改とは，当初あった債務を消滅させ，これに代えて，給付の内容や債権者・債務者が異なる新たな債務を発生させる契約である（513条）。民法は，旧債務が消滅するという側面を捉え，これを債権の消滅原因の1つとして規定している。旧債務と新債務との間には同一性がなく，旧債務に付着していた担保や抗弁権は新債務には引き継がれないのが原則である（ただし518条はこの例外を規定している）。

　更改は，①給付の内容の重要な変更，②債務者の交替，③債権者の交替のいずれかを可能にする。しかし，①については代物弁済が同様の機能を営みうるし，新債務の発生と同時に旧債務が消滅する更改よりも，変更後の給付が履行されてはじめて債務が消滅する代物弁済のほうが，通常の当事者の意思に沿うと考えられる。また，②③もそれぞれ債務引受・債権譲渡によって実現が可能であり，実務でもほとんどの場合これらによっている。このように，更改のもつ役割は大きくなく，実際に用いられる機会は少ない。

更改の要件　　更改が認められるためには，①旧債務の存在・新債務の発生，②債務の内容の変更が必要である。

　まず①について，当然のことながら，更改を行うためには消滅すべき旧債務が存在していなければならない。また，新債務が無効・取消しなどにより発生しないときは，旧債務は消滅しない。

　次に②について，新債務は，旧債務の給付の内容・債務者・債権者のいずれかを変更するものでなければならない。ただし，更改は担保や抗弁権の消滅という強い効果をもたらすものだから，当事者

がこの効果を望む場合に限って更改と認めるべきであるが，実際に当事者がこのような意思をもつ場合は多くない。

> ### 更改の当事者
> 給付の内容の変更による更改は，債権者と債務者との間の合意によって行われる。

債務者の交替による更改は，債権者と新債務者との二者間契約によってすることができるが，その効力が生じるためには債権者から旧債務者への通知が必要である（514条1項）。これは，債権者と引受人との間で行われる免責的債務引受の場合と同様の規律である（⇒第16章3 ②）。

債権者の交替による更改は，債権譲渡と異なり，旧債権者・新債権者・債務者の三者で契約しなければならない（515条1項）。第三者対抗要件としては，確定日付のある証書によることが求められているが（同条2項），これは債権譲渡に関する467条2項と同じである（⇒第15章3 ③）。

> ### 更改の効果
> 更改がされると，旧債務が消滅して新債務が発生する。さらに，債務者の交替による

更改と債権者の交替による更改の場合には，当事者が変更され，旧債務とは異なる当事者の間で債権債務関係が生じる。債務者の交替による更改では，新債務者は旧債務者に対して求償権を取得しない（514条2項）。これも免責的債務引受と同じ規律である（⇒第16章3 ③）。

新旧債務には同一性がないので，旧債務に付いていた担保や抗弁権も消滅する。もっとも，債権者（債権者の交替による更改の場合は旧債権者）は，相手方に対する意思表示により，旧債務の目的の限度において，その債務の担保として設定された質権・抵当権を新債務に移すことができる（518条1項本文・2項）。ただし，これらの担保権の設定者が第三者である場合には，その承諾を得ることを要す

る（同条１項ただし書）。

　新債務が履行されない場合に更改契約を解除しうるかが問題となるが，通説は，（更改は新債務の発生により完結しているから）これは更改契約自体の不履行ではなく，解除はできないと解している。

4　免　除

　債権者が債務者に対し，債務を免除する旨の意思表示をしたときは，その債権は消滅する（519条）。外国の立法例では，免除は債権者・債務者間の契約によるとしているものが多いが，わが国の民法では単独行為とされている。したがって，債務者の意思に反する免除も可能である。

　免除の効果は債権の消滅であるが，これにより第三者の権利を害することはできない。また，免除の対象となる債権は放棄しうる性質のものでなければならない。たとえば，株式会社の株式払込請求権は，資本充実の原則のため免除できないと解されている。

5　混　同

> 混同の意義

相続などによって，債権者としての地位と債務者としての地位が同一人に帰属することがある。たとえば，親が子に貸金債権を有していたが，親が死亡して子が単独相続したという場合や，不動産の賃貸借契約が締結された後に，賃借人がその不動産を賃貸人から譲り受けた場合などである。これらの場合，自分が自分に対して債権を有し続けることに通常は意味がないため，債権は消滅する（520条本文）。なお，物権にも同様の規定がある（179条）。

	混同が生じると，債権は消滅する。ただし，
混同の効果	その債権が第三者の権利の目的となってい

るときには，混同によって消滅することはない（520 条ただし書）。
たとえば，親子間の貸金債権に質権が設定されていたり，差し押さ
えられたりしている場合には，質権者や差押債権者の利益を害すべ
きではないから，相続が開始しても混同による債権の消滅は生じな
い。また，不動産の転借人が賃貸人の地位を承継しても，賃貸借関
係および転貸借関係は当然には消滅しない（最判昭 35・6・23 民集 14
巻 8 号 1507 頁）。

Part5　当事者の複数

　Part5 では，債権・債務の当事者，つまり債権者や債務者が複数いる場合の法律関係について説明する。

　民法第3編第1章第3節「多数当事者の債権及び債務」は，「総則」（427条），「不可分債権及び不可分債務」（428条～431条），「連帯債権」（432条～435条の2），「連帯債務」（436条～445条），「保証債務」（446条～465条の10）の5つの款で構成されている。そこで扱われる債権・債務のうち，保証債務は，主たる債務者がその債務を履行しないときに保証人がその履行をする責任を負う債務であるが（446条1項），主たる債務者と保証人との間に主従関係がある点で特殊であり，**第14章**で別に扱う。

　保証債務以外のものとしては，①分割債権（427条），②分割債務（同条），③不可分債権（428条），④不可分債務（430条），⑤連帯債権（432条），⑥連帯債務（436条）がある。これらは，債権者が複数なのか（①③⑤），債務者が複数なのか（②④⑥。なお，保証債務も債務者複数の場合である）という観点から分類することができる。また，債権・債務の目的が性質上可分であるか否かという観点から分類することもできる。分割債権・分割債務（①②）と連帯債権・連帯債務（⑤⑥）の目的は性質上可分であるのに対し，不可分債権・不可分債務（③④）の目的は性質上不可分である。債権・債務の目的が性質上可分である場合には，原則として分割債権・分割債務（①②）となるが（427条），別段の意思表示または法令の規定がある場合には，連帯債権・連帯債務（⑤⑥）となる。**第13章**では，これら6つの類型の債権・債務を扱う。

第13章の本文は次のとおり。

債権関係の当事者は，常に債権者1人・債務者1人とは限らず，債権者または債務者が複数のこともある。当事者が複数の場合には，複数当事者の債権・債務の内容や行使方法（対外的効力），複数当事者の1人について生じた事由が他の当事者に与える影響（影響関係），複数当事者間における利益や負担の割当て（内部関係）といった問題が生じる。本章では，多数当事者の債権関係を考える際の基本的枠組みを確認したうえで，類型ごとに上記の問題について説明する。ただし，保証については，第14章で別に取り上げる。

1 多数当事者の債権関係とは

① 債権者または債務者の複数

債権関係の当事者は，常に債権者1人と債務者1人であるとは限らず，債権者または債務者が複数いることもある。たとえば，競馬好きのAとBが共同で，Cから競走馬1頭（甲）を代金1000万円で購入したとする。この場合，甲の引渡しを目的とする債権関係の債権者はAとBの2人であり，代金1000万円の支払を目的とする債権関係の債務者はAとBの2人である。また，AとBが共謀してCに危害を加えた場合には，AとBには共同不法行為が成立し，「各自が連帯してその損害を賠償する責任を負う」が（719条1項前段），この損害賠償を目的とする債権関係の債務者はAとBの2人

である。

このように債権者または債務者が複数いる場合には，債権者と債務者がそれぞれ1人の場合とは異なる問題が生じる。たとえば，ABがCから甲を代金1000万円で購入した場合，Aは単独でCに対して甲の引渡しを請求できるのか，それともAとBが共同して甲の引渡しを請求しなければならないのか。他方，CはAに対して代金全額（1000万円）の支払を請求できるのか，それともAとBそれぞれに一部（たとえば500万円ずつ）の支払を請求することしかできないのか。また，ABの共同不法行為によって被害者Cに100万円の損害が生じた場合において，AがCに100万円の賠償金を支払ったときは，AはBに対して分担を求めることができるのか，できるとしてその割合はどのように決まるのか。こうした問題については，対外的効力・影響関係・内部関係という3つの局面に分けて検討するのが分かりやすい。

Web 債権の帰属形態と多数当事者の債権関係 ❖❖❖❖❖❖❖❖❖

複数人で1個の債権を有する場合（準共有。264条）には，債権の帰属形態が問題となりうる。共有物の帰属形態に関しては，伝統的には，共有者間の団体的結合の程度に応じて，総有・合有・共有という3つの形態があるとされており（⇒*民法2 物権法*を参照），債権についても，複数の債権者間に団体的結合がある場合には，債権の総有的ないし合有的帰属を観念することが有用な場合もある。たとえば，組合財産の侵害による損害賠償の債権は組合財産に属し，組合員の1人による単独行使は認められていないこと（大判昭13・2・12民集17巻132頁）や，入会地の売却代金債権が入会権者らに総有的に帰属するとされていること（最判平15・4・11判時1823号55頁）は，債権の帰属形態という観点から説明することができる。

これに対し，多数当事者の債権関係に関する規定（427条以下）は，1個の債権（ないし債務）の帰属形態に着目するのではなく，同一の

給付を目的とする債権（ないし債務）が複数ありうることを前提に，複数の債権者（ないし債務者）と相手方の関係や，複数の債権者（ないし債務者）間の関係を規律している。

⎿2⏌ 対外的効力・影響関係・内部関係

　債権者または債務者が複数の場合の法律関係について考える際には，複数当事者と相手方との関係と，複数当事者間の関係を分けて考えることが有用である。複数当事者と相手方との間では，まず，複数当事者各人の相手方に対する債権，あるいは相手方の複数当事者各人に対する債権の内容がどのようなものであり，どのように行使することができるのかが問題となる（対外的効力）。また，複数当事者の1人と相手方との間で生じた事由が他の当事者にどのような影響を及ぼすのかという問題もある（影響関係）。これに対し，複数当事者の間では，利益または負担をどのように割り当てるのかが問題となる（内部関係）。以下では，対外的効力，影響関係，内部関係のそれぞれについて，問題状況を概観しておこう。

　　　対外的効力　　　　　対外的効力は，次のような問題としてあらわれる。まず，債権者複数の場合には，債権者の1人（X_1 または X_2）が債務者（Y）に対して，全部の履行を請求できるのか，できるとして自己に給付すべきことを請求できるのか。また，債務者複数の場合には，債権者（X）が債務者の1人（Y_1 または Y_2）に対して，全部の履行を請求できるのか，できるとして債権者が複数の債務者に対して同時に請求できるのか。

　　　影　響　関　係　　　　影響関係が問題となる事由のうち主なものは，①弁済およびこれと同視すべき事由，②その他の債権消滅事由，③履行の請求である。複数当事者の1人

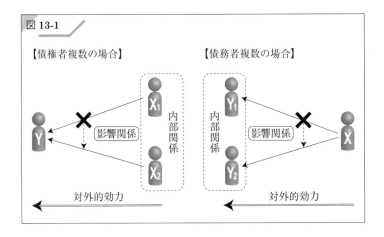

図 13-1

【債権者複数の場合】　　　　　　　【債務者複数の場合】

X₁　内部関係　Y₁

Y　×　影響関係　影響関係　×　X

X₂　　　　　　Y₂

対外的効力　　　　　　　　　　　　対外的効力

についてこれらの事由が生じた場合に，その効力は他の当事者との関係でも認められるのか（絶対的効力），あるいは他の当事者との関係では効力を生じないのか（相対的効力）が問題となる。ここでは，絶対的効力の有無に関し，他の当事者や相手方がどのような利害を有するのかを確認しておこう。

　①弁済と同視すべき事由には，債権が満足を得て消滅する場合である供託（494条）や相殺（505条1項）が含まれる。債権者複数の場合，債権者の1人に対する弁済等に絶対的効力を認めると，弁済を受けなかった他の債権者が不利益を被る可能性がある（YのX₁に対する弁済によってX₂も債権を失うことになる）。これに対し，債務者複数の場合には，債務者の1人による弁済等の絶対的効力を認めても，債権者に不利益はなく（Xは，Y₁の弁済によって満足を得ているのだから，Y₂との関係でも債権が消滅しても問題ない），他の債務者にとっても不都合はない。

　②その他の債権消滅事由には，更改（513条），免除（519条），混同（520条），消滅時効の完成（166条1項）等がある。これらの事由

が生じると，債権は満足を得ることなく消滅するから，債務者複数の場合にも，債権者が不利益を被る可能性がある（たとえば，Y₁との関係で消滅時効が完成したことによってY₂との関係でも債権が消滅することは，Xにとって不利益である）。

③履行の請求にはいくつかの効果があるが，とくに重要なものは時効の完成猶予である（147条〔確定判決等によって権利が確定したときは，時効の更新の効果が生じる〕，150条）。また，債務の履行について不確定期限があるときや期限の定めがないときは，履行の請求によって債務者の履行遅滞責任が生じうる（412条2項・3項）。こうした効果は債権者の利益になるものであるから，履行の請求に絶対的効力を認めることは，債権者に有利であり（X₁のYに対する履行の請求によって，X₂との関係でも時効の完成が猶予されることになる），債務者には不利である（XのY₁に対する履行の請求によって，Y₂との関係でも時効の完成が猶予されることになる）。

内部関係　複数当事者の間では，次のような問題が生じる。まず，債権者複数の場合には，ある債権者（X₁）が債務者から受領した給付等の利益を他の債権者（X₂）にどのように分与すべきかが問題となる。また，債務者複数の場合には，債務者の1人（Y₁）が弁済等をした場合に，その財産上の支出について他の債務者（Y₂）にどのように分担を求めることができるのかが問題となる。後者は債務者間の求償の問題であり，各債務者が分担すべき割合を「負担部分」という。なお，内部関係における割合は，別段の合意がなければ，平等であると考えられる。

2 債権者の複数

　債権者が複数の場合には，分割債権，連帯債権，不可分債権がある。債権の目的がその性質上可分であるものが分割債権と連帯債権，性質上不可分であるものが不可分債権である。債権の目的が性質上可分である場合には，原則として分割債権となるが，別段の合意または法令の規定がある場合には，連帯債権となる。以下，分割債権，連帯債権，不可分債権の順に，それぞれ，対外的効力，影響関係，内部関係に関する規律を見てみよう。

① 分 割 債 権

Case 13-1
　X_1 と X_2 は，共同で，Y に対し，自動車甲を代金 100 万円で売却した。

分割債権とは
　数人の債権者がある場合において，債権の目的がその性質上可分であるときは，債権は各債権者に分割されるのが原則である（427 条は第 1 款「総則」に置かれている）。分割債権とは，この各債権者に分割された債権をいう。

　分割債権の例としては，共有物を共同で売却した場合の代金債権（最判昭 52・9・19 判時 868 号 29 頁，最判昭 54・2・22 判時 923 号 77 頁），共有地が収用された場合の対価金債権（大連判大 3・3・10 民録 20 輯 147 頁），共有物を共同で賃貸した場合の賃料債権（最判平 17・9・8 民集 59 巻 7 号 1931 頁），共有物に対する不法行為による損害賠償債権（最判昭 41・3・3 判時 443 号 32 頁，最判昭 51・9・7 判時 831 号 35 頁）

等がある。

　分割の割合は，別段の意思表示があればそれにより，なければ平
等である（427条）。もっとも，判例は，共有物の売却・賃貸や共有
物に対する不法行為によって生じる債権については，共有持分の割
合に応じて分割されるとするようである（上記各判例参照）。

　Web 可分債権の共同相続　❖❖❖❖❖❖❖❖❖❖❖❖❖❖❖❖❖❖❖❖❖❖❖❖❖❖

　人が死亡すると相続が開始し（882条），相続人が死亡した被相続
人の権利義務を承継するが（896条），相続人が数人ある場合は，相
続財産はその共有に属する（898条1項）。判例によれば，この「共
有」は249条以下に規定する共有と性質を異にするものではないが
（最判昭30・5・31民集9巻6号793頁等），共有状態を解消する手続と
して，遺産分割という特別の手続が規定されている（906条以下）。

　では，相続財産の中に可分の給付を目的とする債権（可分債権）
がある場合，その債権は共同相続人にどのように帰属するのか，ま
た，遺産分割の対象となるのか。この問題について，判例は，可分
債権は「法律上当然分割され各共同相続人がその相続分に応じて権
利を承継するものと解するのを相当とする」という（最判昭29・4・
8民集8巻4号819頁〔不法行為による損害賠償債権〕）。そうすると，相
続財産中の可分債権は，分割債権として各相続人にそれぞれ帰属し
（427条。ただし，分割割合は相続分による），共有状態を生じないから，
遺産分割の対象とならないことになる。

　問題は，上記のような扱いを受ける「可分債権」の範囲であり，
とくに問題になるのは預貯金債権である。判例は，預貯金債権も
「可分債権」にあたるとの従来の立場を変更し，預貯金債権は「相
続開始と同時に当然に相続分に応じて分割されることはなく，遺産
分割の対象となる」と判示するに至った（最大決平28・12・19民集
70巻8号2121頁，最判平29・4・6判時2337号34頁）。預貯金債権の当
然分割が否定されるべき根拠は，預貯金債権の内容や性質（同一債
権でありながら常に残高が変動すること〔普通預金〕や，契約上分割払戻し
が制限されていること〔定期預金〕）のほか，預貯金は，具体的な遺産

分割の方法を定める際の調整に資する財産である点で現金に近いという実質に求められる。

　なお，これにより共同相続人が遺産分割前に単独で預貯金の払戻しを受けることはできなくなるが，葬儀費用等の支払に不便が生じるとの懸念に対応するため，2018年改正により909条の2が新設され，一定の範囲で単独での権利行使が認められている。

❖⟡❖⟡❖⟡❖⟡❖⟡❖⟡❖⟡❖⟡❖⟡❖⟡❖⟡❖⟡❖⟡❖⟡❖⟡❖⟡❖⟡❖⟡❖

> 対外的効力

　分割債権は，複数債権者の各人に分割された債権であり，それぞれの債権は独立している。したがって，各債権者は，単独で，自己に分割された債権を行使することができる。たとえば，Case 13-1において，代金債権はX₁とX₂に分割され，別段の意思表示がなければ，分割割合は半分ずつである。この場合，X₁およびX₂はそれぞれ単独で，Yに対し，50万円の支払を請求することができる。

　もっとも，分割債権が契約から生じたものである場合には，同時履行の抗弁（533条）等，契約法上の制約を受ける。したがって，Case 13-1において，Yは，甲が引き渡されるまでは（厳密にいえば，弁済の提供〔492条〕がされるまでは）代金の支払を拒絶することができる。また，契約の解除は，全員からまたは全員に対してしなければならない（544条1項）。したがって，Case 13-1において，X₁がYの債務不履行を理由に契約の解除をしようとするときは，X₂とともにしなければならない。

> 影　響　関　係

　分割債権の場合，各債権者の債権は独立しているから，債権者の1人に生じた事由が他の債権者に影響を及ぼすことはない。Case 13-1において，YがX₁に50万円を弁済したとしても，そのことがX₂に影響することはないし，X₁のYに対する債権について消滅時効が完成したとし

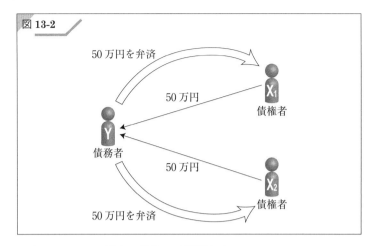

図 13-2

50万円を弁済

50万円

X₁
債権者

Y
債務者

50万円

X₂
債権者

50万円を弁済

ても，X₂ の Y に対する債権には影響しない。

内部関係

　分割の割合に関する 427 条は対外的効力に関する規定であり，複数債権者が合意によって内部関係における割合をこれとは別に定めることは可能である。別段の合意がなければ，対外的割合と対内的割合は同じであり，この場合には，分与の問題は生じない。これに対し，対外的割合と異なる対内的割合が合意された場合には，分与の問題が生じうる。具体的には，対外的割合が対内的割合より大きい場合において，債権者の 1 人が対内的割合を超えて自身の債権の弁済を受けた場合には，その差を他の債権者に分与しなければならない。たとえば，Case 13-1 において，X₁・X₂ 間で対内的割合を 1：3 とする合意がされていた場合において，Y が対外的割合（1：1）に従って X₁ に 50 万円を弁済したときは，X₁ は X₂ に対して 25 万円を分与しなければならない。

② 連 帯 債 権

Case 13-2

X_1 と X_2 は，共同で，その共有する建物甲を Y に賃貸し，賃料債権を連帯債権とする旨の意思表示をした。現時点における未払い賃料の額は 100 万円であり，X_1・X_2 は Y に対して 100 万円の連帯債権を有しているといえる。

┌─────────────┐
│　連帯債権とは　│　　　　　連帯債権とは，債権の目的がその性質上可
└─────────────┘　　　　　分である場合において，複数の債権者がい

るときに，各債権者が全ての債権者のために全部または一部の履行を請求することができ，債務者は，全ての債権者のために各債権者に対して履行をすることができるという債権である。連帯債権は，法令の規定または当事者の意思表示によって成立する（432 条）。

　連帯債権に関する規定は，旧民法には存在したが（債権担保編 74 条以下），明治民法の起草過程で，実際には適用例がほとんどないとの理由で削除された。2017 年改正では，当事者の意思表示による不可分債権（旧 428 条）という類型の廃止に伴い，連帯債権に関する規定が置かれた。これが具体的にどのような場面で適用されるかは定かでないものの，たとえば，適法な転貸借がされた場合の法律関係（613 条 1 項）や，債権の二重譲渡がされ，確定日付ある証書による通知が同時に到達したときの法律関係（⇒第 15 章 4 ②）について，連帯債権の概念を用いた説明をすることもできるだろう。

　なお，意思表示による連帯債権の成立を認定する際には，慎重さが必要である。というのも，以下でみるように，連帯債権者の 1 人が債務者から弁済を受けた場合には，債権は消滅し，他の債権者は内部関係において分与を求めることしかできない（つまり，弁済を受

領した債権者の無資力リスクを他の債権者が負担することになる）点で，債権者にとって危険が大きいからである。

対外的効力 連帯債権の債権者はそれぞれ，全ての債権者のために，全部または一部の履行を請求することができる。また，債務者は，全ての債権者のために各債権者に対して履行をすることができる。したがって，Case 13-2 において，X_1 も X_2 も単独で，Y に対し，100 万円の支払を請求することができる。また，Y が X_1 または X_2 のいずれかに 100 万円を支払えば，X らの賃料債権は消滅する。

影 響 関 係 影響関係については，相対的効力の原則が採用されており，連帯債権者の 1 人について生じた事由は他の連帯債権者に対してその効力を生じないのが原則である（435 条の 2 本文）。もっとも，これは任意規定であり，影響を受ける連帯債権者および債務者が別段の意思を表示したときは，当該債権者にも効力がおよぶ（同条ただし書）。また，相対的効力の原則に対する例外として，次の事由が定められている。

（1） 弁済およびこれと同視すべき事由　連帯債権の場合，債務者は全ての債権者のために各債権者に対して履行をすることができるのであるから（432 条），弁済には絶対的効力がある。Case 13-2 において，Y が X_1 に対して 100 万円を弁済した場合には債権は全部消滅し，X_2 は Y に対して履行を請求することができなくなる。供託についても同様である。また，相殺についても，絶対的効力が認められている（434 条）。

　◆代物弁済は絶対的効力を有するか　債務者が連帯債権者の 1 人に対して代物弁済をした場合，その効力は他の連帯債権者にも及ぶのだろうか。代物弁済に弁済と同一の効力があること（482 条）からすれば，代物弁済にも絶対的効力を認めるべきだと考えることも

できる。また，これを認めても，Case 13-2 のように連帯債権の目的が代替的な給付であれば，他の連帯債権者に不利益は生じない。というのも，代物弁済（たとえば，100 万円の支払に代えて絵画 1 点の引渡し）を受けた X₁ は，X₂ に対して，本来の給付を受けた場合と同様の利益の分与をすることになると解されるからである。Y の X₁ に対する代物弁済に絶対的効力を認めても，X₂ は X₁ から 50 万円の分与を受けることができる。

　もっとも，連帯債権の目的が，たとえば 30 個しか製造されていない限定モデルの時計 30 個の引渡しだった場合等，可分ではあるが不代替的な給付である場合には，代物弁済に絶対的効力を認めると X₂ に不利益が生じうる。というのも，代物弁済（たとえば，限定モデルの時計 30 個の引渡しに代えて絵画 1 点の引渡し）を受けた連帯債権者は，他の債権者に対して，限定モデルの時計 15 個の分与をすることはできないからである。そこで，原則に戻って，代物弁済には相対的効力しか認められないとしつつ，433 条の類推適用によって，代物弁済を受けた連帯債権者の利益部分については絶対的効力を肯定する余地を認める見解も主張されている。

(2)　その他の債権消滅事由　　その他の債権消滅事由のうち更改と免除に関しては，更改や免除をした連帯債権者がその権利を失わなければ分与されるべき利益に係る部分について，他の連帯債権者は，履行を請求することができない（433 条）。Case 13-2 において，X₁ が Y に対して債務を全部免除する意思表示をした場合には，X₂ は，X₁ がその権利を失わなければ X₁ に分与されるべきだった 50 万円については，Y に対して履行を請求することができない。このように，更改や免除をした連帯債権者の利益部分について絶対的効力が認められているのは，請求・分与の手間を省くためである。すなわち，仮に X₁ による債務免除に相対的効力しかなければ，X₂ は Y に対して 100 万円の履行を請求することができる。もっとも，X₂ は Y から受領した 100 万円のうち 50 万円については，X₁ に分

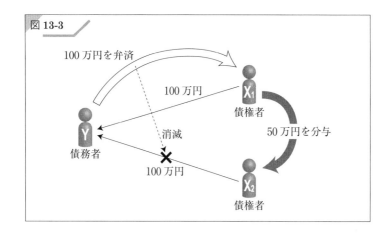

図 13-3

100 万円を弁済

100 万円

X_1
債権者

Y
債務者

消滅

50 万円を分与

100 万円

X_2
債権者

与しなければならない。ただ、X_1 は債務を免除した以上、Y との関係でこの 50 万円を保持することはできないから、50 万円を Y に返還することになるだろう（703 条）。X_1 の利益部分について Y に対する債務免除に絶対的効力を認めることで、このような循環を回避することができるのである。

混同に関しては、絶対的効力が認められている（435 条）。Case 13-2 において、Y が X_1 を単独相続した場合、100 万円の弁済があったものとみなされるから、X_2 は、（債務者としての）Y に対して履行を請求することはできない。もっとも、Y は X_1 の連帯債権者としての地位を承継しているから、X_2 は、（X_1 の相続人としての）Y に対して、50 万円の分与を請求することができる。

(3) 履行の請求　　各債権者は「全ての債権者のために」履行を請求することができるのであるから（432 条）、履行の請求にも絶対的効力がある。連帯債権者の 1 人が履行を請求すれば、他の連帯債権者のためにも時効の完成が猶予され（147 条、150 条）、不確定期限のある債務や期限の定めのない債務の債務者は遅滞の責任を負う

（412 条 2 項・3 項）。

───────────
内 部 関 係
　　　　　　　　　連帯債権の内部関係に関する規定は存在し
ないが，連帯債権者にはそれぞれ「分与さ
れるべき利益」があり（433 条），連帯債権者の 1 人が単独で弁済を
受けたときは，他の連帯債権者に対して，内部関係の割合に応じて，
分与をすべきである。

③　不可分債権

Case 13-3 ────────────────────────────

　X₁ と X₂ は，共同で，Y から，競争馬甲を代金 1000 万円で購入し
た。

────────────────────────────

───────────
不可分債権とは
　　　　　　　　　不可分債権とは，債権の目的がその性質上
不可分である場合において，複数の債権者
がいるときのその債権である（428 条）。各債権者は，全ての債権者
のために履行を請求することができ，債務者は全ての債権者のため
に各債権者に対して履行をすることができる（428 条，432 条）。不
可分債権の例としては，共同買主の目的物引渡債権や，共同使用貸
主の目的物返還請求権（最判昭 42・8・25 民集 21 巻 7 号 1740 頁）等が
ある。

　不可分債権が可分債権となった場合には，各債権者は自己が権利
を有する部分についてのみ履行を請求することができる（431 条）。
分割債権の原則（427 条）に戻るわけである。たとえば，貸主複数
の家屋使用貸借が終了した場合，貸主の家屋返還債権は不可分債権
であるが，当該家屋が返還前に借主の不注意により滅失したときは，
家屋返還債権は損害賠償債権となるから，各貸主は借主に対し，自
己が権利を有する部分についてのみ，損害賠償請求をすることがで

きる。ただし，当事者が合意によって当該債権を連帯債権とすることは妨げられない。

$$\overline{\qquad 対外的効力 \qquad}$$ 不可分債権の債権者はそれぞれ単独で，債務者に対して履行を請求することができる。また，債務者は，どの債権者に対して履行をしても，全ての債権者に対して履行をしたことになる。たとえば，Case 13-3 において，X_1 と X_2 はそれぞれ単独で Y に対して甲を自己に引き渡すよう請求することができ，Y が X_1 または X_2 のいずれかに甲を引き渡せば債権は消滅する。

$$\overline{\qquad 影響関係 \qquad}$$ 影響関係について相対的効力の原則が採用されているのは，連帯債権と同様である（428条，435条の2本文）。絶対的効力を有する事由については，更改，免除および混同に関する規定を除き，連帯債権の規定が準用されている（428条）。具体的には，次のようになる。

（1）弁済およびこれと同視すべき事由　不可分債権の場合にも，債務者は全ての債権者のために各債権者に対して履行をすることができるのであるから（428条，432条），弁済には絶対的効力がある。供託についても同様である。相殺にも絶対的効力が認められるが（428条，434条），不可分債権の目的は性質上不可分であるから，債務者が不可分債権者の1人に対して「同種の目的を有する」（505条1項）債権を有することは稀である。

　代物弁済に関しては，相対的効力しか認められないと解するべきであろう。これを肯定すると，債務者が不可分債権者の1人に対して代物弁済をしたことによって，他の不可分債権者が本来の給付を得られなくなってしまうが，それは不当だからである。なお，429条を類推適用する余地はある。

（2）その他の債権消滅事由　その他の債権消滅事由に関しては，

表 13-1　債権者複数の場合の影響関係

		分割債権	連帯債権	不可分債権
弁済等	弁　済	—	絶対効	
	供　託	—	絶対効	
	相　殺	—	絶対効	
	代物弁済	—	議論あり	議論あり
その他の債権消滅事由	更　改	—	絶対効(利益部分)	相対効
	免　除	—	絶対効(利益部分)	相対効
	混　同	—	絶対効	相対効
履行の請求		—	絶対効	

連帯債権の場合には利益部分について絶対的効力が認められていた更改および免除、ならびに絶対的効力が認められていた混同について、不可分債権の場合にはこれが認められていない（428条〔433条および435条を準用していない〕、429条）。不可分債権においては、一部履行請求はできないし、給付の内容と分与の内容とは基本的に異なるところ、給付を受領したうえで分与をすることは無意味ではないからである。したがって、不可分債権者の1人との間で、これらの事由が生じても、他の不可分債権者は債務者に対して債務の全部の履行を請求することができる。Case 13-3 で、X_1 が Y に対して債務を全部免除する意思表示をしても、X_2 は Y に対して、甲の引渡しを請求することができる。また、Y が X_1 を単独相続した場合でも、X_2 は Y に対して、甲の引渡しを請求することができる。

　問題は、X_2 が甲の引渡しを受けた後の法律関係である。更改と免除については特別の規定があり（429条）、X_2 は、X_1 がその権利を失わなければ分与されるべき利益を Y に償還しなければならな

い。このような規定が設けられているのは，分与・請求の手間を省くためである。混同の場合には，（不可分債権者 X_1 の相続人としての）Y が X_2 に対して，分与を請求することになる。

(3) 履行の請求　　不可分債権の各債権者は，「全ての債権者のために」履行を請求することができるのであるから（428条，432条），履行の請求には絶対的効力がある。

内部関係　　不可分債権の内部関係についても規定はないが，連帯債権の場合と同様に解される。すなわち，不可分債権者にはそれぞれ「分与されるべき利益」があり（429条参照），不可分債権者の1人が単独で弁済を受けたときは，他の不可分債権者に対して，内部関係の割合に応じて，分与をすべきである。

3 債務者の複数

　債務者が複数の場合には，分割債務，連帯債務，不可分債務がある。債務の目的がその性質上可分であるものが分割債務と連帯債務，性質上不可分であるものが不可分債務である。債務の目的が性質上可分である場合には，原則として分割債務となるが，別段の合意または法令の規定がある場合には，連帯債務となる。以下，分割債務，連帯債務，不可分債務の順に，それぞれ，対外的効力，影響関係，内部関係に関する規律を見てみよう。

① 分割債務

Case 13-4 ————————————————

　Y_1 と Y_2 は，共同で，X から，自動車甲を代金 100 万円で購入した。

| 分割債務とは | 数人の債務者がある場合において，債務の目的がその性質上可分であるときは，債務 |

は各債務者に分割されるのが原則である（427条は第1款「総則」に置かれている）。分割債務とは，この各債務者に分割された債務をいう。分割の割合は，別段の意思表示があればそれにより，なければ平等である（427条）。

分割債務の例としては，数人が共同で物を購入した場合の代金債務等がある。

Web 可分債務の共同相続 ❖❖❖❖❖❖❖❖❖❖❖❖❖❖❖❖❖❖❖❖❖

可分の給付を目的とする債務（可分債務）の債務者が死亡し，その相続人が複数いる場合，その債務は共同相続人にどのように承継されるのだろうか。判例は，被相続人の金銭債務その他の可分債務は，法律上当然分割され，各共同相続人がその相続分に応じてこれを承継するという（大決昭5・12・4民集9巻1118頁，最判昭34・6・19民集13巻6号757頁参照）。相続財産中の可分債務は，分割債務として各相続人にそれぞれ承継されるわけである（427条。ただし，分割割合は相続分による）。

ここにいう「相続分」は法定相続分（900条，901条）を意味する。遺言によって法定相続分とは異なる相続分が指定されていることもあるが（902条），その場合でも，債権者は法定相続分に応じて権利を行使することができる（902条の2本文）。指定相続分とのずれは，内部関係において調整されることになる。ただし，債権者が共同相続人の1人に対して指定相続分に応じた債務の承継を承認したときは，指定相続分によってのみ権利を行使することができる（同条ただし書）。

❖❖❖❖❖❖❖❖❖❖❖❖❖❖❖❖❖❖❖❖❖❖❖❖❖❖❖❖❖❖❖❖❖❖❖❖❖

| 対外的効力 | 分割債務は，複数債務者の各人に分割された債務であり，それぞれの債務は独立して |

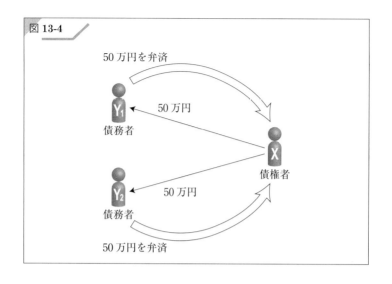

図 13-4

50 万円を弁済

Y₁ 債務者

50 万円

X 債権者

Y₂ 債務者

50 万円

50 万円を弁済

いる。したがって，各債務者は，自己の債務のみを履行すればよく，他の債務者の債務を履行する義務を負わない。たとえば，Case 13-4において，代金債務はY₁とY₂に分割され，別段の意思表示がなければ，分割割合は半分ずつである。この場合，Y₁はXに対して50万円を支払えばよく，Y₂が無資力であったとしても，同人が支払うべき50万円を弁済する義務を負わない。

|影響関係|分割債務の場合，各債務者の債務は独立しているから，債務者の1人に生じた事由が|

他の債務者に影響を及ぼすことはない。Case 13-4において，Y₁がXに50万円を弁済したとしても，そのことがY₂に影響することはないし，Y₁のXに対する債務について消滅時効が完成したとしても，Y₂のXに対する債務には影響しない。

|内部関係|分割の割合に関する427条は対外的効力に関する規定であり，複数債務者が合意によ|

って内部関係における割合をこれとは別に定めることは可能である。別段の合意がなければ，対外的割合と対内的割合は同じであり，この場合には，求償の問題は生じない。これに対し，対外的割合と異なる対内的割合が合意された場合には，求償の問題が生じうる。具体的には，対外的割合が対内的割合より大きい場合において，債務者が対内的割合を超えて自身の債務を弁済した場合には，その差について，他の債務者に求償することができる。たとえば，Case 13-3において，Y₁・Y₂間で対内的割合を1：3とする合意がされていた場合において，Y₁が対外的割合（1：1）に従ってXに50万円を弁済したときは，Y₁はY₂に対して25万円の求償をすることができる。なお，以上に対し，対外的割合を超えた弁済がされたときは，自身の債務の弁済ではなく，第三者による弁済（474条）となる。

② 連帯債務

Case 13-5 ────────────────────

　Y₁とY₂は，共同で，Xから100万円の貸付を受けたが，その際，連帯の特約が付された。なお，Y₁とY₂の負担割合は2分の1ずつである。

────────────────────────

　　　　　　　　　　　　（1）　連帯債務の内容　　連帯債務とは，債
｜連帯債務とは　　　　｜
　　　　　　　　　　　　務の目的がその性質上可分である場合において，複数の債務者がいるときに，各債務者が債権者に対してそれぞれ独立して全部の給付をすべき債務を負い，債務者の1人または数人が全部の給付をすれば全ての債務者の債務が消滅するものをいう。債権者は，連帯債務者の1人に対して全部または一部の履行を請求することができるし，全ての連帯債務者に対して，同時にまたは順次に，全部または一部の履行を請求することもできる（436条）。

(2)　**連帯債務の成立**　　連帯債務は，法令の規定または当事者の意思表示によって成立する（436条）。

法令の規定としては，併存的債務引受（470条1項），共同不法行為（719条），夫婦の日常家事債務（761条），商行為による債務負担（商511条1項）等がある。

当事者の意思表示による場合のほとんどは契約による場合である。Case 13-5 についてみると，特約がなければ，$Y_1 \cdot Y_2$の債務は分割債務となり（427条），$Y_1 \cdot Y_2$の無資力リスクはXが負うことになるのに対し，連帯の特約があれば，Y_1もY_2も全部給付義務を負うから，相互に資力を担保することになる。連帯の特約は，明示のものでも黙示のものでもよいが，判例によれば推定されない（大判大4・9・21民録21輯1486頁。もっとも，債務者全員の資力が総合的に考慮されたとみるべき特殊な事情があれば推定されるとの見解も有力である）。

連帯債務者各人の債務は同時に成立するとは限らず，既存の債務について別の契約により連帯債務が成立することもある。たとえば，併存的債務引受がされた場合である（470条1項）。併存的債務引受は債権者と引受人との契約によってすることができるから（同条2項），連帯債務者の1人が他の連帯債務者の存在を知らないこともある。

(3)　**債務の個数と性質**　　連帯債務は，単一の債務が複数人に帰属しているのではなく，債務者の数に応じた複数の債務である。また，主債務・保証債務の関係とは異なり，連帯債務相互間に主従の関係はない。したがって，連帯債務者の1人について，意思無能力（3条の2），制限行為能力（5条，9条等），錯誤（95条），詐欺（96条）といった法律行為の無効または取消しの原因があっても，他の連帯債務者の債務の効力が妨げられることはない（437条）。また，連帯債務者の各人が負う債務の態様は異なりうる。たとえば，条件や期

限が異なってもよいし，利息の有無や利率に相違があってもよく，債務者によって債務の額が異なることもある（不等額連帯）。さらに，連帯債務者の1人の債務についてだけ保証をしたり（464条参照），抵当権を設定したりすることができ，債権者が連帯債務者の1人に対する債権のみを第三者に譲渡することもできる。

　連帯債務における債務が複数かつ独立のものだとすると，債務者の1人に生じた事由が他の債務者に影響しうるのはなぜか，また債務者の1人が弁済等をした場合に求償が認められるのはなぜかという疑問が生じるが，これを統一的に説明するのは難しい。というのも，上述のとおり，連帯債務は「法令の規定又は当事者の意思表示によって」成立するところ（436条），そこには，連帯債務者間に共同事業や共同生活等の団体的関係がある場合，保証目的で併存的債務引受がされる場合（470条），共同不法行為の場合（719条）等，様々な類型が含まれるからである。現行法は，影響関係に関して，絶対的効力事由を限定しつつ，別段の意思を表示することによる修正を認め（441条），また，求償に関して，他の連帯債務者があることを知らない場合を想定した規定を置いている（443条）。このことは，民法が規定する連帯債務に関する規律が，当事者間の多様な関係に応じて柔軟に修正されうることを示している。結局のところ，連帯債務における影響関係や内部関係を正当化するのは，連帯債務の成立を基礎づける法令の規定や当事者の意思表示だとみることになるだろうか。

　Web 連帯債務の共同相続 ✧✦✧✦✧✦✧✦✧✦✧✦✧✦✧✦✧✦✧✦✧✦
　Y_1 と Y_2 が X に対して 100 万円の連帯債務を負っていたところ，Y_1 が死亡し，Y_1 の相続人はその子である Z_1 と Z_2 だとしよう。この場合，Y_1 の連帯債務はどのように Z_1 と Z_2 に承継されるのだろうか。可分債務の相続に関する判例の立場（⇒*3*① **Web 可分債務の**

共同相続）を前提とするなら，Z_1 と Z_2 はそれぞれ 50 万円の連帯債務を承継することになりそうである（分割承継説。Y_2 とは不等額連帯債務関係になる）。実際，判例は，金銭債務は連帯債務であっても可分債務であるとして，「連帯債務者……の相続人らは，被相続人の債務の分割されたものを承継し，各自その承継した範囲において，本来の債務者とともに連帯債務者となる」という（前掲・最判昭 34・6・19）。

　これに対しては批判もあり，連帯債務は分割されず，Z_1 と Z_2 はそれぞれ 100 万円について連帯債務者になるとの見解も有力に主張されている（不分割承継説）。この見解は，連帯債務が分割承継されるとすると，その人的担保機能が損なわれることを問題視する。すなわち，Y_1 の生前は，Y_1 と Y_2 がそれぞれ連帯債務全額の支払義務を負うことによって互いの資力を担保していたのに，Y_1 が死亡すると Y_2 の資力は Z_1 と Z_2 が一部ずつしか担保しないことになってしまう。これに対し，分割承継説は，不分割承継説によると相続により連帯債務者が増えることになって債権者がかえって有利になるが，その説明は困難だと指摘する。

　なお，分割承継説をとるとして，さらに，不等額連帯債務関係が Y_2・Z_1・Z_2 間に生じるのか，Y_2・Z_1 間と Y_2・Z_2 間に生じる（Z_1・Z_2 間には生じない）のかという問題もある。

❖❖❖❖❖❖❖❖❖❖❖❖❖❖❖❖❖❖❖❖❖❖❖❖❖❖❖❖❖❖❖❖❖❖

　　　対外的効力

連帯債務の債権者は，連帯債務者の各人に対し，全部の履行を請求することができる（436 条）。したがって，Case 13-5 において，X は，Y_1 に対して 100 万円の支払を請求することも，Y_2 に対して 100 万円の支払を請求することもできる。

　　　影　響　関　係

影響関係については，相対的効力の原則が採用されており，連帯債務者の 1 人について生じた事由は他の連帯債務者に対してその効力を生じないのが原

則である（441 条本文）。もっとも，これは任意規定であり，債権者と影響を受ける他の連帯債務者が別段の意思を表示したときは，当該債務者にも効力がおよぶ（同条ただし書）。また，以下にみるように，相対的効力の原則に対する例外も規定されている。

（1）　弁済およびこれと同視すべき事由　　弁済には絶対的効力がある（明文の規定はないが，442 条はこのことを前提としている）。Case 13-5 で，Y_1 が X に対して 100 万円を弁済した場合には全債務が消滅し，X は Y_2 に対しても履行を請求することはできなくなる。供託についても同様である。代物弁済（482 条）にも絶対的効力があると解される。

相殺についても，絶対的効力が認められている。すなわち，連帯債務者の 1 人が相殺を援用したときは，債権は，全ての債務者の利益のために消滅する（439 条 1 項）。したがって，Case 13-5 で，Y_1 が X に対して 100 万円の債権を有している場合において，Y_1 が相殺をしたときは，全債権が消滅し，X は Y_2 に対しても履行を請求することはできなくなる。もっとも，当該債務者が相殺を援用しない間は，他の連帯債務者は，相殺権を有する債務者の負担部分の限度において，債権者に対して履行を拒絶できるにとどまる（同条 2 項）。相殺権を行使するか否かは，相殺権を有する連帯債務者の自由だからである。したがって，X の債権と Y_1 の X に対する債権とが相殺適状にあるが，Y_1 が相殺をしない場合には，Y_2 は，Y_1 の負担部分である 50 万円について履行を拒み，残りの 50 万円のみを X に支払えばよい。

◆439 条 2 項の意義　　本文中で述べたように，相殺権を有する連帯債務者（Y_1）が相殺をしない場合，他の連帯債務者（Y_2）は，Y_1 の負担部分の限度において，債権者（X）に対して履行を拒絶することができる（439 条 2 項）。この履行拒絶権には，どのような意

義があるのだろうか。

　まず，Y₂に履行拒絶権が認められていなければどうなるかを確認しよう。XがY₂に100万円の支払を請求すると，Y₂は全額を弁済しなければならない。これによりXの全債権は消滅し，Y₂はY₁に50万円を求償する。そして，Y₁はXに対し，自身のXに対する100万円の債権の履行を請求することになる。このようなプロセスは迂遠であるうえ，Y₁が無資力であればY₂が債権回収できず，Xが無資力であればY₁が債権回収できないことになってしまう。

　他方，Y₂に履行拒絶権が認められたらどうなるか。XがY₂に100万円の支払を請求すると，Y₂はY₁の負担部分である50万円について履行を拒むことができ，Xに対して50万円のみを支払えばよい。Xは残りの50万円についてY₁に履行請求することになるが，このような帰結は，XにとってもY₁にとっても不利益とはいえない。なぜなら，Xの債権とY₁のXに対する債権とが相殺適状にある以上，XもY₁も，相殺をすることによって，対当額である50万円について，相手方の無資力リスクを回避することができるからである。

（2）　その他の債権消滅事由　　その他の債権消滅事由のうち混同については，絶対的効力がある（440条）。したがって，Case 13-5において，Y₁がXを単独相続した場合には，100万円の弁済があったものとみなされ，Y₁は，債権者Xの相続人としてY₂に対して履行を請求することはできない。もっとも，Y₁は，連帯債務者として，Y₂に対して50万円を求償することができる。

◆共同不法行為者の1人についての混同　　Zが自動車を運転中に，Yが運転する自動車と衝突事故を起こし，Zの車に同乗していたZの配偶者Xが重傷を負い，Zは死亡したとしよう。Zの相続人はXのみだとする。この事故がZとY双方の過失によって生じたものである場合，XはYに対して損害賠償を請求することができるだろうか。YとZは共同不法行為者であり，連帯してXの損

害を賠償する責任を負うが（719条1項前段），XがZの損害賠償債務を相続することで混同が生じ（520条），全部弁済があったものとみなされる（440条）のではないかが問題となる。

2017年改正前民法下の判例は，複数の運行供用者（自動車損害賠償保障法〔自賠法〕3条）の1人について被害者との間で相続による混同を生じた事案において，運行供用者らの責任は同一損害の填補を目的とする限度でしか関連しないから「不真正連帯」の関係に立つとして，債権を満足させる事由以外には絶対的効力は認められないとし，旧438条（現440条）の適用を否定していた（最判昭48・1・30判時695号64頁）。

現行法のもとでは，連帯債務が主観的共同関係の有無にかかわらず成立しうることを前提に，絶対的効力事由は限定されており，「不真正連帯債務」概念は不要になったともいわれる。もっとも，そうであるとしても，被害者保護の見地からすれば，上記判例の結論は維持されるべきであるように思われる。というのも，とくに自賠法が適用される場合には，混同に絶対的効力を認めると，被害者が不当に害される可能性があるからである。上記の例に即していえば，ZX間で混同が生じることにより，XのZに対する損害賠償債権のみならず，XのYに対する損害賠償債権も消滅すると，自賠法16条1項に基づく直接請求権も消滅することになりかねない（最判平元・4・20民集43巻4号234頁参照）。

その他の事由で，絶対的効力が認められているのは，更改である（438条）。Case 13-5において，XとY₁との間でY₁の100万円の貸金債務（旧債務）に代えてY₁がXの肖像画を描く債務（新債務）を発生させる契約をした場合，旧債務は消滅し（513条），Y₂の債務も消滅する。このとき，Y₂は新債務を負わない。したがって，XはY₁に対して肖像画を描くよう請求することができるだけで，Y₂に対しては何も請求できない。更改が絶対的効力事由とされているのは，それが更改をした当事者の通常の意思に合致するからで

ある。

　これに対し，免除には相対的効力しかない。したがって，Xが
Y_1 の債務を全部免除した場合には，その効力は Y_2 には及ばず，X
は Y_2 に対して，100万円の支払を請求することができる。そして，
Y_2 が100万円を弁済した場合には，Y_2 は Y_1 に対して50万円を求
償することができる（445条。このとき，Y_1 はXに対して50万円の不
当利得返還請求ができるかが問題となるが，Xは Y_2 に対する全額の債権を
有していたのであって，100万円を保持する法律上の原因がないとはいえな
いから，認められないと解される）。このように，債務の免除について
相対的効力しか認められていないのは，Xが Y_1 に対してのみ免除
の意思表示をしたときは，Xは，Y_1 には請求しないという意思を
有するだけで，Y_1 の負担部分を自ら負担する意思は有していない
のが通常だからである。もっとも，免除についても441条ただし書
の適用があるから，X・Y_2 間で，Xの Y_1 に対する免除の効力が Y_1
の負担部分について Y_2 にも及ぶ旨の合意がされた場合には，Y_2 は
Xに50万円だけ弁済すればよい。また，Xが Y_1 の債務だけでな
く Y_2 の債務も全部免除する意思を有していると認められるときは，
Xが Y_2 に対して免除の意思表示をした場合はもちろん（519条），
そうでなくても，Y_1 に対する免除の効力が Y_2 にも及ぶと考えてよ
いだろう（最判平10・9・10民集52巻6号1494頁参照）。

Column⑮　「その余の請求を放棄する」旨の和解条項の効力 ◆◆◆

　Case 13-5 のような場合に，Xと Y_1 との間で，「Y_1 はXに対し，
30万円の支払義務があることを認め，本和解の席上でこれを支払
い，Xはこれを受領した。Xは Y_1 に対し，その余の請求を放棄す
る。」という条項の和解が成立した場合，当事者間の法律関係はど
のようなものになるだろうか。

　条項前段に関しては大きな問題はなく，Y_1 による30万円の弁済

には絶対的効力があり，Y_1 は Y_2 に対して 15 万円を求償すること
ができる（442 条 1 項）。問題は，後段である。これは債務の一部免
除と解されうるが，その場合の効力としては，次のようなものが考
えられる。

　第 1 に，免除には相対的効力しかないのが原則である（441 条本
文）。そうすると，Y_2 が X に対する債務の残額（100 万円から Y_1 が弁
済した 30 万円を差し引いた 70 万円）を弁済すると，Y_2 は Y_1 に 35 万
円を求償することができることになる（445 条）。Y_1 と Y_2 の最終的
な負担は 50 万円ずつになるが，このような帰結は，とくに Y_1 が
Y_2 の存在を知らなかった場合には，Y_1 にとって不意打ちになる。
また，これを前提とするなら，Y_1 が和解に応じるメリットは小さ
くなる。

　第 2 に，X と Y_2 との間で，X の Y_1 に対する免除の効力が Y_1 の
負担部分について Y_2 にも及ぶ旨の合意がされた場合はどうか。こ
の場合，Y_1 の負担部分（50 万円）のうち免除割合（70/100）に応じ
た部分（35 万円）について Y_2 に効力が及び，Y_2 の X に対する債務
の残額は，100 万円から Y_1 が弁済した 30 万円と免除の効力がおよ
ぶ 35 万円を差し引いた 35 万円となる。免除の効力が内部関係に影
響しないと考えるなら，これを弁済した Y_2 は Y_1 に 17 万 5000 円
を求償することができ，Y_1 と Y_2 の最終的な負担は 32 万 5000 円ず
つとなる。

　第 3 に，X が Y_1 の債務だけでなく Y_2 の債務も免除する意思を
有していると認められるときは，一部免除の効力が Y_2 にも及ぶと
解することができる。この場合，Y_2 の債務は消滅し，Y_1 と Y_2 の
最終的な負担は 15 万円ずつとなる。

　連帯債務者が債権者と和解をする際には，以上のような帰結をふ
まえて，条項の内容を策定する必要があるだろう。なお，《Y_1 は，
その負担部分のうち 30 万円を弁済すれば，爾後一切の負担を負わ
ない。X は，Y_2 に対してその負担部分である 50 万円を請求する権
利を失わない》という状態を実現する手立てとしては，X がまず

$Y_1 \cdot Y_2$ に対して連帯の免除（債権者が連帯債務者に対し，債務の額を負担部分に相当する額に限り，それ以上は請求しないとする意思表示）をしたうえで，Y_1 の債務を一部免除することが考えられよう。

なお，消滅時効の完成は，現行法のもとでは（改正前 439 条と比較せよ），別段の意思表示がない限り，相対的効力しか有しない（441条）。

（3）**履行の請求**　履行の請求は，現行法のもとでは（改正前 434条と比較せよ），別段の意思表示がない限り，相対的効力しか有しない（441 条）。

Web 連帯債務の人的担保機能

金銭債務は原則として分割債務であり（427 条），複数の債務者の1 人が無資力の場合には，債権者はその債務者に対する債権を回収することができない。しかし，連帯の特約を付しておけば，債権者は債権全額を他の債務者から回収することができる。このように，連帯の特約がされると，連帯債務者の 1 人の無資力リスクは他の連帯債務者が負担することになり，各連帯債務者が他の連帯債務者の負担部分を相互に保証しているのと同じような状況が生じる。つまり，連帯債務には人的担保機能がある。

連帯債務の人的担保機能という観点から影響関係に関する規律をみた場合，弁済，供託，代物弁済および相殺については，これらの事由が生じれば債権者は満足を得るのであるから，絶対的効力が認められるのは当然である。

これに対し，その他の債権消滅事由について絶対的効力を認めると，債権者が満足を得ていないのに債権が消滅し，連帯債務の人的担保機能が弱まってしまう。2017 年改正前民法は，更改と混同のほか，免除と消滅時効の完成についても絶対効を認めていたところ，とくに後者については，債権者が不測の不利益を被るおそれがあるとして批判されていた。現行法は，これらを相対的効力事由としている。

他方，履行の請求については，絶対的効力を認めることによって債権回収の可能性が高まる。もっとも，請求を受けなかった連帯債務者が知らない間に履行遅滞に陥ったり時効の完成猶予・更新が生じたりするなど，債務者の不利益が大きい。そこで，現行法は，履行の請求を相対的効力事由としつつ，別段の意思表示による修正を認めた（441条ただし書）。たとえば，債権者である銀行と連帯債務者との間で，連帯債務者の1人に対する履行の請求が他の連帯債務者にもおよぶ旨の合意がされれば，履行の請求にも絶対的効力が認められる。

❖❖❖

内部関係

　(1)　連帯債務者の負担部分と求償権　すでにみたように，連帯債務者の1人が弁済をした場合には，他の連帯債務者の債務も，その分だけ消滅する（全部を弁済した場合には債務が全部消滅し，一部弁済した場合には債務の一部が消滅する）。この場合，内部関係においては，弁済をした連帯債務者のみが財産上の支出を負担するのではなく，免責の効果を享受する他の連帯債務者もこれを分担することが公平に適う。そこで，弁済をした連帯債務者は他の連帯債務者に対し，弁済した額のうち「各自の負担部分に応じた額」の求償権を有すると定められている（442条1項）。Case 13-5において，Y_1がXに対して100万円を弁済した場合には，Y_1はY_2に対して弁済額の2分の1（50万円）を求償できる。この求償権は，「免責を得た額が自己の負担部分を超えるかどうかにかかわらず」認められるから，たとえばY_1がXに対して20万円を弁済した場合には，Y_1はY_2に対して弁済額の2分の1（10万円）を求償できる。なお，厳密にいえば，求償額は，共同の免責を得るために支出した財産の額（ここでは弁済額）に，弁済等があった日以降の法定利息および避けることができなかった費

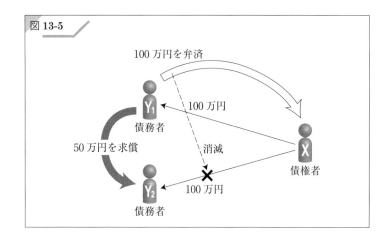

図 13-5

100 万円を弁済

Y₁
債務者

100 万円

50 万円を求償

消滅

Y₂
債務者

100 万円

X
債権者

用その他の損害の賠償を加えた合計額（同条 2 項）に各自の負担割合を乗じた額である。

　弁済以外でも，連帯債務者の 1 人が「自己の財産をもって共同の免責を得た」ときは，求償権が認められる（442 条 1 項）。これには，供託，代物弁済，相殺，更改（大判大 7・3・25 民録 24 輯 531 頁），混同（大判昭 11・8・7 民集 15 巻 1661 頁）が含まれる。代物弁済や更改の場合には，連帯債務者が支出した財産の額が共同の免責を得た額を超えることがあるが（たとえば，Case 13-5 において，Y₁ が時価 150 万円の絵画をもって代物弁済をした場合），求償額の基礎となるのは免責を得た額（100 万円）である。以上に対し，免除（大判昭 13・11・25 民集 17 巻 2603 頁）や消滅時効の完成については，自己の財産を拠出したとはいえないので，絶対的効力を認める旨の意思表示がある場合でも（441 条ただし書），442 条 1 項は適用されず，求償権は認められない。

　なお，連帯債務者の 1 人（Y₁）が弁済等をする前に，他の連帯債務者（Y₂）が免除を受けていたり消滅時効が完成したりしていた場

合には，Y_2 は，弁済等による利益を享受するわけでは必ずしもない。それゆえ Y_1 が Y_2 に求償することができるのかが問題となりうるが，これを否定すると Y_1 が自らの負担割合を超えて負担することになり，不当である。そこで，445条は，こうした場合にも，Y_1 による求償権の行使を認めている。

◆共同不法行為者間の求償　　共同不法行為者の被害者に対する損害賠償債務は連帯債務であり（719条），共同不法行為者の1人が被害者に損害賠償金を支払った場合には，他の共同不法行為者に求償することができる。この求償権は，442条1項によれば，被害者への支払金額が「自己の負担部分を超えるかどうかにかかわらず」生じるはずであるが，2017年改正前民法下の判例は，「自己の負担部分を超えて被害者に損害を賠償したとき」にのみ求償を認めていた（最判昭63・7・1民集42巻6号451頁等）。

共同不法行為者間の求償要件が通常と異なることは，「不真正連帯債務」概念によって説明されてきたが，現在ではこの概念は不要になったともいわれる（⇒3②影響関係(2)◆共同不法行為者の1人についての混同）。もっとも，そうであるとしても，上記判例の結論が維持されえないわけではない。共同不法行為者の1人が一部弁済をした場合を念頭に，442条1項とは異なる求償要件を認めるべきか，考えてみよう。共同不法行為者 Y_1・Y_2 が被害者 X に対して1000万円の損害賠償債務を負っており，両者の負担割合は1：1であったところ，Y_1 が X に対して400万円を弁済したとする。この場合，上記判例を前提とするなら Y_1 は Y_2 に求償することができない。このような結論は，Y_2 の資力が十分でない場合に，被害者の保護を図るものとして正当化できる可能性がある。Y_2 は Y_1 の求償に応じるよりも X に弁済すべきであり，求償を否定することによって，X への弁済が促進されると考えられるからである。これに対して，求償の否定と被害者保護を直結させることには疑問もありうる。というのも，上記の場合，X は Y_1 になお600万円の履行を請求することができるのであり，Y_1 の Y_2 に対する求償を肯定しても，Y_1

に資力があれば問題はないからである。また，自己の負担部分を超
える額の支出をしなくても一部求償を認める方が連帯債務の弁済が
促進されるという見方も不可能ではない。どちらの考え方が妥当で
あるかは，共同不法行為制度の趣旨に照らして議論されるべき問題
である。

(2) 他の連帯債務者に対する事前の通知　　連帯債務者の 1 人が弁
済等をした場合において，他の連帯債務者が債権者に対抗すること
ができる事由を有していたときに，弁済等をした連帯債務者による
求償を認めると，当該他の連帯債務者が害される。たとえば，
Case 13-5 において，Y_2 が X に対して 100 万円の金銭債権（債権
α）を有していた場合に Y_1 が X に 100 万円を弁済すると，Y_2 は相
殺権を行使する機会を失うことになる。このとき，Y_1 の Y_2 に対す
る求償を認めることは，とくに X が無資力の場合には，Y_2 にとっ
て不利益である（Y_2 は，債権 α の回収ができない一方で，Y_1 からの求償
に応じて 50 万円を支払わなければならなくなる）。そこで，連帯債務者
は，他の連帯債務者の存在を知っている場合には，弁済等をする前
に，他の連帯債務者にその旨を通知しなければならないとされてい
る。連帯債務者がこの事前通知義務を怠った場合には，他の連帯債
務者は，その負担部分について，債権者に対抗することができる事
由をもって，弁済等をした連帯債務者に対抗することができる
（443 条 1 項前段）。したがって，上記の例において，Y_1 が Y_2 の存在
を知りながら Y_2 に通知をすることなく X に 100 万円を弁済した場
合には，Y_2 は，相殺権を有していたことを理由に，自身の負担部
分である 2 分の 1（50 万円）について，Y_1 からの求償を拒むことが
できる。そうすると，Y_1 は Y_2 から求償を得られないことになるが，
債権 α のうちこの 50 万円分の履行を X に請求することができる
（同項後段）。債権 α のうち残る 50 万円については，Y_2 が X に対し

て履行を請求することになる。

(3) 他の連帯債務者に対する事後の通知　　連帯債務者が弁済等を
した場合に，これを他の連帯債務者に知らせなかったときは，他の
連帯債務者が弁済等の事実を知らずに，債権者に重ねて弁済等をし
てしまうことがある。たとえば，Case 13-5 において，Y_1 が X に
100 万円を弁済したが，Y_2 がこれを知らずに重ねて X に 100 万円
を弁済してしまった場合について考えてみよう。このとき，一般原
則によれば，Y_1 の弁済は有効であり，これによって Y_1 の債務も
Y_2 の債務も消滅するから，Y_2 の弁済は非債弁済となる。そうする
と，Y_1 は Y_2 に 50 万円を求償でき，Y_2 は X に対して 100 万円の返
還を請求することになる（703 条）。もっとも，このような帰結は，
とくに X が無資力の場合には，Y_2 にとって不利益である。そこで，
連帯債務者は，他の連帯債務者の存在を知っている場合には，弁済
等をしたことを他の連帯債務者に通知しなければならないとされて
いる。連帯債務者がこの事後通知義務を怠った場合において，他の
連帯債務者が善意で弁済等をしたときは，当該他の連帯債務者はそ
の弁済等を有効であったものとみなすことができる（443 条 2 項）。
したがって，上記の例で，Y_1 が Y_2 の存在を知りながら弁済につい
て Y_2 に通知をせず，かつ Y_2 が Y_1 に事前通知をしたが応答がなか
ったため善意で X に弁済をした場合には，Y_1 と Y_2 との間では Y_2
の弁済が有効とみなされ，Y_1 は Y_2 に求償することはできず，逆に
Y_2 は Y_1 に 50 万円を求償できる。Y_1 は X に対して，100 万円の不
当利得返還請求をすることになる。なお，後述するように Y_2 が自
身の弁済を有効とみなすことができるのは Y_1 との関係においての
みであり，X との関係では Y_1 の弁済が有効となるため，Y_1 の X
に対する不当利得返還請求をどのように基礎づけるかが問題となる
が，Y_2 の不当利得返還請求権が Y_1 に移転すると解することができ

る（根拠としては，422条の類推適用が考えられよう）。

では，連帯債務者が3人いた場合において，弁済等をした連帯債務者が事後通知義務を怠り，他の連帯債務者の1人が善意で重ねて弁済等をしてしまった場合の法律関係はどうなるか。Y_1・Y_2・Y_3がXに対して300万円の連帯債務を負っていたところ，その全額について，Y_1が第1弁済をしたが事後通知義務を怠り，Y_2が善意で第2弁済をし，Y_3は弁済等をしていないとしよう。各債務者の負担割合は平等（3分の1ずつ）だとする。この場合，Y_1とY_2との間ではY_2の弁済が有効とみなされるから，Y_1はY_2に求償することはできず，Y_2はY_1に対して100万円を求償できる。もっとも，Y_2が自身の弁済を有効とみなすことができるのはY_1との関係においてのみだとされているから（相対的効力説。大判昭7・9・30民集11巻2008頁），Y_2はY_3に対して求償することはできず，Y_1がY_3に対して100万円を求償することになる。ただ，Y_1がY_3から受領した100万円は，Y_2との関係では不当利得となり，Y_2はY_1に対してその返還を求めることができる。そして，Y_1がXに対して，300万円の不当利得返還請求をすることになる。

なお，先に弁済等をした連帯債務者（Y_1）が事後通知を怠り，後に善意で弁済等をした連帯債務者（Y_2）が事前通知を怠っていた場合に，Y_2が自身の弁済等を有効であったものとみなすことができるかという問題もある。判例はこれを否定する（最判昭57・12・17民集36巻12号2399頁）。443条2項の規定は同条1項の規定を前提とするものであり，事前通知義務に違反した連帯債務者をも保護する趣旨ではないと解すべきだというのである。これによれば，Y_1の弁済等が有効となるから，Y_1はY_2に求償することができ，Y_2はXに不当利得返還請求をすることになる。

（4）　**無資力者がいる場合**　　連帯債務者の中に資力がない者がい

る場合，その無資力リスクはどのように負担されるのだろうか。た
とえば，Y_1・Y_2・Y_3が X に対して 300 万円の連帯債務を負ってい
たところ，Y_1が事前通知をしたうえで X に 300 万円を弁済し，事
後通知もしたとしよう。Y_1・Y_2・Y_3の負担割合は平等だとする。
この場合，Y_1は，Y_2に 100 万円を，Y_3に 100 万円を求償できるが，
Y_2が無資力であれば，Y_1は Y_2から 100 万円を回収することがで
きない。この場合に，Y_1のみが Y_2の無資力リスクを負担するのは
不公平であり，他の連帯債務者（Y_3）にも負担させることが望まし
い。そこで，連帯債務者の中に償還をする資力のない者があるとき
は，その償還をすることができない部分は，求償者および他の資力
のある者の間で，各自の負担部分に応じて分割して負担するとされ
ている（444 条 1 項）。Y_1は，Y_2が償還できない 100 万円のうち半
分（50 万円）の分担を Y_3に請求することができる。

　また，Y_1と Y_3の負担割合がゼロで Y_2のみが負担部分を負うこ
とになっていた場合には，Y_2が償還できない 300 万円について，
Y_1と Y_3が等しい割合で分割して負担することとされている（444
条 2 項。Y_1は Y_3に 150 万円の分担を請求することができる。）。

　なお，いずれの場合にも，償還を受けることができないことにつ
いて求償者に過失があるときは，分担の請求はできない（444 条 3
項）。

③　不可分債務

Case 13-6
　Y_1と Y_2は，共同で，X に対し，競走馬甲を代金 1000 万円で売却
した。

不可分債務とは

不可分債務とは，債務の目的がその性質上不可分である場合において，複数の債務者がいるときのその債務である（430条）。各債務者は債権者に対して，それぞれ全部の給付をすべき義務を負い，債務者の1人が弁済すると，全ての債務者について債務が消滅する。不可分債務の例としては，共同売主の目的物引渡債務や，共同賃借人の賃借物返還債務（大判大7・3・19民録24輯445頁），複数の弁護士が共同受任した事件の処理にかかる債務等が考えられる。ある給付が性質上可分であるか不可分であるかは，契約その他の債務の発生原因および取引上の社会通念に照らして判断される。

なお，不可分債務においては，各債務者が全部の給付をすることができることが前提になっている。これに対し，たとえばピアノの連弾をする債務のように，複数の債務者が共同でしかできない給付を目的とする債務もある。こうした債務は「共同債務」とよばれることがある。

◆不可分な利益の対価としての債務　2017年改正前民法下の判例は，共同賃借人の賃料債務は不可分債務となるとし（大判大11・11・24民集1巻670頁），通説も，「数人の者の負担する債務が，各債務者が共同不可分に受ける利益の対価たる意義を有する場合」には不可分債務となると解すべきだとして，これを支持してきた。ただし，このような論理によって不可分債務とされる場面は限定的だったことには注意が必要である（たとえば，共同買主の代金債務は不可分債務とは考えられていなかった）。

現行法のもとでは，不可分な利益の対価であっても，それ自体は可分な給付を目的とする債務である以上，連帯債務と考えればよいとする見解がある一方で，性質上の不可分債務となるとする見解もある。仮に連帯債務だと考えるなら，不可分債務の場合とは異なり，債務者の1人に混同が生じた場合には絶対的効力が認められること

になる（440条）。具体的には，Xが賃貸人，Y_1とY_2が賃借人だとして，Xが死亡しY_1がその唯一の相続人である場合には，既発生の賃料債務は消滅し，Y_1がY_2に求償することになる。将来の賃料債務については，Y_1がXの賃貸人の地位を承継し（Y_2も賃借人である以上，契約上の地位の混同は生じないと解することができよう），賃料債務が発生するたびに混同により消滅し，Y_1がY_2に求償すると構成することになるだろうか。

不可分債務が可分債務となった場合には，各債務者はその負担部分についてのみ履行の責任を負う（431条）。分割債務の原則（427条）に戻るわけである。たとえば，Case 13-6において，Yらの甲の引渡債務が履行不能となった場合における損害賠償債務は，分割債務となる。このような帰結は債権者にとって不利なものであるが（分割債務者の1人が無資力の場合，債権者がそのリスクを負担することになる），債権者は，あらかじめ連帯の合意をしておくことによって，債務者の無資力リスクの負担を免れることができる。連帯の合意があれば，損害賠償債務は連帯債務となり，連帯債務者の1人が無資力の場合には，他の連帯債務者がそのリスクを負担することになる。

対外的効力　不可分債務の対外的効力は連帯債務と同様である（430条，436条）。すなわち，不可分債務の債権者は，不可分債務者の各人に対し，全部の履行を請求することができる（436条）。たとえば，Case 13-6の場合，Xは，Y_1に対して甲の引渡しを請求することもできるし，Y_2に対して甲の引渡しを請求することもできる。

影響関係　影響関係について相対的効力の原則が採用されていること，当事者が別段の意思を表示したときはその意思に従うことは，連帯債務と同様である（430条，441条）。絶対的効力を有する事由については，混同が相対的効

表 13-2　債務者複数の場合の影響関係

		分割債務	連帯債務	不可分債務
弁 済 等	弁　　済	—	絶対効	
	供　　託	—	絶対効	
	相殺（援用後）	—	絶対効	
	相殺（援用前）	—	履行拒絶権（負担部分）	
	代物弁済	—	絶対効	
その他の債権消滅事由	更　　改	—	絶対効	
	免　　除	—	相対効	
	混　　同	—	絶対効	相対効
	消滅時効完成	—	相対効	
履行の請求		—	相対効	

力事由であることを除き，連帯債務の場合と同様である。その概要は次のとおりである。

　(1)　**弁済およびこれと同視すべき事由**　弁済のほか，供託や代物弁済に絶対的効力が認められる。また，相殺にも絶対的効力が認められているが（430条，439条1項），不可分債務の目的は性質上不可分であるから，債務者の1人が債権者に対して「同種の目的を有する」（505条1項）債権を有することは稀である。

　(2)　**その他の債権消滅事由**　更改には絶対的効力が認められていること（430条，438条），免除には相対的効力しかないことは，連帯債務と同様である。これに対し，混同に関しては，連帯債務の場合とは異なり，相対的効力しかない（430条は440条を準用していない）。不可分債務においては，給付の内容と求償の内容とは基本的に異なるところ，同一の者に対して履行をしたうえで求償をする

ことが無意味ではないからである。Case 13-6 において，X が死亡
し，Y₁ が X を単独相続した場合，X・Y₁ 間で混同が生じるが，Y₂
の不可分債務は消滅せず，Y₂ は，（X の相続人である）Y₁ に対して
甲を引き渡さなければならない。Y₂ がこの債務を履行した場合に
は，Y₂ は Y₁ に対して求償することができる。

（3）履行の請求　　履行の請求には，相対的効力しかない（430
条，441 条）。

| 内 部 関 係 | 不可分債務の内部関係についても，連帯債務に関する規定が準用される（430 条，442 |

条以下）。弁済をした不可分債務者は他の不可分債務者に対し，「各
自の負担部分に応じた額」を求償することになる。

第14章 保　　証

> 　　　　保証とは，債務者以外の者（保証人）が，債権者に対
> して，主たる債務者がその債務を履行しないときに，そ
> の履行をする責任を負うことをいう。保証債務は主債務
> とは別個の債務であるものの，主たる債務を担保するた
> めに存在している。本章では，保証の意義や性質をふま
> えて，債権者と保証人との関係や，保証人と主たる債務
> 者との関係について説明する。また，連帯保証や共同保
> 証等の特殊な形態の保証にも言及する。

1 保証とは何か

① 保証の意義

　　　　　　　　　　　　　　　保証とは，債務者以外の者（保証人）が債

人的担保としての保証
　　　　　　　　　　　　　　権者に対して，主たる債務者（主債務者）

がその債務（主債務）を履行しないときに，その履行をする責任を

負うことをいう（446条1項）。債権者の側からみると，保証は，債

権の回収を確実なものとするための仕組み（担保）の1つである。

担保には，債務者または第三者が所有する特定の財産に対する権利

という形をとる「物的担保」と，債務者以外の者に対する債権とい

う形をとる「人的担保」がある。保証は人的担保の典型例であり，

物的担保の典型例は抵当権（369条）である。以下では，保証がど

のように担保としての機能を果たすのか，確認しておこう。

　債権者Xが債務者Yに対して1000万円の貸金債権αを有して

いるとしよう。Xが何の担保も有していない場合，Yが任意に債務を履行しなければ，XはYの一般財産（総財産から担保権が設定されている財産と差押禁止財産〔民執131条，152条〕を除いたもの）を構成する財産に対して強制執行をして，満足を得ることになる。

　もっとも，Yがもともと十分な一般財産を有していない場合もあるし，Xが融資をして以降にYの財産状況が悪化する可能性もある。そこで，Xとしては，保証人Aとの間で保証契約を締結することで，債権αの回収可能性を高めることが考えられる。この場合，AはXに対して保証債務を負うから，Xは，Yが債務を履行しないときは，Aに対して保証債務の履行を請求することができ，Aが任意に債務を履行しなければ，Aの一般財産を構成する財産に対して強制執行をすることができる。Xは，Yの一般財産だけでなく，Aの一般財産にもかかっていくことができるようになるのである。

　なお，第三者がその所有する物に担保物権を設定した場合，その第三者を「物上保証人」とよぶことがある（351条参照）。そこでは「保証」という語が使われているものの，提供されているのは人的担保ではなく物的担保であり，上記の意味での保証ではないので，注意してほしい。貸金債権αを担保するために，第三者Bがその所有する土地甲に抵当権を設定した場合，債権者Xは，債務者Yが債務を履行しないときは，抵当権を実行して，甲の売却代金から優先的に債権を回収することができる。その結果，Bは甲の所有権を失うことになる。その意味で，Bは責任を負っている。しかし，Bは，保証人（A）とは異なり，Xに対して債務を負っているわけではないから，XはBの一般財産にかかっていくことはできない（このような物上保証人の責任は，「債務なき責任」とよばれる）。

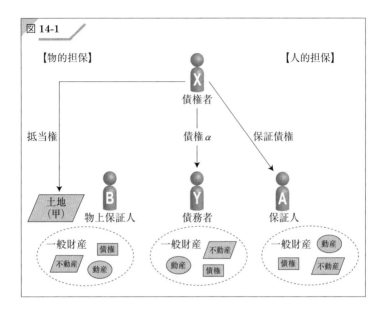

図 14-1

【物的担保】　　　　　　　　　　　　　　　　　【人的担保】

X
債権者

抵当権　　　　　　　　　債権 α　　　　　　保証債権

土地（甲）　B　物上保証人　　　Y　債務者　　　A　保証人

一般財産　債権　不動産　動産　　　一般財産　不動産　動産　債権　　　一般財産　動産　債権　不動産

保証の構造

保証債務の発生原因は，債権者と保証人との間で締結される保証契約である。保証人が主債務者に頼まれて保証契約を締結することも多いが，その場合でも，主債務者は保証契約の当事者ではない。

債権者と保証人との間で保証契約が締結された場合，保証人の債権者に対する保証債務が発生する。保証債務は主債務とは別個の債務である。したがって，保証債務のみが消滅することはあるし，保証債務についてのみ，違約金や損害賠償の額を約定することもできる（447条2項）。また，保証債務のみを担保するために抵当権が設定されたり，保証（副保証）がされたりすることもある。

もっとも，保証債務は主債務を担保するために存在するのだから，保証債務は主債務に従属している。具体的にいえば，保証債務は，主債務が存在しなければ成立しないし，保証債務の目的が主債務よ

りも重くなることはなく（448条1項），主債務が消滅すると保証債務も消滅する。保証債務のこのような性質を「付従性」という。また，主債務の移転に伴って保証債務も移転すること（随伴性）や，主債務が履行されないときにはじめて保証人が履行すべきこと（補充性）も，両債務間に主従関係があることによって説明することができる。

② 保証人の属性

保証人の属性は様々であるが，個人が保証人となる場合と，法人が保証人となる場合とに大別することができる。保証に関する民法の規定は，保証人が個人であるか法人であるかにかかわらず適用されるのが原則であるが，個人保証の場合にのみ適用される規定もある（465条の2以下，465条の6以下等）。

個人保証　個人保証の典型的な場面は，主債務者の親族や近しい友人が保証人となる場合である。貸与型奨学金を受けるときや，賃貸住宅を借りるとき，あるいは住宅ローンを借りるときには，主債務者の親族が保証人となることが多い。また，中小企業が融資を受ける際にも，経営者の親族や近しい友人が保証人となる場合がある。このような場合には，保証人が，主債務者との人間関係（情義）から，責任の内容を十分に理解しないまま，あるいは自らが責任を負うことはないだろうと安易に考えて，保証契約を締結してしまうことも多い。このような保証人については，過大な債務から保護すべき必要性が高い。

これに対し，個人保証でも，会社が融資を受ける際に経営者個人が保証人となる場合がある（経営者保証）。この場合には，保証人に軽率性はなく，保証人を保護する必要性は相対的に小さい。また，経営者保証には，信用力の補完だけではなく，経営への規律付け

（経営責任の明確化，モラルハザードの防止）という意義もあるといわれている。もっとも，経営者保証がスタートアップの創業や事業承継などの阻害要因になるという課題を解消するために，金融庁が「経営者保証改革プログラム」を策定するなど，経営者保証に依存しない融資慣行の確立に向けた取り組みが実施されている。

法人保証

　以上に対し，法人が保証人となる場合もある（法人保証）。親会社が子会社の債務を保証する場合や，銀行や保証会社が保証料と担保を得て保証する場合がこれにあたる。こうした場合には，保証人が保証契約を締結することには経済合理性があり，保証人を保護する必要性はない。

　なお，法人保証の1つとして，信用保証協会による保証がある。信用保証協会は，中小企業・小規模事業者の金融円滑化のために設立された公的機関である（信用保証協会法1条参照）。

2 保証債務の成立

□ 保証契約

Case 14-1

　YがXから500万円の貸付けを受けるにあたり，Aが保証人となった。

保証契約の当事者

　保証契約は，債権者と保証人との間で締結される。Case 14-1において，保証契約の当事者はXとAであり，Yは当事者ではない。保証人が主債務者に頼まれて保証契約を締結する場合には，主債務者と保証人との間には保証委託契約が成立しているが，これは保証契約とは別の契約

である。保証委託契約がなければ保証契約が成立しないというわけではなく，主債務者から委託を受けずに保証人になってもよいし，主債務者の意思に反して保証人になることもできる。保証人が主債務者の委託を受けて保証をしたか否かは，保証人の主債務者に対する求償権の有無や範囲に影響する（⇒**4**①）。

Web 保証と詐欺・錯誤 ❖❖❖❖❖❖❖❖❖❖❖❖❖❖❖❖❖❖❖

　保証契約の成立段階で，保証人が主債務者の資力や他の担保の存在等，保証契約を締結するか否かの意思決定に重大な影響を与える事情について誤った認識を有していることがある。このような誤った認識は，主債務者が意図的に誤った情報を与えたことによって生じることもある。もっとも，そのような主債務者の行為が詐欺にあたる場合でも，主債務者は保証契約の当事者ではないから，債権者がそのことを知り，または知ることができたのでなければ，保証人は意思表示の取消しをすることができない（96条2項。なお，465条の10第2項も同様の構造を採用している⇒**5**④）。

　では，保証人は錯誤を理由に意思表示を取り消すことはできるだろうか。2017年改正前の判例は，他に保証人がいると思って保証したが実際には存在しなかった場合（最判昭32・12・19民集11巻13号2299頁），信用保証協会による保証において，主債務者が反社会的勢力だった場合（最判平28・1・12民集70巻1号1頁），信用保証協会による保証において，主債務者が中小企業者の実体を有しなかった場合（最判平28・12・19判時2327号21頁）について，いわゆる動機の錯誤にあたるとしたうえで，錯誤の成立を否定した。これに対し，商品代金の立替払契約がいわゆる空クレジットであるとは知らずに，商品購入者のクレジット会社に対する立替金支払債務を保証した場合については，「主債務がいかなるものであるかは，保証契約の重要な内容であ」り，商品の売買契約の成立は立替払契約の前提となるから，「商品売買契約の成否は，原則として，保証契約の重要な内容である」として，錯誤の成立を認めた（最判平14・7・11判時1805号56頁）。現行法のもとでは，保証契約の内容について保

証人の意思が欠ける場合は95条1項1号の錯誤の問題，保証人が保証契約の基礎とした事情について誤認していた場合は同項2号の錯誤の問題となり，後者については，その事情が保証契約の「基礎とされていることが表示されていた」といえるか否かによって（同条2項），取消しの可否が判断される。錯誤取消しの要件の解釈については，民法総則の教科書を参照してほしい。

❖❖❖❖❖❖❖❖❖❖❖❖❖❖❖❖❖❖❖❖❖❖❖❖❖❖❖❖❖❖

片務・無償契約

保証契約は，片務・無償契約である。保証契約において債務を負うのは保証人のみであり，経済的負担をするのも保証人のみである。法人保証では保証人が保証料を得る場合も少なくなく，これを「有償保証」とよぶことがあるが，保証料を支払うのは債権者ではなく主債務者であり，保証契約が無償契約であることには変わりがない。

要式契約

保証契約は，書面でしなければ，その効力を生じない（446条2項）。保証人保護の観点から，保証契約の締結を慎重にさせ，保証意思が外部的にも明らかになっている場合に限って法的拘束力を認めることにしたのである。なお，保証契約が電子メール等の電磁的記録（「電子的方式，磁気的方式その他人の知覚によっては認識することができない方式で作られる記録であって，電子計算機による情報処理の用に供されるもの」〔151条4項かっこ書〕）によってされたときは，書面によってされたものとみなされる（446条3項）。

Column⑯ 保証と類似の機能をもつ行為 •◦•◦•◦•◦•◦•◦•◦•◦•◦•◦•

　保証と類似の機能を有する行為として，損害担保契約や併存的債務引受がある。損害担保契約とは，主債務の存否にかかわらず，他人に生じうる損害を一定の要件のもとに塡補することを目的とする契約である（民法に規定はない）。併存的債務引受とは，契約によって，引受人が債務者と連帯して，債務者が債権者に対して負担する

債務と同一の内容の債務を負担することをいい，債権者と引受人との間の契約でされることもある（⇒第 16 章）。

このような行為は，「保証」にはあたらないから，要式性をはじめとする保証人保護のための規制には服さない。もっとも，こうした行為が保証人保護のための規制を潜脱する目的でされた場合には，保証に関する規定を類推適用することが考えられてよい。また，裁判官は契約の性質決定にあたり当事者が選択した名称に拘束されないから，そもそも，ある契約が，その名称にかかわらず，合意内容に照らして保証と性質決定される場合もあるだろう。性質決定にあたっては，引受人の属性や，負担部分がどのように定められているかが重要な考慮要素の 1 つとなるものと思われる。たとえば，個人である引受人の負担部分がゼロであるような契約は，併存的債務引受という名称が用いられていたとしても，保証と性質決定される可能性が高いだろう。

保証人となる資格　保証人となる資格に一般的な制限はない。もっとも，主債務者が保証人を立てる義務を負う場合には（契約によるほか，建設業法 21 条がある。また，担保を立てる義務を負う場合もある〔民 29 条 1 項，650 条 2 項，991 条等〕），その保証人は，行為能力者であり，かつ弁済をする資力を有する者でなければならない（450 条 1 項）。保証人が制限行為能力者であれば，保証契約が取り消される可能性があり，また保証人に弁済の資力がなければ，保証の目的を達することができないからである。立てられた保証人がその後に資力を失った場合には，債権者は，同人に代えて資力を有する者を保証人とするよう請求することができる（同条 2 項）。ただし，これらの規定は，債権者が保証人を指名した場合には，適用されない（同条 3 項）。

なお，主債務者は，上記の資格を有する保証人を立てることができない場合には，他の担保（抵当権等の物的担保）を提供してもよい

（451 条）。主債務者がこのような保証人を立てることができず，他
の担保も提供できないときは，主債務者は期限の利益を失う（137
条3号）。

② 主債務の存在

保証債務が成立するためには，主債務が存
在していなければならない。したがって，
主債務の発生原因（契約など）が成立していない場合には，保証債
務も成立しない。もっとも，保証債務の成立時に主債務が現実に発
生している必要は必ずしもなく，主債務が発生する可能性があれば，
将来発生する主債務を担保するための保証債務が成立しうる。

　主債務の発生原因が無効である場合や取り消された場合にも，保
証債務は有効に成立しない（ただし，449 条の場合〔⇒付従性の例外〕
を除く）。主債務の発生原因の無効や取消しは，債権者の履行請求
に対する保証人の抗弁である。

◆主債務の発生原因が無効とされる場合における保証の効力──員
外貸付の場合　　員外貸付とは，信用金庫や信用組合，農業協同組
合等の金融機関が，会員（組合員）以外の者に対して行う貸付のこ
とであり，法人の目的外の行為として無効となりうる（34 条参照）。
たとえば，農業協同組合 X が Y に員外貸付をし，これに基づく貸
金債権を A が保証したとしよう。員外貸付が無効とされた場合，
Y は，契約上の債務は負わないものの，受領した金員の返還義務
を負うが（121 条の 2 第 1 項），A はこれについて保証債務を負わな
いのだろうか。保証債務の成立における付従性からすれば，員外貸
付が無効である以上は保証も無効であり，A は保証債務を負わな
いと考えることになりそうである（最判昭 41・4・26 民集 20 巻 4 号
849 頁）。もっとも，保証契約の解釈によって別の結論を得ることが
できるとの考えもありうる。すなわち，保証契約が，金銭消費貸借

契約上の債務を担保するためだけでなく，同契約が無効とされた場合の原状回復義務を担保するためにもされたといえる場合には，原状回復義務を主債務とする保証債務が成立すると考えることができる。主債務の発生原因である契約が解除された場合（⇒**3**①）と同じように考えるべきだというわけである。また，事実関係によっては，Aが保証の無効を主張することは信義則上許されないとされる可能性もあるだろう（抵当権に関するものであるが，最判昭44・7・4民集23巻8号1347頁参照）。

付従性の例外

上述のとおり，主債務の発生原因が取り消された場合には，保証債務も成立しなかったことになる。もっとも，主債務者が制限行為能力者であり，保証人がそのことを知りつつ保証契約を締結した場合には，保証人は，その後に行為能力の制限を理由に主債務が取り消されたとしても，もとの債務を負担する意思を有していると考えられる。そこで，このような場合には，保証人は，「主たる……債務の取消しの場合においてこれと同一の目的を有する独立の債務を負担したもの」と推定されている（449条）。したがって，YがXから100万円を借りるにあたり，Yが未成年であることを知りながらAが保証人となった場合において，Yが金銭消費貸借契約を取り消したときは，AはXに対して100万円を支払う義務を負う。これは付従性の例外であり，XA間で一種の損害担保契約が成立したとみることができる。

　なお，449条は，行為能力の制限を理由とする取消しについてしか適用されない。したがって，保証人が，詐欺や強迫等，他の取消原因を知って保証契約を締結した場合でも，付従性の例外は認められない。このような場合に損害担保契約の成立を認めることが保証人の通常の意思に合致するとは考えられないし，これを認めると詐

欺や強迫を奨励する結果になりかねないからである。

主債務の給付内容との
同一性

　主債務は金銭債務であることが通例であるが，金銭債務でなければならないというわけではない。

　保証債務の内容が主債務の給付内容と同一である必要があるか否かについては，議論がある。これを肯定するならば，人気歌手がコンサートに出演する債務のように，債務者でなければ履行できない不代替的給付を目的とする債務については，それ自体を主債務とする保証債務は成立しえないことになる。もっとも，不代替的債務が履行されなければ債務者は損害賠償債務（金銭債務）を負いうるのであるから，不代替的債務の保証は，債務者が損害賠償債務を負うことを停止条件として効力を生じると考えることはできよう。

3 債権者と保証人との関係

① 保証債務の内容

保証債務の範囲

　保証債務の範囲は，保証契約によって定まる。特に合意がなければ，「保証債務は，主たる債務に関する利息，違約金，損害賠償その他その債務に従たるすべてのものを包含する」（447条1項）。

解除による
原状回復義務

　では，主債務の不履行を理由にその発生原因である契約が解除された場合，原状回復義務（545条1項）も保証債務に含まれるのだろうか。原状回復義務が本来の債務とは別個の債務であることからすれば，当然に保証債務の範囲に入るとはいえないだろう。もっとも，保証債務の範囲は保証契約の解釈によって定まるところ，当

事者がそのことを明示していなくても，原状回復義務が保証債務の範囲に含まれることはありうる。判例には，特定物の売買契約が売主の債務不履行により解除された場合に，売主の保証人が売主の代金返還義務について責任を負うかが問題となった事案において，「特定物の売買における売主のための保証においては，通常，……売主の債務不履行に基因して売主が買主に対し負担することあるべき債務につき責に任ずる趣旨でなされるものと解するのが相当であるから，保証人は，債務不履行により売主が買主に対し負担する損害賠償義務についてはもちろん，特に反対の意思表示のないかぎり，売主の債務不履行により契約が解除された場合における原状回復義務についても保証の責に任ずるものと認めるのを相当とする」としたものがある（最大判昭40・6・30民集19巻4号1143頁）。

内容における付従性 保証債務の内容は付従性によって限界づけられ，保証人の負担が債務の目的または態様において主債務より重いときは，主債務の限度に縮減される（448条1項）。たとえば，保証債務について，主債務の額より大きな額とされていたり，保証債務について主債務の利息よりも高い利息が約定されていたり，保証債務の履行期が主債務の履行期よりも早く設定されていた場合には，主債務よりも重い部分は無効となる。

また，保証契約が発生した後に主債務が軽減された場合には，それに伴って保証債務も軽減される。これに対し，主債務の目的や態様が保証契約締結後に加重された場合に，それに伴って保証債務が加重されることはない（448条2項）。主債務を加重する旨の合意の効力はその当事者である債権者と主債務者にしか及ばないのが原則であり（合意の相対効），保証人は保証契約によって引き受けた以上の負担を強いられるべきでないからである。

なお，保証債務についてのみ，違約金または損害賠償の額が約定

されることがある（447条2項）。この場合には，保証債務の不履行があった場合に保証人が支払うべき総額が主債務の額を超えることになりうるが，保証債務の内容が主債務より重くなるわけではないから，付従性には反しない。

② 保証債務の補充性

債権者は，主債務の発生原因事実と，保証契約が書面によりされたことを主張立証して，保証債務の履行を請求することができる。もっとも，保証人の責任は，主債務者がその債務を履行しないときに履行するという補充的なものである（446条1項）。このことから，保証人には，次の2つの抗弁が認められている。

第1は，催告の抗弁である。すなわち，債権者が保証人に債務の履行を請求したときは，保証人は，まず主債務者に催告をするよう請求することができる（452条本文）。ただし，主債務者が破産手続開始決定を受けたときや，行方不明の場合には，この限りでない（同条ただし書）。

第2は，検索の抗弁である。債権者が主債務者に催告をした後に保証人に債務の履行を請求したときであっても，保証人が，主債務者に弁済をする資力があり，かつ，執行が容易であることを証明したときは，債権者は，まず主債務者の財産について執行をしなければならず，その後にしか保証人に履行を請求することができない（453条）。

保証人がこれらの抗弁を主張したにもかかわらず，債権者が催告または執行を怠った場合において，そのために主債務者から全部の弁済を得られなかったときは，保証人は，債権者が直ちに催告または執行をしていれば弁済を得ることができた限度において，その義務を免れる（455条）。

なお，連帯保証人（⇒5①）にはこれらの抗弁が認められていない（454条）。

③　主債務者について生じた事由の効力

（1）　消滅における付従性　　保証債務は，主債務が消滅すると消滅する（消滅における付従性）。したがって，主債務が弁済された場合や，主債務者が反対債権をもって相殺した場合には，保証債務も消滅する。

> 主債務の消滅

主債務者が相殺権を有するもののこれを行使していない場合には，主債務は未だ消滅していないが，保証人は，相殺権の行使によって主債務者がその債務を免れるべき限度において，債権者に対して債務の履行を拒むことができる（457条3項）。主債務者が取消権や解除権を有するときも同様である。

なお，主債務者が破産し免責許可決定が確定しても保証債務には影響がないこと（破253条2項）には注意が必要である。また，主債務者である会社の破産手続が終了しその法人格が消滅した場合でも，保証債務は消滅しないとされている（大判大11・7・17民集1巻460頁，最判平15・3・14民集57巻3号286頁）。こうした場合に保証債務の消滅を認めると，担保としての保証の機能が阻害されるからである。

（2）　主債務の消滅時効　　主債務について消滅時効が完成し，主債務者がこれを援用した場合には，主債務は消滅し，保証債務も付従性によって消滅する。また，保証人には援用権があるから（145条かっこ書），主債務者が援用しなくても，自ら主債務の消滅時効を援用することで，保証債務を消滅させることもできる。

では，主債務者が消滅時効完成後に時効の利益を放棄した場合はどうか。この場合，時効の利益の放棄には相対的効力しかないから

（457 条 1 項参照。大判大 5・12・25 民録 22 輯 2494 頁），保証人は，保証債務の消滅時効を援用することができるし，主債務の消滅時効を援用して保証債務を消滅させることもできると解される。主債務者が消滅時効完成後に債務の承認をした場合（この場合，主債務者は爾後，消滅時効の援用をすることができない〔最大判昭 41・4・20 民集 20 巻 4 号 702 頁〕）にも，保証人が保証債務ないし主債務の消滅時効を援用することは妨げられない。これらの場合，債権者と主債務者との間では，保証のない主債務が残ることになる。

　もっとも，保証人が，主債務者による時効の利益の放棄や消滅時効完成後の債務の承認を知ったうえで保証債務を承認した場合には，保証人がその後主債務の消滅時効を援用することは信義則に照らして許されない（最判昭 44・3・20 判時 557 号 237 頁）。

時効の完成猶予・更新 ｜　保証債務は，主債務とは別個の債務であり，これとは別に消滅時効にかかりうる。もっとも，主債務について生じた時効の完成猶予および更新は，保証人に対しても，効力を生じる（457 条 1 項）。したがって，債権者が主債務者に対して履行を請求した場合（147 条，150 条）や，主債務者が債務を承認したとき（152 条）には，保証債務の消滅時効についても，完成猶予ないし更新が生じる。

　また，10 年より短い時効期間の定めがある主債務が判決で確定し，消滅時効期間が 10 年となった（169 条 1 項）場合には，保証債務の消滅時効期間も 10 年となるとされている（最判昭 43・10・17 判時 540 号 34 頁，最判昭 46・7・23 判時 641 号 62 頁参照）。

主債務者の抗弁 ｜　このほか，保証人は，同時履行の抗弁（533条）や期限の利益等，主債務者が主張することができる抗弁をもって債権者に対抗することができる（457 条 2 項）。

④ 債権者の情報提供義務

保証人は主債務が履行されなければ自らが責任を負うことになるから，主債務者が債務を履行しているか，主債務の残額はいくらか，主債務者が期限の利益を喪失したかといった事項は，保証人の関心事である。また，保証人がこうした事項について情報を得ることができなければ，保証人の知らない間に主債務が遅滞に陥り遅延損害金が増大してしまう危険がある。しかし，保証人が自ら情報を取得することは必ずしも容易でない。というのも，保証人は，経営者保証人を除けば，主債務者または債権者に情報の提供を求めることになるが，主債務者が正確な情報を提供するとは限らないし，債権者が情報提供に応じるとは限らないからである。また，債権者が金融機関である場合には守秘義務があるから，そもそも顧客情報を自由に提供することはできない。そこで，2017年改正によって，債権者に2種類の情報提供義務が課された。これにより，債権者の守秘義務が解除され，保証人は主債務の履行状況等に関する情報を得ることができる。

第1に，主債務者の委託を受けて保証した保証人（委託保証人）は，債権者に対して，主債務の履行状況に関する情報の提供を請求することができる（458条の2）。保証人の請求があったときは，債権者は，遅滞なく，主債務の元本および主債務に関する利息，違約金，損害賠償等についての不履行の有無，ならびにこれらの残額および弁済期が到来しているものの額に関する情報を提供しなければならない。この情報提供請求権が委託保証人にのみ認められているのは，債務不履行の有無や主債務の額は，主債務者の信用に関する情報であるから，委託を受けない保証人（無委託保証人）にまでこれを認めるのは相当でないからである。委託保証人が債権者に情報

提供を請求したにもかかわらず債権者が情報を提供しなかったり，誤情報を提供したりした場合には，保証人は債権者に対して，それにより被った損害の賠償を請求することができる（415条1項）。また，保証契約の解除が認められる余地もある。ただし，情報提供義務はいわゆる付随義務であり，不履行が軽微であるとして解除が否定されることが多いだろう（541条ただし書）。

　第2に，債権者は，主債務者が期限の利益を喪失したときは，個人保証人に対して，その利益の喪失を知った時から2か月以内に，その旨を通知しなければならない（458条の3第1項・3項）。主債務者が期限の利益を喪失した場合には，遅延損害金が増大し保証人の責任が拡大する危険がとくに大きいため，保証人が主債務者から委託を受けて保証したか否かにかかわらず，また，保証人からの請求がなくても，債権者に通知義務を課したものである。債権者が通知を怠ったときは，債権者は，保証人に対し，主債務者が期限の利益を喪失した時から実際に通知をするまでに生じた遅延損害金（ただし，期限の利益を喪失しなかったとしても生ずべきものは除く）について保証債務の履行を請求することができない（同条2項）。

4 保証人と主債務者との関係

Case 14-2 ────────────────────────────────
　債権者Xが債務者Yに対して有する1000万円の貸付債権αについて，AはYの委託を受けて保証をし，BおよびCはYの委託を受けずに保証をした。Bの保証はYの意思に反しないものだったが，CはYの意思に反して保証をした。

──

　保証人と主債務者との間では，求償の問題が生じる。もっとも，

保証人と主債務者の負担部分は常に0：100であるから，主債務者が弁済等をした場合に保証人に対して求償することはできない。これに対し，保証人が弁済等をした場合には，主債務者に対して全額について求償することができる。

保証人の求償権の性質は，保証人が委託保証人であるか無委託保証人であるかによって異なる。前者の場合，主債務者と保証人との間には保証委託契約があり，これは委任契約（643条）である。したがって，保証人の弁済等は委任事務処理だといえ，保証人はその費用の前払請求，償還請求ができる（649条，650条）。これに対し，後者の場合，主債務者と保証人の間には契約関係がなく，保証人の求償権は事務管理における費用償還請求権である（702条1項・3項）。もっとも，保証人の求償権については，459条以下に特別の規定が置かれているので，委任や事務管理の規定ではなく，459条以下の規定が適用される。

なお，保証人は主債務者のために弁済をするのであり，また，委託の有無にかかわらず弁済をするについて正当な利益を有するから，弁済によって債権者に代位し，対抗要件具備は不要である（499条，500条。弁済による代位については⇒第10章4）。

① 保証人の求償権

保証人がどのような場合に求償権を有するか，またどの範囲で求償できるかは，委託保証人と無委託保証人とで異なる。委託保証人は，弁済等をした後に求償することができるのはもちろん（事後求償権），一定の場合には，弁済等をする前にあらかじめ求償することも認められている（事前求償権）。これに対し，無委託保証人には，事後求償権しか認められておらず，求償の範囲も限定されている。

なお，連帯債務者または不可分債務者の1人のために保証した場

合，保証人は，他の債務者に対して，その負担部分のみについて求償権を有する（464条）。

以下では，Case 14-2 に即して，規律の内容を確認しよう。

委託保証人の
事後求償権

委託保証人 A が主債務者 Y に代わって，弁済をするなど，自己の財産をもって債務を消滅させる行為（債務消滅行為。弁済のほか，供託，代物弁済，相殺等）をしたときは，A は，Y に対して求償権を有する（459条1項。事後求償権）。

A の事後求償権の範囲は，債務消滅行為のために支出した財産の額と消滅した主債務の額の低い方（459条1項。たとえば，A が 500 万円を弁済したときは 500 万円，A が時価 1200 万円の土地をもって代物弁済をしたときは 1000 万円），債務消滅行為の日以後の法定利息，および避けることができなかった費用その他の損害賠償である（同条2項，442条2項）。

もっとも，A が主債務（債権 α）の弁済期前に債務消滅行為をした場合には，求償権が制限される。Y の期限の利益が害されるのは相当でないからである。具体的には，まず，求償権を行使できるのは，債権 α の弁済期以後である（459条の2第3項）。また，求償の範囲は，Y が債務消滅行為の当時利益を受けた限度であり（同条1項前段），主債務の弁済期以後の法定利息およびその弁済期以後に債務消滅行為をしたとしても避けることができなかった費用その他の損害賠償も含まれる（同条2項。債務消滅行為の時から弁済期までの法定利息等は含まれない点で限定的である）。たとえば，債務消滅行為がされた当時，Y が債権者 X に対して 1000 万円の反対債権 β を有していた場合には，Y は A の債務消滅行為によって利益を得ていないと主張することができる。この場合，A は Y に求償することができず，A が X に対して債権 β の履行を請求することになる

（同条 1 項後段）。これにより，Y の相殺への期待が保護され，X の無資力の危険は A が負担することになる。

委託保証人 A には，一定の場合に，弁済等の債務消滅行為をする前に求償することも認められている（事前求償権）。具体的には，①主債務者 Y が破産手続開始決定を受け，かつ，債権者 X がその破産財団の配当に加入しない場合，②主債務（債権 α）が弁済期にある場合（保証契約の後に X が Y に期限を許与した場合でも，当初の弁済期が到来すればよい），③A が過失なく X に弁済をすべき旨の裁判の言渡しを受けた場合である（460 条 1 号〜3 号）。これにより，保証人は，①求償権を行使して破産配当を受けることができ，②当初の弁済期における Y の一般財産にかかっていくことで，その後に Y が無資力になった場合の損害を回避できる。また，③X の A に対する履行請求を認容する判決が確定した場合には，A は直ちに執行を受けるべきことになるから，その時点での求償を認めることが望ましい。

事前求償権の範囲は，求償時における債権 α の額，既発生の利息，遅延損害金，免責のために避けることができないと見込まれる費用および免責のために被ることの確定している損害の額である（459 条 2 項，442 条 2 項参照）。

A が事前求償権を行使した場合，Y がこれに応じることには危険を伴う。A が保証債務を履行するとは限らず，履行しない場合には，Y は二重払いの危険を被ることになるからである。そこで，Y は，A に担保を供させ，または A に対して自己に免責を得させることを請求することができる（461 条 1 項）。また，供託をし，担保を供し，または A に免責を得させて，事前求償に応じないこともできる（同条 2 項）。

委託保証人の事前求償権と事後求償権は，発生要件の異なる別個の権利であり，その法的性質も異なると考えられている。消滅時効の起算点も別であり，事後求償権の消滅時効は債務消滅行為をした時からしか進行しない（最判昭60・2・12民集39巻1号89頁）。

他方で，事前求償権は事後求償権を確保するためのものだということもできる。そうであれば，委託保証人が事前求償権を被保全債権とする仮差押えをした場合には，事後求償権についても権利を行使しているに等しいと評価することができるし，債務消滅行為の後に改めて事後求償権について時効の完成猶予・更新の措置をとらなければならないとすることは当事者の合理的な意思ないし期待に反する。したがって，このような場合には，事後求償権の時効の完成も猶予される（最判平27・2・17民集69巻1号1頁参照）。

◆◆

| 無委託保証人の事後求償権

無委託保証人には事前求償権はなく，事後求償権のみが認められている。

また，無委託保証人の求償権は制限されており，その範囲は，主債務者Yの意思に反して保証がされたか否かによって異なる。すなわち，Yの意思に反しない無委託保証人Bは，Yが債務消滅行為の当時利益を受けた限度で，求償権を有する（462条・459条の2第1項前段）。したがって，債務消滅行為がされた当時，Yが債権者Xに対して1000万円の反対債権βを有していた場合には，Yがこれを主張すればBの求償は認められず，BがXに対して債権βの履行を請求することになる（同項後段）。これに対し，Yの意思に反する無委託保証人Cは，Yが現に，つまり求償の時点で，利益を受けている限度においてのみ，求償権を有する（462条2項前段）。したがって，Cが弁済をした後求償するまでにYがXに対して1000万円の反対債権γを取得した場合には，YはこれをもってCに対抗することができる。この場合，CはY

に求償することができず，CがXに対して債権γの履行を請求することになる（同項後段）。

　なお，無委託保証人の求償権は，主債務の弁済期以後にしか行使することができない（同条3項，459条の2第3項）。

② 債務消滅行為に関する通知

　主債務者と保証人との間で，債務消滅行為に関する事前または事後の通知が必要とされる場合がある。事前の通知は，保証人が，主債務者が債権者に対して抗弁を有することを知らずに弁済等をしてしまうことを防止し，主債務者が債権者に対する抗弁を主張する機会を確保するためのものである。これに対し，事後の通知は，主債務者または保証人が，他方が弁済等をしたことを知らずに二重に弁済等をしてしまうことを防ぐためのものである。ここでも，Case 14-2 に即して，規律の内容を確認しよう。

　(1)　事前の通知　　委託保証人Aが債務消滅行為をしようとする場合は，そのことを事前に主債務者Yに通知しなければならない。Aがこれを怠った場合には，Yは，債権者Xに対抗することができた事由をもってAに対抗することができる（463条1項前段）。YがXに対して反対債権βを有していた場合には，YはこれをAに対抗することができる。この場合，AはYに求償することができず，AがXに対して債権βの履行を請求することになる（同項後段）。

　これに対し，無委託保証人B・Cには，事前の通知は要求されていない（463条1項反対解釈）。B・Cの求償権は上述のとおり制限されているから，事前の通知をする必要はないのである。

　(2)　事後の通知　　委託保証人Aが債務消滅行為をした場合には，そのことを事後に主債務者Yに通知しなければならない。A

がこれを怠ったために，YがAによる債務消滅行為を知らずに債務消滅行為をした場合には，Yは，自らの債務消滅行為が有効であったとみなすことができる（463条3項）。Yの意思に反しない無委託保証人Bについても同様である（同項）。

　Yの意思に反する無委託保証人Cが債務消滅行為をした場合については，Yは，その後に債務消滅行為をしたときは，通知の有無にかかわらず，またYがCによる債務消滅行為を知っていたか否かにかかわらず，自らの債務消滅行為を有効であったものとみなすことができる（463条3項）。

　　　　　　　　　　　　　　　主債務者Yは，事前の通知をする必要は
　主債務者による通知　　　　　ないが，委託保証人Aに対しては，事後
の通知をしなければならない。Yがこれを怠ったために，AがYによる債務消滅行為を知らずに債務消滅行為をした場合には，Aは，自らの債務消滅行為を有効であったものとみなすことができる（463条2項）。無委託保証人B・Cに対しては，事後の通知も不要である。

5　各種の保証

　以下では，特殊な形態の保証や，保証人の保護がとくに要請される類型の保証について，簡単にみておこう。具体的には，保証人が債務者と連帯して債務を負担する「連帯保証」，保証人が複数いる場合（共同保証），不特定の債務を保証する「根保証」，および事業債務を主債務とする保証である。

1 連帯保証

連帯保証とは

主たる債務者と連帯して債務を負担する保証を，「連帯保証」という（458条）。連帯保証でない保証（単純保証）よりも債権者に有利であり，実際には多くの場合に連帯保証が用いられている。

　連帯保証は，債権者と保証人が保証契約を締結する際に，単に「保証する」と合意するのではなく「連帯して保証する」と合意することで成立する。なお，主債務が商行為によって生じたものであるとき，または保証が商行為であるときは，特に合意がなくとも連帯保証となる（商511条2項）。

単純保証との相違

連帯保証が単純保証と異なる点は，次の3つである。

　第1に，連帯保証人は，催告の抗弁も検索の抗弁も有しない（民454条）。連帯保証には補充性がないのである。したがって，債権者は主債務者に催告することなく，いきなり保証人に対して履行を請求することができる。

　第2に，連帯保証についてのみ，連帯債務における影響関係の規定が準用されている。したがって，連帯保証人について生じた更改，相殺および混同には絶対的効力が認められる（458条の準用する438条，439条1項，440条）。もっとも，単純保証の場合でも，保証人による相殺の効力は主債務者に及ぼし，更改についても更改当事者の意思により絶対的効力を認めうるだろうから，458条の存在意義は大きくない。なお，更改，相殺および混同以外の事由については相対的効力しか有しないのが原則であるが，債権者と主債務者との間で連帯保証人について生じた事由の効力が主債務者にも及ぶ旨の合意がされれば，絶対的効力が認められる（458条，441条）。したが

って，たとえば，金融機関である債権者が主債務者との間で金銭消費貸借契約を締結する場合において，連帯保証人に対する履行の請求が主債務者に対しても効力を生じる旨の合意がされたときには，連帯保証人に対する履行の請求によって，主債務についても時効の完成猶予・更新が生じる。

　第3に，連帯保証人が数人いる場合，各連帯保証人は全部を弁済する義務を負い，保証人の数によって分割されない。分別の利益（456条，427条⇒②（1））が認められないのである。

Web 連帯保証と連帯債務との相違　❖❖❖❖❖❖❖❖❖❖❖❖❖❖❖❖
　連帯保証には，連帯債務における影響関係の規定が準用されている（458条）。もっとも，連帯債務の場合には，どの連帯債務者に生じた事由であるかにかかわらず同じ規定により影響関係が決せられるのに対し（438条以下），連帯保証の場合には，主債務者について生じた事由であるか（457条），連帯保証人について生じた事由であるか（458条）により，適用される規定が異なる。結論としても，連帯債務の場合には，連帯債務者の1人に対する履行の請求の効力は他の連帯債務者に及ばない（441条）のに対し，連帯保証の場合には，主債務者に対する履行の請求の効力は保証人にも及ぶ（457条1項）。保証において，主債務に関する時効の完成猶予・更新に伴って保証債務についても時効の完成猶予・更新が生じるとされているのは，債権者がまず主債務者に履行を請求したり承認を得たりすることは当然であり，保証人に対してこれとは別に時効の完成猶予・更新の措置を講じなければならないとすると債権者にとって過重な負担となるからである。
　また，内部関係に関しても，連帯債務の場合には，各人に負担部分があるのが通常であるが，連帯保証の場合，保証人には負担部分がない。したがって，連帯保証人が弁済等の債務消滅行為をした場合には求償の問題が生じるが（459条以下），主債務者が債務消滅行

為をしても求償の問題が生じることはない。

❖❖❖

② 共 同 保 証

共同保証とは

同一の主債務について保証人が複数いる場合を「共同保証」という。共同保証には，3つの形態がある。①複数の単純保証人がいる場合，②複数の単純保証人がいる場合において，共同保証人間で各人が全額について債務を負担する旨の特約があるとき，および③複数の連帯保証人がいる場合である。②の場合を「保証連帯」とよぶ。保証連帯の場合には，各保証人は主債務者とは連帯関係に立たず，補充性はあるが，保証人間には連帯関係があり，分別の利益は認められない。

共同保証人と
債権者の関係

（1） 分別の利益　　①単純保証人が複数いる場合，各保証人は，頭数で分割された保証債務を負担する（456条，427条。ただし，主債務が不可分債務である場合には，この限りでない〔465条1項参照〕）。債権者Xの債務者Yに対する600万円の貸金債権についてAとBがそれぞれ単純保証した場合，AとBはそれぞれ300万円ずつの保証債務を負担する。これを「分別の利益」といい，保証人の保護と法律関係の簡明のために認められている。

これに対し，②保証連帯の場合には，各保証人が全額について債務を負担する特約があるのだから，分別の利益はない。また，③連帯保証人が複数いる場合にも，各連帯保証人はそれぞれ全部を弁済すべき義務を負っており，分別の利益はない。

*Column*⑱　分別の利益を知らずにした弁済の効力 ❖❖❖❖❖❖❖❖❖❖
　たとえば，上記の例において，Aが300万円を超えてXに弁済をした場合，その弁済は無効とされるのだろうか。この問題は，近

時，奨学金の単純保証人が，分別の利益を知らずに，分別の利益を前提とする自己の債務額を超えて弁済をした事案において，保証人の不当利得返還請求が認められるかという形で争われた。

この請求の当否を考える際には，まず，分別の利益によって保証債務は当然に分割されるのか，それとも，保証人が分別の利益を援用してはじめて分割されるのかが問題となる。456条が「427条の規定を適用する」としていることからすれば，当然分割されると解するのが素直である。

当然分割されるとすると，保証人は他人の債務を弁済したことになるが，次に，これが第三者弁済（474条）ないし事務管理（697条）にあたらないかが問題となる。これを否定し，「債務者でない者が錯誤によって債務の弁済をした場合」（707条1項）にあたると考えるなら，保証人の不当利得返還請求は，原則として認められることになる。

━━━━━━━━━━━━━━━━━━━━━━━━━━━━━━━━━━━━━

（2）　催告の抗弁・検索の抗弁　　①単純保証人が複数いる場合に，各保証人に催告の抗弁・検索の抗弁が認められることは当然である（452条，453条）。また，②保証連帯の場合にも，各保証人は債権者と連帯関係にないから，催告の抗弁・検索の抗弁は認められる。これに対し，③連帯保証人が数人ある場合には，催告の抗弁・検索の抗弁は認められない（454条）。

| 共同保証人間の関係 |

（1）　保証人の1人に生じた事由の他の保証人への影響　　①単純保証人が複数いる場合には，保証債務は分割されているから，影響関係はない。他方，②保証連帯の場合には，保証人間に連帯関係があり，連帯債務に関する規定が類推適用される。③連帯保証人が複数いる場合については，保証人間に連帯関係がない以上，連帯保証人の1人に生じた事由は他の保証人に影響しない（最判昭43・11・15民集22巻12号2649頁参照）。もっとも，保証人の1人が弁済等の債務消滅行為をして主債

務が消滅すれば，他の保証人の保証債務も消滅する。

(2) 保証人相互間の内部関係　　共同保証人の1人が弁済等の債務消滅行為をした場合，当該保証人は主債務者に対して求償権を有するほか，債務消滅行為が当該保証人の負担部分を超える額についてされたときは，他の共同保証人に対しても求償権を有する（465条）。この2つの求償権は別個のものであり，主債務者に対する求償権について時効の完成猶予・更新が生じても，他の共同保証人に対する求償権については時効の完成猶予・更新は生じない（最判平27・11・19民集69巻7号1988頁）。

共同保証人間の求償権の範囲は，分別の利益の有無によって異なる。分別の利益がある場合，つまり①可分債務について単純保証人が複数いる場合には，共同保証人の求償権の範囲は，無委託保証人のそれと同様である（465条2項，462条）。これに対し，分別の利益がない場合，つまり，②保証連帯の場合，③連帯保証人が複数いる場合，および，①′不可分債務について単純保証人が複数いる場合については，連帯債務の求償権に関する規定が準用されている（465条1項，442条〜444条）。ただし，連帯債務の場合とは異なり（442条1項参照），自己の負担部分を超える弁済をした場合にしか求償をすることができないことに注意が必要である。共同保証人間の負担割合は，別段の合意がなければ，平等であると考えられる。

③　根 保 証

根保証とは

これまでの説明は，主債務が特定の債務であることを前提とするものだった。もっとも，一定の範囲に属する不特定の債務を保証する場合もある。これを「根保証」という（465条の2第1項参照）。

根保証が用いられる主な場面としては，第1に，信用保証がある。

継続的な取引から生じる不特定の債務の保証のことであり，たとえば，金融機関との間の継続的な融資取引から生じる債務を企業の経営者が一括して保証する場合や，子会社の取引相手に対する将来の債務を親会社が一括して保証する場合がこれにあたる。第2に，不動産賃借人の債務（賃料債務や損害賠償債務）の保証がある。第3に，雇用契約に際して被用者の親族等が被用者の「身元を保証する」場合がある。被用者の行為によって使用者が受ける損害を賠償することを約束するものであり，「身元保証ニ関スル法律」によって規律されている。

**根保証によって
担保される債権の範囲**

根保証によって担保される債権の範囲は，保証契約によって定まる。その量的限界は「極度額」によって画され，時的限界は「元本の確定」によって画される。

　根保証により担保される債権の合計額の限度が定められる場合，この額を「極度額」という。

　根保証によって担保される債権を時的に限定する方法が「元本の確定」である。元本の確定が生じると，保証人は，確定時に存在する主債務の元本とこれに対する利息や損害賠償等についてのみ保証債務を負い，その後に発生する元本については責任を負わない。元本の確定は，一定の期日（元本確定期日）が到来することによって生じることもあるし，一定の事由（元本確定事由）の発生によって生じることもある。

　もっとも，極度額や元本確定の定めのない根保証も必ずしも無効となるわけではなく，たとえば「債務者が将来負担する一切の債務」を主債務とする根保証も認められうる。このような根保証は「包括根保証」とよばれる。

　Web 根抵当権における「元本の確定」との相違 ❖❖❖❖❖❖❖❖❖❖

設定行為に定めるところにより，一定の範囲に属する債権を，極度額の限度において担保する抵当権を「根抵当権」とよび（398条の2第1項・2項），根抵当権についても元本の確定が問題となる。根抵当権について元本の確定が生じると，一群の不特定の債権を担保する状態から，確定時点で存在する元本を具体的に担保する状態となり，確定後に新たに発生する元本は根抵当権で担保されない。

　根保証と根抵当権とで同じ「元本の確定」という用語が用いられているが，両者の意義は同じではない。というのも，根抵当権においては，元本確定前後の法律関係が区別されており，元本確定前には，根抵当権を行使することはできず（398条の3第1項），根抵当権の随伴性は否定されている（398条の7）。これに対して，根保証においては，元本確定前後の法律関係は必ずしも区別されおらず，元本確定前の法律関係は保証契約によって決せられる。判例には，根保証人が法人である事案で，「根保証契約を締結した当事者は，通常，主たる債務の範囲に含まれる個別の債務が発生すれば保証人がこれをその都度保証し，当該債務の弁済期が到来すれば，当該根保証契約に定める元本確定期日……前であっても，保証人に対してその保証債務の履行を求めることができるものとして契約を締結し，被保証債権が譲渡された場合には保証債権もこれに随伴して移転することを前提としているものと解するのが合理的である」として，被保証債権の譲受人は，元本確定期日前でも，保証人に対し，保証債務の履行を求めることができるとしたものがある（最判平24・12・14民集66巻12号3559頁）。

❖❖❖❖❖❖❖❖❖❖❖❖❖❖❖❖❖❖❖❖❖❖❖❖❖❖❖❖❖❖❖❖❖❖

根保証人の保護

継続的な関係から将来生じる債務を保証する根保証は，長期間にわたるうえ，主債務が変動するという特徴を有する。そのため，保証人が保証契約を締結してから長期間が経過した後に，思いがけず多額の支払を請求される危険がある。とりわけ包括根保証は，保証人にとって危険が大

きい。そこで，保証人（とくに個人保証人）を保護するために，どのようにしてその責任を時間的・量的に限定することができるかが問題となる。

　以下では現行法においてどのような制限が設けられているかを説明するが，判例は，立法がされる以前から，期間の定めのない根保証の保証人に解約権を認めることで，保証人を保護してきた。この解約権は，主債務者の資産状態が著しく悪化するなど，著しい事情の変化がある場合（大判昭 9・2・27 民集 13 巻 215 頁）や，相当期間が経過した場合（大判大 14・10・28 民集 4 巻 656 頁）に認められる。前者を「特別解約権」，後者を「任意解約権」とよぶこともあるが，その後の判例は，相当期間経過後に解約申入れがされた事案において，「保証人の主債務者に対する信頼関係が害されるに至った等保証人として解約申入れをするにつき相当の理由がある場合」には原則として解約権が認められるとしており（最判昭 39・12・18 民集 18 巻 10 号 2179 頁），両者が厳然と区別されているわけではない。解約権を行使した保証人は，それ以降に生じる債務については責任を負わない。

| 個人根保証契約・個人貸金等根保証契約に関する制限 | 根保証契約のうち保証人が法人でないものを「個人根保証契約」といい（463 条の 2 第 1 項），そのうち主債務の範囲に貸金等債務 |

が含まれるものを「個人貸金等根保証契約」という（465 条の 3 第 1 項）。立法により，こうした根保証契約の保証人を保護するため，次のような規定が置かれている（個人貸金等根保証契約について 2004 年改正により導入され，その一部が 2017 年改正によって個人根保証契約一般に拡大された）。

　(1) 包括根保証の禁止　個人根保証契約において，包括根保証は禁止されている。すなわち，個人根保証契約は，「一定の範囲に

属する」不特定の債務を主債務とするものでなければならないし（465条の2第1項），極度額を定めなければその効力を生じない（同条2項）。ここにいう極度額は，主債務の元本，利息，損害賠償等のすべてを含む額を対象とするものである（同条1項。元本のみを対象とする「元本極度額」に対し，「債権極度額」とよばれる）。極度額の定めは書面でしなければならず（同条3項，446条2項・3項），書面で定められなければ個人根保証契約は無効になる。

（2）**元本確定期日**　元本確定期日については，個人貸金根保証契約についてのみ，特別の規定が置かれている。すなわち，特段の定めがない場合には，個人貸金等根保証契約の締結の日から3年を経過する日が元本確定期日である（465条の3第2項）。また，元本確定期日を定める場合には，個人貸金等根保証契約の締結の日から5年以内の日としなければならず，それより後の日を定めてもその定めは無効であり，元本確定期日の定めがないものとして扱われる（同条1項・2項）。なお，元本確定期日の定めは書面によってされなければならない（同条4項，446条2項・3項。ただし，個人貸金等根保証契約の締結の日から3年以内の日を元本確定期日とする旨の定めは，保証人に有利な約定であるから，書面で定められなくても有効である）。

（3）**元本確定事由**　個人根保証契約における元本確定事由は，①債権者が，保証人の財産について，金銭債権についての強制執行または担保権実行の申立てをしたとき（ただし，強制執行または担保権実行の手続の開始があったときに限る），②保証人が破産手続開始決定を受けたとき，③主債務者または保証人が死亡したときである（465条の4第1項1号〜3号）。

　個人貸金等根保証契約においては，これらに加えて，④債権者が，主債務者の財産について，金銭債権についての強制執行または担保権実行の申立てをしたとき（ただし，強制執行または担保権実行の手続

の開始があったときに限る），⑤主債務者が破産手続開始決定を受けたときにも，元本の確定が生じる（465条の4第2項1号・2号）。④と⑤が個人貸金等根保証契約の場合にのみ元本確定事由とされたのは，たとえば不動産賃借人の債務の根保証の場合には，これらの事由が生じたとしても賃貸借契約が当然に終了するわけではなく，その後に発生する主債務についても保証の範囲に含める必要があるからである。

保証人が法人である根保証契約の求償権

根保証人が法人である場合には，465条の2以下の規定は適用されない。もっとも，根保証人である法人が主債務者に対して取得する求償権について，個人が保証している場合もある。この場合，この保証は，根保証人の求償権にかかる債務という特定の債務を保証するものであって根保証ではないものの，保証人が保証契約を締結してから長期間が経過した後に，思いがけず多額の支払を請求される危険があるという点では，根保証と異ならない。そこで，このような個人保証人を保護するための規定が設けられている（465条の5）。

4 事業債務の保証

一定の目的をもってされる同種の行為の反復継続的遂行である「事業」のために負担する債務（事業債務）を主債務とする保証契約や，主債務の範囲に事業債務が含まれる根保証契約は，債務額が大きくなることが多く，個人保証人を保護すべき要請が高い。そのため，2017年改正により，事業債務について第三者が保証契約を締結する際に，そのリスクについて合理的な判断ができるようにするため，2つの方策が採用された。主債務者の情報提供義務（465条の10）と，保証意思宣明公正証書の作成義務（465条の6以下）である。

後者は，とくに危険の大きい類型である，事業のために負担した貸金等債務の保証のみを対象としている。

主債務者は，個人に対して，事業債務を主債務とする通常の保証や主債務の範囲に事業債務が含まれる根保証の委託をするときは，委託を受ける者に，一定の事項に関する情報を提供する義務を負う。主債務者が情報提供すべき事項は，①財産および収支の状況，②主債務以外に負担している債務の有無と，それがあるときはその額および履行状況，③主債務の担保として他に提供し，または提供しようとするものがあるときは，その旨およびその内容である（465条の10第1項・3項）。委託を受けた者は，こうした情報を得ることによって，主債務者による弁済の可能性（裏を返せば，保証債務を履行しなければならなくなる危険性）について検討したうえで，保証契約を締結するか否かについて意思決定することができる。

主債務者がこの情報提供義務に違反したために保証人が誤認により保証契約を締結する旨の意思表示をした場合において，債権者が主債務者の情報提供義務違反を知りまたは知ることができたときは，保証人は，保証契約を取り消すことができる（465条の10第2項）。主債務者の情報提供義務違反を理由として，保証人が債権者との間の保証契約を取り消すことを認めるにあたって，第三者詐欺（96条2項）と同様の構造を採用することで，保証人と債権者の利益の調整を図ったものである。

保証意思宣明公正証書の作成義務 事業のための貸金等債務を主債務として個人が締結する保証契約については，保証人になろうとする者（保証人予定者）の保証意思があらかじめ保証意思宣明公正証書の作成によって確認されたのでない限り，無効である（456条の6）。公的機関である公証人が

保証人となろうとする者の保証意思を事前に確認することで，保証のリスクを十分に理解しないまま安易に保証人となることを防止することが企図されている。

ただし，保証人予定者が，主債務者の経営者等，主債務者の事業の状況を把握することができる立場にある場合には，保証意思宣明公正証書の作成に関する規定は適用されない（465条の9）。

（1）　保証意思宣明公正証書の作成　　保証意思宣明公正証書の作成は，次の手順でされる。第1に，保証人予定者が，465条の6第2項1号の定める事項（通常の保証〔イ〕か根保証〔ロ〕か，単純保証か連帯保証かによって異なる）を公証人に口授する。これが保証意思の宣明である。第2に，保証人予定者の口述を筆記した公証人が，これを保証人予定者に読み聞かせ，または閲覧させる（同項2号）。第3に，保証人予定者が，筆記の正確なことを承認した後，署名・押印する（同項3号）。第4に，公証人の付記および署名・押印である（同項4号）。

保証意思宣明公正証書の作成は，保証契約の締結に先立ち，締結の日前1か月以内にされなければならない（465条の6第1項）。また，保証意思宣明公正証書の内容と，その後に締結される保証契約の内容とは一致しなければならない。なお，保証契約は書面でしなければならないが（446条2項），公正証書による必要はない。

（2）　適用除外となる者　　保証意思宣明公正証書の作成に関する規定は，保証人予定者が主債務者の経営者等である場合には，適用されない。適用除外となる者は，主債務者が法人である場合には，主債務者の理事，取締役または執行役等（465条の9第1号），主債務者の総株主の議決権の過半数を有する者等（同条2号）である。主債務者が個人である場合には，主債務者と共同して事業を行う者と，主債務者が行う事業に現に従事している主債務者の配偶者であ

る（同条 3 号）。このうち主債務者の配偶者に関しては，主債務者と
の情義的関係から保証を断り切れない可能性が高く，とくに共同事
業者と同視しえないような場合にも適用除外とすることについては，
批判も強い。

Part6　当事者の変動

　　Part6 では，債権・債務の当事者，つまり債権者や債務者が，債権・債務の発生後に変動する場合について学ぶ。具体的には，債権者が変動する「債権譲渡」（⇒**第 15 章**）と，債務者が変動する「債務引受」（⇒**第 16 章**）である。債権譲渡については民法第 3 編第 1 章第 4 節（466 条〜469 条）が，債務引受については同章第 5 節（470 条〜472 条の 4）が，それぞれ規定している。

第15章 債権譲渡

> 債権も財産権であり（⇒**序章3④**），債権者は原則として，契約により，その債権を移転することができる。これを「債権譲渡」という。債権が譲渡されると，債権が譲渡人から譲受人に移転し，債権者が変動する。この場合，債権の譲受人（新債権者）と債務者はどのような関係にたつのだろうか。また，債権が二重に譲渡されることもあるが，その場合，二重譲受人間の優劣はどのように決せられるのだろうか。本章では，債権譲渡の意義をふまえて，その基本的な仕組みや債権の二重譲渡がされた場合の法律関係について学ぶ。

1 債権譲渡の意義

① 債権譲渡とは

　債権は，債権者が債務者に対して一定の給付を求めることができる権利であるが（⇒**序章3①**），この権利が他者に移転する場合がある。

　たとえば，AがBに100万円を貸していたが，Bから100万円の返還を受けない間に死亡したとしよう。Aの相続人はAの子Cのみだったとする。この場合，AのBに対する100万円の貸金債権（債権α）は，AからCに移転する。相続人は被相続人の財産に属した一切の権利義務を承継するところ（896条本文。このように，他人の権利義務を一括して承継する場合を「包括承継」または「一般承継」

という），債権 α は，A の他の権利義務とともに，C に承継される
のである。包括承継によって債権が移転する場合としては，相続の
ほかに，会社の合併や分割がある。

　また，すでにみたように，損害賠償による代位（⇒第 6 章 3 ⑩）
や，弁済による代位（⇒第 10 章 4）によって，債権が移転すること
がある。こうした場合には，債権の移転は，法律の規定によって当
然に生じる。さらに，債権執行手続において転付命令（民執 159 条）
が発せられた場合には，差し押さえられた債権は，差押債務者から
差押債権者に移転する。

　さらに，債権は法律行為によっても移転する。遺言（たとえば，
債権の遺贈）のような単独行為によって債権が移転する場合もある
が，重要なのは，契約によって債権が移転する場合である。とくに
金銭債権は，目的物（金銭）に個性がなく，取引の対象とされるこ
とが多い。

　以上のとおり，債権の移転は様々な原因によって生じるが，この
うち，契約による債権の移転を「債権譲渡」とよぶ。債権譲渡がさ
れた場合，債権はその同一性を保ったまま，譲渡人から譲受人に移
転する。

②　債権譲渡の機能

　債権譲渡はどのような場面で行われるのだろうか。

　第 1 に，債権者が債権を売却して売買代金を得る場合がある。債
権者が金銭債権（つまり，債務者から金銭の支払を受ける権利）を売却
して買主から代金（金銭）の支払を得ることに意味があるのだろう
かと疑問に思うかもしれない。しかし，たとえば，債権者が資金調
達のために弁済期未到来の債権を売却する場合には，実益がある。
一時的な資金不足に陥った企業 A が取引先 B に対して 1 年後に弁

済期が到来する500万円の売買代金債権αを有しているとしよう。このとき，Aが債権αを450万円でCに売却してすぐに現金を得ることには，AにもCにもメリットがある。Aは1年後の500万円より目の前の450万円が欲しいのであるし，Cは1年後にBから債権αの弁済を受けることができれば50万円の儲けを得ることができるからである。

第2に，債権者が債権を担保にして金銭を借り入れる場合がある（債権譲渡担保）。たとえば，ベンチャー企業Aが運転資金の融資を受けたいと考えているとしよう。Aが不動産を所有しておらず抵当権の設定はできないとしても，Aの事業に将来性があり取引先Bの信用力が高い場合には，AのBに対する売買代金債権β（後でみるように，債権βは，現に発生している債権である必要はないし，1個の債権である必要もない。現に発生していない債権を譲渡することも〔将来債権譲渡〕，複数の債権をまとめて譲渡することも〔集合債権譲渡〕，可能である）を担保として金融機関Cに譲渡することで，Cから融資を受けることができる。この場合，Cは，CのAに対する貸金債権についてAが返済を継続している限り，債権βを自ら取り立てる必要はない。したがって，AC間で，債権βの取立権をAに付与し，Aが取り立てた金銭のCへの引渡しを要しない旨の合意がされるのが通常である。Aによる返済が滞った場合には，Cは担保権を実行する旨をBに通知して，以後債権βを自ら取り立てることによって，貸金債権を回収することになる。

第3に，債権が代物弁済として譲渡される場合がある。たとえば，CがAに対して融資をしたが，Aの返済が滞っているとしよう。Aが取引先Bに対する売買代金債権γを有していれば，AがCに債権γを代物弁済として譲渡することが考えられる。Cとしては，債権γに対して強制執行をすることでAに対する貸金債権を回収

することもできるが，裁判所に債権執行を申し立てるよりも代物弁済による方が簡便であるし，債権執行において他の債権者と競合した場合には債権額の割合に応じてしか債権回収ができない可能性があるから，代物弁済による方が確実である。

このほかにも，債権の取立てを目的として債権が譲渡される場合等，債権譲渡は様々な場面で行われている。また，現代では，企業が広く市場から資金を調達するための手法として，証券化という手法も登場している。証券化の対象となる資産は債権に限られるわけではないが，実際に証券化の対象となることが多いのは，金銭債権や不動産である。たとえば，企業が有する一定の範囲の債権を特別目的事業体（SPV）に移転し，SPV が債権から得られるであろうキャッシュフローを裏付けに有価証券（⇒3③◆有価証券の譲渡に関する規律）を発行するといった手法がとられる。

*Column*⑲　ファクタリング ◆◆◆◆◆◆◆◆◆◆◆◆◆◆◆◆◆◆◆◆

「ファクタリング（factoring）」とは，金融機関等のファクター（factor）が，そのクライアント（client）である企業が有する金銭債権を買い取る取引をいう（債権管理回収業に関する特別措置法2条1項15号参照）。これにより，クライアントは，債権の管理・回収の負担を免れることができるほか，債権を早期に資金化することができる（本文中の第1の機能）。そのため，ファクタリングは，とくに中小企業の資金調達手段として利用されている。もっとも，実質的にみれば，債権の真正譲渡（売買）ではなく担保目的での債権譲渡（金銭消費貸借と譲渡担保）とみるべき取引がされていることもある（本文中の第2の機能）。後者の場合には，それを業として行うファクターは貸金業の登録をしなければならず（貸金業3条1項），ファクターが得る利益は利息とみなされて（利息3条），利息制限法の上限金利を超える部分は無効となるし（同1条），それが年 109.5% を超える場合には取引自体が無効となる（貸金業42条1項）。

問題は，債権の真正譲渡と担保目的での債権譲渡がどのように区別されるかである。この点が争われた裁判例をみると，①譲渡債権の回収不能リスクがファクターに移転しているか（売買であれば移転しているはずである），②クライアントによる買戻しが予定されているか（売買であれば予定されていないのが原則である），③譲渡債権の額と債権譲渡の対価の関係性の有無（売買であれば関係があるはずである）といった要素を考慮して判断されている。

　なお，いわゆる「給与ファクタリング」（ファクタリング業者が労働者からその賃金債権を支払期日前に一定の手数料を徴収して額面額より低い額で譲り受けたうえで，当該労働者を通じて資金の回収を行う取引）については，金融庁が，これを業として行うものは貸金業に該当するとの解釈を示している（https://www.fsa.go.jp/common/noact/ippankaitou/kashikin/02b.pdf）。使用者は賃金の全額を直接労働者に支払わなければならないとされているところ（労基24条1項），「給与ファクタリング」においては，ファクタリング業者が使用者に賃金の支払を求めることは一切できず，労働者から資金回収をすることが常に前提とされているから，これを債権の真正譲渡（売買）とみる余地はないだろう。

2 債権の譲渡性

① 譲渡自由の原則とその例外

> 債権の譲渡性

　債権者は，その債権を譲り渡すことができる（466条1項本文）。債権譲渡契約の当事者は，債権者（譲渡人）と譲受人であり，債務者は当事者ではない。債権譲渡によって債権は譲受人に移転し，債権者が交替するものの，債務者が履行すべき債務の内容が同一である以上，債権譲渡にあた

って債務者の同意を得る必要はないのである。

　現に発生していない債権（将来債権）についても，現時点で譲渡することができる（466条の6第1項）。したがって，たとえば，不動産の賃貸借契約から将来生じる賃料債権や，継続的取引関係に基づいて将来取得するべき売買代金債権や請負報酬債権，医療機関が国民健康保険団体連合会や社会保険診療報酬支払基金に対して将来取得する診療報酬債権についても，譲渡することができる。なお，債権の発生可能性が低い場合でも，譲渡が無効となるわけでは必ずしもない（最判平11・1・29民集53巻1号151頁）。将来債権譲渡がされた場合には，譲受人は，発生した債権を当然に取得する（466条の6第2項）。

Column㉑　将来債権譲渡の譲受人が発生した債権を取得するメカニズム ◆━◆━◆━◆━◆━◆━◆━◆━◆━◆━◆━◆━◆━◆━◆

　民法は，将来債権譲渡の譲受人は発生した債権を「当然に取得する」と定めるだけで（466条の6第2項），そのメカニズムについては規定していない。

　学説上は多様な見解が主張されており，たとえば次のような考え方がありうる。まず，①債権は譲渡人のもとで発生し，それと同時に譲受人に移転すると解することも可能である。現に存しない有体物（建築予定建物等）の売買がされた場合における所有権移転に関する一般的な理解と同様に考えるわけである。これに対し，②将来債権譲渡がされた場合には，「『将来発生する債権について債権者となる地位』が，譲渡契約時に1つの財貨として移転する」として，当該債権は譲受人のもとで発生すると解することもできる。このほか，③将来債権譲渡とは「法主体に認められる処分権を行使して，将来生ずべき債権の帰属関係を譲渡契約によって確定的に変更する」ことだとして，債権が発生と同時に譲受人に移転するわけでも，債権が発生した時点で譲受人が原始取得するわけでもないとする見解もある。

議論の対立点としては，譲受人が債権を取得する時期や取得のプロセス（原始取得か承継取得か）が挙げられるが，上記①②と③では，そもそも「将来債権譲渡」の意義に関する理解（①債権または②債権者となる地位という財貨の移転を生じさせるものなのか，③債権の発生に先行してその帰属変更を生じさせるものなのか）に相違があるように思われる。今後の議論の展開が待たれる。

債権譲渡が
制限される場合

　以上のように，債権譲渡は原則として自由であるが，例外的に制限される場合もある。

　(1) 債権の性質による制限　第1に，債権の性質上，債権譲渡が認められない場合がある（466条1項ただし書）。具体的には，次のような場合である。

　まず，債権者の交替によって給付内容が変化する場合には，債権譲渡は認められない。たとえば，画家に肖像画を描いてもらう債権や，家庭教師に勉強を教えてもらう債権がこれに当たるとされる。もっとも，これらの場合には，債権の同一性を維持しつつ債権を移転させることができないのであるから，そもそも債権譲渡とはいえないとみることもできよう。こうした場合に債権者を変更するには，更改（⇒第12章3）によるほかない。

　次に，債権者が誰であるかによって権利行使の態様が大きく異なる債権は，債務者の承諾なしに譲渡することができない。このような場合に債権の自由な譲渡を認めると，債務者の利益が不当に害されるからである。たとえば，使用借主の債権や賃借人の債権，雇用契約における使用者の債権については，債務者（使用貸主，賃貸人，労働者）の承諾なしに譲渡することはできないとされている（594条2項，612条1項，625条1項）。

　(2) 法律による制限　第2に，性質上は譲渡が可能な債権であっても，法律によって債権譲渡が制限されている場合がある。

たとえば，扶養請求権（881条）や年金受給権（国年24条本文等），生活保護を受ける権利（生活保護59条）については，当該債権者に対して履行されることが必要であることから，譲渡が禁止されている。そのほか，弁護士法（73条〔譲り受けた権利の実行を業とすることの禁止〕。債権管理回収業に関する特別措置法がその例外を定めている）や貸金業法（24条3項〔貸金業者が暴力団等に貸金債権を譲渡することの禁止〕）にも，債権譲渡の禁止に関する規定がある。

　ここで問題となるのは，差押禁止債権（民執152条）を譲渡することの可否であり，通説はこれを可とする。たしかに，差押えが禁止されているからといって債権者がその意思により譲渡することまで一般的に禁止されているとはいえない。しかし，差押禁止の趣旨が債権者の生活保障にあることからすれば，債権譲渡が公序良俗違反（90条）を理由に無効とされる場合もあるだろう。

　(3)　当事者の意思表示による制限　　第3に，債権者と債務者が特約により債権譲渡を禁止したり制限したりした場合（このような特約のことを「譲渡制限特約」とよぶ），債権の譲渡性は制限されるのだろうか。民法の規定をみると，譲渡制限特約も有効ではあるが（521条2項参照），これがあっても「債権の譲渡は，その効力を妨げられない」（466条2項）とされている。つまり，譲渡制限特約には，原則として債権の譲渡性自体を制限する効力はない。

　もっとも，預貯金債権については例外が認められており（466条の5第1項），譲渡制限特約について悪意または重過失の譲受人との関係では，預貯金債権の譲渡は無効となる。このような例外は，預貯金債権には，その量が膨大であるうえ，入出金により頻繁に金額が増減するという特殊性があるところ，譲渡制限特約違反の譲渡を有効とすると法律関係が複雑化し，金融システムの円滑な運営に支障を生じるおそれがあることから，認められたものである。預貯金

債権には一般に譲渡禁止特約が付されており，かつそのことは広く知られているから，譲受人が譲渡禁止特約について善意かつ無重過失である場合はほとんどないものと思われ（最判昭 48・7・19 民集 27 巻 7 号 823 頁参照），預貯金債権の譲渡はほぼ常に無効となる。

　もっとも，債務者たる金融機関が預貯金債権の譲渡に承諾を与えた場合には，その債権譲渡は譲渡の時に遡って有効となる（最判昭 52・3・17 民集 31 巻 2 号 308 頁参照）。譲渡制限の意思表示は債務者の利益を保護するためにされるものであるから，債務者の承諾があれば譲渡の有効性を認めて差し支えないからである。ただし，民法 116 条の法意に照らし，第三者の権利を害することはできない（最判平 9・6・5 民集 51 巻 5 号 2053 頁参照）。

　また，譲渡制限特約が付された預貯金債権について預貯金者の債権者が強制執行をした場合には，たとえ当該債権者が悪意または重過失であったとしても，当該預貯金債権の差押えは可能であり，転付命令による移転も可能である（466 条の 5 第 2 項）。私人が自由に強制執行の対象とならない財産を作り出すことは許されないからである。

② 譲渡制限特約付き債権の譲渡

　上述のとおり，譲渡制限特約付き債権が譲渡された場合でも，債権譲渡は有効である（466 条 2 項）。もっとも，譲渡制限特約によって見知らぬ第三者が弁済の相手方となることを防止したいという債務者の期待を保護するため，一定の配慮がされている。具体例に即してみてみよう。

Case 15-1 —————————————————————————————————

　ＡはＹに対して，300 万円の請負報酬債権αを有しており，ＡＹ間で債権譲渡禁止特約が結ばれた。ところが，Ａは債権αをＸに譲渡し，

その旨をＹに内容証明郵便により通知した。ＸはＹに対して，300万円の支払を請求している。

| 債務者の履行拒絶権 | （1）　悪意または重過失の譲受人に対する抗弁 |

譲渡制限特約付き債権が譲渡された場合において，譲受人が債権譲渡時に特約の存在を知り，または重過失によってこれを知らなかった場合には，債務者は，その債務の履行を拒むことができ，かつ，譲渡人に対する弁済その他の債務を消滅させる事由をもって譲受人に対抗することができる（466条3項）。したがって，Case 15-1 において，Ｘが譲渡禁止特約について悪意または重過失であれば，Ｙは，Ｘの履行請求を拒むことができるし，Ａに弁済をしたうえでそれをＸに対抗することもできる。なお，この規定により，Ｙが自身の判断でＸに弁済をすることが妨げられるわけではないから，ＹがＸの請求に応じることももちろん可能である。

ところで，譲受人Ｘに悪意または重過失が認められる場合でも，債権譲渡が無効となるわけではないから，譲渡された債権（債権 a）の債権者はあくまでＸである。債務者Ｙの履行拒絶権は，Ｙが履行遅滞に陥らないよう法が特に認めたものであり，譲渡人Ａが弁済を受領できるのは法が特に同人に弁済受領権限を付与したからにすぎない。したがって，ＡがＹから弁済を受領した場合には，受領した金銭等の給付をＸに引き渡さなければならない。

また，譲渡人Ａが弁済受領権限を有していることは，Ａが債務者Ｙに履行を請求できることを意味しない。したがって，Ｙが譲受人Ｘからの履行請求を拒絶し，かつＡに弁済をすることもない場合には，Ｙに履行を強制することができない事態に陥ってしまう。このような膠着状態を打開するために，Ｘに催告権が与えら

れている。すなわち，Yが債務を履行しない場合において，Xが相当の期間を定めてYに対してAに履行するよう催告をしたにもかかわらず，相当期間が経過してもYが履行しないときは，Yの履行拒絶権は失われる（466条4項）。

(2) **譲渡制限特約付き債権と強制執行**　債務者の履行拒絶権等は，譲渡制限特約付き債権に対する強制執行をした差押債権者との関係では，認められない（466条の4第1項）。私人が自由に強制執行の対象とならない財産を作り出すことは許されないからである。したがって，債権者Aが債務者Yに対して有する債権βについてAY間で譲渡禁止特約が結ばれており，Aの債権者Bが譲渡禁止特約について悪意または重過失であった場合でも，Bは債権βについて差押命令や転付命令を得ることができ，YはBに対して支払を拒絶することはできない。

もっとも，譲渡制限特約付き債権に対する強制執行が，譲受人の債権者によってされた場合には，譲受人が譲渡制限特約につき悪意または重過失であれば，債務者は，その債務の履行を拒むことができ，かつ，譲渡人に対する弁済をもって差押債権者に対抗することができる（466条の4第2項）。譲受人の債権者に譲受人が有する以上の権利を与える必要はないからである。したがって，Case 15-1における譲受人Xが譲渡禁止特約について悪意または重過失である場合において，Xの債権者Cが債権αを差し押さえたときは，債務者YはCに対する履行を拒絶することができるし，譲渡人Aに弁済をしたうえでそれをCに対抗することもできる。

> 債務者による供託

(1) **債務者の供託権**　以上に対し，譲受人が債権譲渡時に譲渡制限特約の存在を知らず，かつ知らないことにつき重過失がない場合には，債務者の履行拒絶権等は認められない。もっとも，この場合でも，債務者は必

ずしも譲受人に弁済をする必要はない。というのも，債務者は，譲渡制限特約付きの金銭債権が譲渡された場合には，その債権の全額に相当する金銭を債務の履行地の供託所に供託することができ（466条の2第1項），供託により債権は消滅するからである。

　譲渡禁止特約付き債権の譲渡も有効であるから，譲渡債権の債権者は，譲受人が善意かつ無重過失の場合はもちろん，悪意または重過失の場合であっても，譲受人である。したがって，本来であれば，供託事由はなく（494条参照），債務者による供託は認められないはずである。しかしながら，譲受人の主観的態様によって債務者が譲渡人に弁済をすることができるか否かが異なるところ，債務者がその判断をするのは容易ではない。また，第三者が弁済の相手方となることを防止したいという債務者の期待はそれ自体としては合理性を欠くものではない。そのため，譲渡制限特約付きの金銭債権が譲渡された場合には，債務者は当然に供託をすることができることとされた。したがって，Case 15-1における債務者Yは，譲受人Xの主観的態様を問わず，供託をすることができ，その場合にはXの請求は認められない。

　なお，債務者Yが供託をした場合，Yは，遅滞なく，譲渡人Aおよび譲受人Xに供託の通知をしなければならない（466条の2第2項）。また，譲渡債権の債権者はあくまでXであることから，Yが供託をした金銭について還付請求をすることができるのは，Xだけである（同条3項）。Aは還付の請求をすることができないし，Aの債権者が供託金還付請求権について差押命令を得ることもできない。

　(2)　譲受人の供託請求権　　以上のように，譲渡制限特約付きの金銭債権の悪意または重過失の譲受人は，譲渡債権の債権者ではあるが，債務者が任意に譲受人に弁済するか供託するのでない限り，

譲渡人を介してしか満足を得ることができない。債務者Yが譲渡人Aに弁済し，Aが受領した金銭を譲受人Xに引き渡すことが想定されているのである。もっとも，Aが破産開始決定を受けた場合に，YがAの破産管財人に弁済すると，Xの債権回収に困難が生じる可能性がある。そこで，466条の3は，このような場合には，Xは，譲渡制限特約について悪意または重過失であった場合でも，Yにその債権の全額に相当する金銭を債務の履行地の供託所に供託させることができるとした。供託金の還付請求をすることができるのはXのみであるから（466条の3後段，466条の2第3項），Xは破産手続によることなく，債権を回収することができる。

この譲受人の供託請求権が認められるためには，同人が債権の全部を譲り受けていることと，破産手続開始決定に先立って第三者対抗要件（⇒3 ③）が具備されたことが必要である（466条の3前段かっこ書）。また，供託をした債務者は，遅滞なく，譲渡人および譲受人に供託の通知をしなければならない（同条後段，466条の2第2項）。

将来債権譲渡と
譲渡制限特約

将来債権の譲渡がされる場合には，債権譲渡の時点では譲渡制限特約の存在が前提とされていなかったが，その後債権が発生する段階になってはじめて譲渡人と債務者との間で譲渡制限特約が結ばれることがある。このような場合に，譲受人が譲渡時点で善意かつ無重過失であるからといって，債務者が466条3項による保護を一切受けられないのは不当であろう。他方，譲受人が譲渡制限特約の不存在を前提として債権を譲り受けたことからすれば，そのことについての譲受人の期待も保護に値する。そこで，両者の調和を図るために，譲渡制限特約が将来債権譲渡について債務者対抗要件（⇒3 ②）が具備されるまでに結ばれた場合には，譲受人が悪意であるとみなして，債務者の履行拒絶権等が認められている（466条の6

第3項）。反対に，譲渡制限特約が将来債権譲渡について債務者対抗要件が具備された後に結ばれた場合には，債務者の履行拒絶権等は認められない。

3 債権譲渡の基本的な仕組み

1 債権譲渡の成立要件・有効要件

　債権譲渡契約の当事者は，譲渡人（債権者）と譲受人であり，債務者は当事者ではない。債権譲渡契約は諾成契約であり，譲渡人と譲受人の合意によって成立し（522条1項），書面の作成等の方式を具備する必要はない（同条2項）。

　債権譲渡が有効に成立するためには，債権の目的に関する要件（⇒**第1章2**）を満たす必要がある。このことは譲渡債権が現に発生しているか否かにかかわらず妥当するが，将来の集合債権の譲渡の場合に，譲渡債権が特定しているか，債権譲渡が公序良俗違反（90条）とならないかが問題となることが多い。

譲渡債権の特定

債権譲渡契約にあっては，譲渡の目的とされる債権がその発生原因や譲渡に係る額等をもって特定される必要があるが，将来債権譲渡がされる場合には，債権の具体的な発生原因はもちろんその基礎となる法律関係（継続的取引にかかる基本契約等）が未だ存在しない場合があり，債務者すら特定していない場合もある。そこで，「将来の一定期間内に発生し，又は弁済期が到来すべき幾つかの債権を譲渡の目的とする場合には，適宜の方法により右期間の始期と終期を明確にするなどして譲渡の目的とされる債権が特定されるべきである」とされている（前掲・最判平11・1・29）。具体的には，債権発生期間に加えて，売

買代金債権を譲渡する場合には具体的な商品名や債務者の属性等により，不動産賃料債権を譲渡する場合には当該不動産の所在地・名称・部屋番号等により，特定することが考えられる。

債権譲渡が公序良俗違反となる場合

将来債権譲渡においては，長期間にわたって発生する債権が包括的に譲渡される可能性がある。これを無制限に認めると，譲渡人の活動が過度に制限されることになりうるし，このような譲渡が担保目的でされた場合には，譲受人が譲渡人の責任財産を独占し譲渡人の他の債権者が害されることになりかねない。そこで，あまりにも長期間・広範囲の将来債権の譲渡がされた場合には，その効力を否定すべきだろう。判例も，「契約締結時における譲渡人の資産状況，右当時における譲渡人の営業等の推移に関する見込み，契約内容，契約が締結された経緯等を総合的に考慮し，将来の一定期間内に発生すべき債権を目的とする債権譲渡契約について，右期間の長さ等の契約内容が譲渡人の営業活動等に対して社会通念に照らし相当とされる範囲を著しく逸脱する制限を加え，又は他の債権者に不当な不利益を与えるものであると見られるなどの特段の事情の認められる場合には，右契約は公序良俗に反するなどとして，その効力の全部又は一部が否定されることがあるものというべきである」としている（前掲・最判平 11・1・29）。

② 債権の譲受人と債務者との関係

債務者は債権譲渡契約の当事者ではないから，債権譲渡が債務者の知らない間にされている場合がある。このような場合に，譲受人から履行を請求された債務者が，誰に弁済すべきかを自ら確認しなければならないとするのでは，債務者に不当な不利益を課すことになる。そこで，民法は，「債権の譲渡……は，譲渡人が債務者に通

知をし，又は債務者が承諾をしなければ，債務者……に対抗することができない」とした（467条1項）。この通知・承諾は債務者「対抗要件」とよばれるが，不動産物権変動における「対抗要件」（177条）とは意味合いが異なることに注意する必要がある。前者は譲受人が債務者に対して履行を請求する際に必要となる要件であるのに対し，後者は二重譲渡等の対抗問題における優劣決定基準である。なお，債権譲渡の第三者対抗要件（467条2項⇒*3*③）は，後者の意味での対抗要件である。

　また，債務者が，自らの関与しない債権譲渡がされたことによって，債権者（譲渡人）に対して主張できたはずの抗弁を奪われその地位を害されるのは不当である。そこで，民法は，「債務者は，対抗要件具備時までに譲渡人に対して生じた事由をもって譲受人に対抗することができる」として（468条1項），債務者を保護している。また，債務者の抗弁のうち相殺については，特別の規定が置かれている（469条）。

　なお，旧468条1項は，「債務者が異議をとどめないで……承諾をしたときは，譲渡人に対抗することができた事由があっても，これをもって譲受人に対抗することができない」と規定していた。2017年改正によりこの規定は削除されたから，今後は，債務者が債権譲渡について承諾をしただけで抗弁事由を失うことはない。債務者が抗弁を放棄する旨の意思表示をした場合は別であるが，放棄の意思表示の効力については慎重な検討が必要であろう。

Case 15-2

　Aは，Yに対する300万円の売買代金債権αを有していたが，同債権をXに譲渡した。XはYに対して，300万円の支払を請求している。

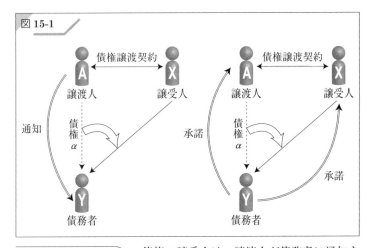

図 15-1

債権譲渡契約　　A 譲渡人　　X 譲受人

通知　　債権α

Y 債務者

債権譲渡契約　　A 譲渡人　　X 譲受人

承諾　　債権α

Y 債務者　　承諾

債務者対抗要件　　債権の譲受人は，譲渡人が債務者に通知を
するか，債務者が承諾をしなければ，債務
者に対して債権譲渡を対抗することができない（467条1項）。した
がって，Case 15-2 において，Y は，AX 間の債権譲渡につき債務
者対抗要件が具備されるまでは X を債権者と認めない旨の主張を
して，X の請求を拒むことができる。これに対して，X は，A が
債権 α を X に譲渡した旨を Y に通知したこと，あるいは，X への
債権 α の譲渡を Y が承諾したことを主張立証することになる。

　上記の通知は，譲渡人によってされなければならない。譲受人か
らの通知でよいとすると，虚偽の通知がされ債務者が害されるおそ
れがあるからである。したがって，譲受人 X が通知をしても債務
者対抗要件が具備されたことにはならないことはもちろん，X が
譲渡人 A に代位して通知をすることも許されない（大判昭 5・10・
10 民集 9 巻 948 頁）。もっとも，X が A の代理人として通知するこ
とは妨げられない（最判昭 46・3・25 判時 628 号 44 頁）。

これに対し，承諾の相手方は，譲渡人でも譲受人でもよい。

| 債務者の抗弁 |

(1) **抗弁事由対抗の基準時** 債務者が有する抗弁事由としては，弁済（473条）等により譲渡債権が消滅したこと，譲渡債権の発生原因である契約の無効・取消し・解除，同時履行の抗弁（533条）等がある。こうした抗弁事由のうち債務者が譲受人に対抗することができるのは，債務者対抗要件が具備された時までに生じた事由である（468条1項）。したがって，たとえば，Case 15-2 において，債務者 Y は，譲渡人 A から債権譲渡通知が届く前に A に弁済をしていた場合には，弁済による債権 α の消滅をもって譲受人 X に対抗することができる。

このように，債務者が有する抗弁事由について譲受人への対抗が認められるか否かの基準時は，債務者対抗要件が具備された時点である。なお，譲渡制限特約付き債権が譲渡された場合については，基準時が修正されている（468条2項）。この場合，悪意または重過失の譲受人は，債務者に対して譲渡人への履行を催告し，その後相当期間が経過してからでなければ，債務者に履行を請求することができないから（それ以前は債務者に履行拒絶権がある〔466条3項・4項〕⇒2②●），その時点までに生じた抗弁事由については譲受人への対抗が認められる。また，譲渡人について破産手続開始決定がされたときは（466条の3），債務者が譲受人から供託の請求を受けた時点が基準時となる。

(2) **「譲渡人に対して生じた事由」の意義** ここで問題となるのは，基準時までに抗弁事由そのものが発生していなければならないのかである。たとえば，譲渡債権の発生原因である契約の取消しや解除について，債務者対抗要件が具備されるまでに取消しや解除の意思表示がされていれば，債務者がこれをもって譲受人に対抗する

ことができるのは当然である。これに対し，債務者対抗要件具備の時点では取消しや解除の意思表示がされていない場合はどうか。契約の解除に関しては，債務者対抗要件具備の時点では解除原因すら生じていない場合もある。こうした場合には，厳密にいえば，基準時までに抗弁事由そのものが発生しているとはいえないが，抗弁事由の対抗を認めなければ，債務者の地位が害されてしまう。

そこで，まず，債務者対抗要件具備の時点で取消しや解除の意思表示がされていなくても，取消原因や解除原因が生じているのであれば，抗弁事由発生の基礎があるといえるから，債務者による抗弁の対抗を認めるべきである。したがって，Case 15-2 において，債務者Y は，譲渡人A との間の売買契約がY の錯誤によるものだった場合には，A から債権譲渡通知が届いた後に契約を取り消し，これをもって譲受人X に対抗することができる（ただし，後述のとおり，X が 95 条 4 項により保護される可能性がある）。また，債権譲渡通知より前にA の債務不履行があれば，Y は，その後に契約を解除し，これをもってX に対抗することができる。

では，債務者対抗要件具備の時点で，解除原因も生じていない場合はどうか。たとえば，注文者Y と請負人A との間で請負契約が締結され，仕事完成前に報酬債権がA からX に譲渡され債務者対抗要件が具備されたが，その後，A が仕事を完成させることができなかったとしよう。この場合，Y は，債務者対抗要件具備後に生じたA の債務不履行を理由とする契約の解除をもって，X に対抗することができるのだろうか。異論もあるが，債務者対抗要件具備の時点で，譲渡債権について未履行の反対給付が存在する以上，契約の解除に至る原因はあったのであるから，抗弁事由発生の基礎があるといってよいだろう。このように考えるなら，Y が契約の解除をしたときは，これをもってX に対抗することができる（最判

昭 42・10・27 民集 21 巻 8 号 2161 頁参照）。

◆**将来債権譲渡と債務者の抗弁**　　将来債権譲渡の場合には，債務者対抗要件具備の時点で，譲渡債権の発生原因である契約が未だ締結されていないこともある。たとえば，A が，取引先 Y に対して将来取得するべき報酬債権を X に譲渡し，その旨を Y に通知した後に，AY 間で請負契約が締結されたとする。A が仕事を完成させることができなかった場合，Y は，これを理由とする契約の解除をもって，X に対抗することができるだろうか。

この場合，債務者対抗要件具備の時点では，譲渡債権も反対給付も未発生であるから，抗弁事由発生の基礎があるとは言い難いようにも思われる。もっとも，譲渡債権の発生原因が双務契約である場合には，譲渡債権について未履行の反対給付が生じることは，債務者対抗要件具備の時点ですでに予定されている事態である。そうすると，この場合にも，抗弁事由発生の基礎があると考えることも不可能ではないだろう。なお，いずれにしても，Y は，A に対する損害賠償債権による相殺をもって，X に対抗することはできよう（469 条 2 項 2 号）。

(3)　**第三者保護規定は適用されるか**　　債務者が有する抗弁事由に関し，第三者保護規定が存する場合がある。具体的には，意思表示の瑕疵による無効・取消しや（93 条 2 項，94 条 2 項，95 条 4 項，96 条 3 項），契約の解除（545 条 1 項ただし書）の場合である。こうした場合において，債務者が譲渡債権の発生原因である契約について無効を主張し，取り消し，あるいは解除をしたとき，当該債権の譲受人は「第三者」として保護されないのだろうか。

判例・通説は，一方で，債権の譲受人は 94 条 2 項や 96 条 3 項にいう「第三者」にあたるとしている（94 条 2 項について，大判大 3・11・20 民録 20 輯 963 頁参照）。2017 年改正により新設された 93 条 2 項や 95 条 4 項についても，同様に解されよう。たとえば，

Case 15-2 において，譲渡人 A から債権譲渡通知が届いたが，A と債務者 Y との間の売買契約が虚偽表示（94 条 1 項）によるものであった場合についていえば，Y は，譲受人 X が虚偽表示につき善意であれば，X に対して売買契約の無効を対抗することはできない。Y の抗弁は，468 条 1 項によれば認められそうだが，94 条 2 項によって妨げられるわけである。

他方で，545 条 1 項ただし書にいう「第三者」については，判例・通説は，解除された契約から生じた債権そのものを譲り受けた者はこれにあたらないとしている（大判明 42・5・14 民録 15 輯 490 頁，大判大 7・9・25 民録 24 輯 1811 頁）。したがって，Case 15-2 において，譲渡人 A から債権譲渡通知が届いたが，A と債務者 Y との間の売買契約について A に債務不履行があった場合には，Y は，契約の解除をして，譲受人 X の請求を拒むことができる。

このように意思表示の瑕疵による無効・取消しの場合と契約の解除の場合とで扱いを変えることについては，有力な反対説があり，解除前の債権の譲受人も 545 条 1 項ただし書にいう「第三者」にあたるとの見解も主張されている。もっとも，両者には，債務者の帰責性の点で違いがあるし，545 条 1 項ただし書は第三者の主観的態様を問わず適用されるから，反対説によると債務者の利益が大きく害されてしまう。判例・通説を妥当と考えたい。

| 債権譲渡と相殺 |

上述のように，債務者は，債務者対抗要件具備時までに譲渡人に対して生じた事由をもって譲受人に対抗することができる（468 条 1 項）。したがって，この時点までに，債務者が譲渡人に対して有する債権と譲渡債権とが相殺されていた（505 条 1 項⇒第 10 章）場合には，債務者は相殺による債権の消滅をもって譲受人に対抗することができる。また，債務者が譲渡人に対して相殺に供しうる債権を有していれば，抗弁

発生の基礎があるといえ，債務者は相殺をもって譲受人に対抗することができそうである（最判昭50・12・8民集29巻11号1864頁参照）。もっとも，債務者による相殺の対抗をどの範囲で認めるべきかについては，従来大きな見解の対立があった。また，債務者が債務者対抗要件具備の時点では未だ相殺に供しうる債権を有していない場合でも，債務者による相殺を認めるべき場面があると考えられた。そこで，現在では，債権譲渡における相殺権に関する規定が別に置かれている。469条である。

(1) 債務者対抗要件具備時より前に取得した債権による相殺

Case 15-3 ━━━━━━━━━━━━━━━━━━━━━━━━━

Aは，Yに対する300万円の貸金債権αを有していたが，同債権をXに譲渡し，その旨をYに通知した。他方，Yは，債権譲渡通知がされる以前から，Aに対して200万円の売買代金債権βを有していた。XはYに対して，300万円の支払を請求している。

━━━━━━━━━━━━━━━━━━━━━━━━━━━━━━━━━━

　まず，債務者対抗要件具備時より前に債務者が取得した債権については，債務者のもとで生じたものである場合はもちろん，他人の債権を取得した場合にも，債務者の相殺権が認められている（469条1項）。

　Case 15-3において，Yは，債権βによる相殺をもってXに対抗することができる。これにより，債権αは対当額である200万円について消滅する。したがって，Xの請求は100万円の限度でしか認められない。

　なお，Yによる相殺は，債権譲渡通知の時点で債権βの弁済期が未到来であっても，債権βの弁済期が債権αの弁済期より後であっても，可能である。債務者には，同人が反対債権を取得した時点で相殺への期待が生じており，この期待は保護されるべきだと考

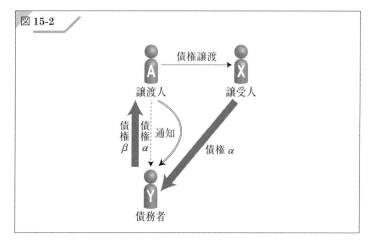

図 15-2

債権譲渡

A 譲渡人 → X 譲受人

債権β 債権α 通知

債権α

Y 債務者

えられるからである。

　以上のように，債務者対抗要件具備時を基準時として，その前に取得された債権については，債務者の相殺権が無制限に認められている。なお，譲渡制限特約付き債権が譲渡された場合には，基準時が修正されている（469条3項）。

　(2)　債務者対抗要件具備時より前の原因に基づいて生じた債権による相殺

Case 15-4

　Aは，Yに対する300万円の貸金債権αを有していたが，同債権をXに譲渡し，その旨をYに通知した。他方，Yは，債権譲渡通知がされるより前に，Aとの間で，Y所有の建物をAに賃貸する旨の契約を締結しており，債権譲渡通知後に同契約に基づく50万円の賃料債権βが発生した。XはYに対して，300万円の支払を請求している。

　これに対し，債務者対抗要件具備時より後に債務者が取得した債権については，債務者の相殺権は原則として認められない。もっとも，これには2つの例外が認められている。第1は，債務者対抗要

件具備時より前の原因に基づいて，債務者対抗要件具備後に債務者のもとで生じた債権である（469条2項1号）。この場合に債務者の相殺権が認められるのは，債権が未発生であってもその原因が存在すれば，将来発生するであろう債権と譲渡債権との対立を観念することができ，債務者に相殺への期待が生じるからである。

Case 15-4において，債権βが発生したのは債権譲渡通知よりも後であるが，賃貸借契約は債権譲渡通知よりも前に締結されており，債権βは債務者対抗要件具備よりも前の原因に基づいて生じた債権だといえる。したがって，Yは債権βによる相殺をもってXに対抗することができ，債権αは対当額である50万円について消滅する。よって，Xの請求は250万円の限度でしか認められない。

Column㉑ 「前の原因」の意義 ⋯⋯⋯⋯⋯⋯⋯⋯⋯⋯⋯⋯⋯⋯⋯⋯⋯⋯⋯

　債務者対抗要件具備時よりも「前の原因」に基づいて生じた債権の典型例としては，このほか，債務者対抗要件具備時より前に主債務者の委託に基づいて保証契約が締結されていたところ，債務者対抗要件具備時より後に保証人が弁済をしたことで発生した事後求償権が挙げられる。

　469条2項1号の規律を，①同条1項および②同条2項2号と対比すると，同条2項1号にいう「前の原因」とは，①債権の発生を基礎づける事実の全部を指すと解することはできないし（債務者対抗要件具備より前に債権が発生していた場合は同条1項の適用場面である），②契約に限られるわけではない（これに対し，同条2項2号は，契約，しかも譲渡債権の発生原因である契約に基づいて生じた債権のみに適用される）。

　もっとも，「前の原因」の意義は必ずしも明らかではなく，(a)債権の発生を基礎づける事実のうちどの程度のものがあれば相殺権を認めてよいか（契約上の債権であれば契約が存在するだけでよいのか。たとえば，債権譲渡通知前に締結された賃貸借契約に基づいて，債権譲渡通知後に賃借人が必要費や有益費を支出した場合，賃借人は費用償還請求権

〔608 条〕による相殺をもって譲受人に対抗することができるか）,（b）個別事案における債務者の相殺への期待の正当性を具体的・規範的に判断すべきか（あるいは, こうした判断は相殺権濫用に委ねるべきか）,（c）譲渡債権と自働債権の関連性を考慮すべきか（469 条 2 項 1 号と同項 2 号の関係をどのように理解すべきか）といった点について, 異なる理解が示されている。

　差押えと相殺に関する 511 条 2 項にいう「前の原因」の解釈（⇒第 11 章 5）と合わせて, 今後検討されるべき問題である。

なお, 債務者が債務者対抗要件具備時より後に他人の債権を取得した場合には, 相殺権が認められない（469 条 2 項ただし書）。このような場合には, 債務者対抗要件具備の時点で債務者が相殺への期待を有していたとはいえないからである。たとえば, Case 15-4 において, 債権譲渡通知より前に AB 間で賃貸借契約が締結されており, B が同契約から発生した賃料債権 γ を債権譲渡通知後に Y に譲渡した場合には, Y は債権 γ による相殺をもって X に対抗することはできない。

（3）　譲渡債権の発生原因である契約に基づいて生じた債権による相殺

Case 15-5 —————————————————————————

　A は, 取引先 Y に自社製品を売却することによって今後 3 年の間に生じる売買代金債権を, X に譲渡し, その旨を Y に通知した。その後, AY 間で売買契約が締結され, A から Y に製品が引き渡されたが, その品質が契約内容に適合していないことが判明した。引き渡された製品の修補費用は 100 万円と見込まれており, Y は A に対して契約不適合を理由とする 100 万円の損害賠償債権を有している（564 条, 415 条 1 項）。他方, 売買代金は 300 万円であり, X は Y に対して, 300 万円の支払を求めている。

第2に，対抗要件具備時より前の原因に基づいて生じた債権でなくても，譲渡債権の発生原因である契約に基づいて，債務者対抗要件具備後に債務者のもとで生じた債権については，債務者の相殺権が認められる（469条2項2号）。同規定の適用場面として想定されているのは，将来債権譲渡がされた場合において，譲渡債権の発生原因である契約が債務者対抗要件具備より後に締結されたときである。このような場合には，債務者対抗要件具備の時点では，自働債権の発生原因すらなく，債務者の相殺への期待が具体的に生じていたとは言い難い。もっとも，同一の契約に基づいて生じた金銭債務等の代替的債務については，同時に決済されるべきことが契約上予定されているとみることもでき，相殺による清算的調整を認める必要性が高いといえる。また，このような場合にも債務者の相殺権を認めることで，将来債権譲渡がされた後も債務者が譲渡人との取引を継続することが促進されれば，譲受人の利益にもなる。なお，差押えを受けた債権を受働債権とする相殺に関する511条には，469条2項2号に相当する規律は設けられていない（⇒ **第11章5** *Column⑭*）。

　Case 15-5において，AY間の売買契約が締結されたのは債権譲渡通知よりも後である。もっとも，譲渡された売買代金債権（債権α）とYの有する契約不適合を理由とする損害賠償債権（債権β）は，同じ契約から生じた債権である。したがって，Yは債権βによる相殺をもってXに対抗することができる。債権αは対当額である100万円について消滅し，Xの請求は200万円の限度でしか認められない。

　◆「譲受人の取得した債権の発生原因である契約」の意義　　469条2項2号は，自働債権と受働債権が同一の契約から生じた場合に，債務者の相殺権を認めている。契約の同一性の判断にあたっては，

契約書が重要な考慮要素となるが，それだけで決せられるわけではない（1通の契約書が作成されているからといって必ず同一性が肯定されるわけではないし，複数の契約書が作成されていても同一性が肯定される可能性もある）。

また，厳密にいえば同一の契約から生じた債権・債務でなくても，相殺を認めるべき場合がないかも問題となりうる。たとえば，複数の契約が全体として1個の取引を形成している場合や，継続的な取引関係において基本契約に基づいて個別契約が順次締結された場合である。こうした場合については，469条2項2号の適用ないし類推適用を認めることも考えられよう。

③　債権譲渡の第三者に対する対抗

上述のとおり，債権の譲受人が債務者に対して譲渡債権の履行を請求する際には，譲渡人からの通知または債務者による承諾が必要となる。では，譲受人が債務者以外の第三者に対して，債権譲渡を対抗するためには，何が必要か。以下では，債権が二重に譲渡された場合を例に，説明しよう。

467条2項にいう「第三者」とは，譲渡された債権そのものについて両立し得ない法的地位を取得した者をいう。具体的には，債権の二重譲受人のほか，譲渡債権に対して強制執行をした差押債権者等がこれにあたる。これに対して，譲渡債権の保証人（大判大元・12・27民録18輯1114頁）や物上保証人はこれにあたらない。

Case 15-6 ─────────────────────────

Aは，Yに対する300万円の売買代金債権αを有していたが，同債権をXに譲渡した。その後，Aは，同じ債権αをZにも譲渡した。

─────────────────────────

第三者対抗要件

債権譲渡は，債務者対抗要件である通知または承諾が「確定日付のある証書」によっ

てされた場合でなければ，第三者に対抗することができない（467条2項）。何が「確定日付のある証書」にあたるかは民法施行法5条に規定されており，公正証書で通知または承諾をした場合（同条1項1号）のほか，公証役場において日付のある印章を押捺した私署証書で通知または承諾をした場合（同項2号）や，内容証明郵便によって通知または承諾をした場合（同項6号）には，第三者対抗要件が具備されたといえる。なお，内容証明郵便とは，一般書留郵便について，郵便物の内容文書の内容を証明するものであり（郵便44条3項，48条），郵便認証司が認証する（同58条，郵便法施行規則14条）。これにより，誰が誰に対してどのような内容の文書をいつ差し出したかが謄本によって証明されるとともに，その引受けから配達までの過程が記録される。

Case 15-6 において，X が Z に対して債権 α が X に帰属していることの確認を求めた場合には，Z は，AX 間の債権譲渡につき第三者対抗要件が具備されるまでは X を債権者と認めない旨の主張をして，X の請求を拒むことができる。これに対して，X は，たとえば，A が Y に内容証明郵便で債権 α を X に譲渡した旨を通知したことを主張立証することになる。なお，Z への譲渡についても第三者対抗要件が具備されている場合には，X と Z の優劣をどのように決するかがさらに問題となる（⇒4②）。

| 対抗要件制度の構造 | 対抗要件が対抗問題における優劣決定基準として機能するためには，権利変動を外部 |

から容易に認識ができるよう公示がされていることと（公示機能），公示の日時が後から操作されえないこと（固定化機能）が必要である。たとえば，不動産物権変動の対抗要件である登記については，誰でも登記事項を確認することができ，登記申請の年月日・受付番号が登記簿に記載される。

債権譲渡については，債務者に対する通知と債務者の承諾が第三者対抗要件とされているが，これにより債務者の認識を通じた公示が図られている。すなわち，債権を譲り受けようとする第三者は，債権の存否や帰属先について債務者に問い合わせると考えられるところ，債権譲渡の有無に関する情報を債務者に集約しておくことで，債務者をいわばインフォメーション・センターとして，債権譲渡が第三者に表示されるのである。また，第三者対抗要件としての通知・承諾に確定日付が必要とされていることにより，通知や承諾の日時を遡らせることが防止される。このように，債権譲渡の第三者対抗要件は，不完全ではあるものの，公示機能と固定化機能を備えている（最判昭 49・3・7 民集 28 巻 2 号 174 頁参照）。

債権譲渡登記制度　確定日付のある証書による通知または承諾という対抗要件制度は，個別の現在債権が譲渡される場合はともかく，多数の債権が譲渡される場合や，将来債権譲渡がされる場合には，使い勝手が悪い。というのも，債務者が異なる多数の債権が譲渡される場合には，債務者それぞれに確定日付のある証書による通知をすることは，煩雑であるし費用もかかる。また，将来債権譲渡においては債務者が不特定の場合もあり，その場合にはそもそも債務者に通知をすることができない。そこで，「動産及び債権の譲渡の対抗要件に関する民法の特例等に関する法律」（動産債権譲渡特例法）が，法人の金銭債権の譲渡について，特別の対抗要件制度を設けている。この特例法による対抗要件制度は，民法 467 条の定める対抗要件制度と並存するものである。

動産債権譲渡特例法の対抗要件制度の最大の特徴は，債務者対抗要件と第三者対抗要件を分離していることである。すなわち，まず，債権譲渡について，東京法務局が管理する債権譲渡登記ファイルに譲渡の登記がされたことによって，第三者対抗要件が具備される

（動産債権譲渡特4条1項。債権譲渡登記は，債務者が特定していない場合でも可能である〔同8条2項4号，動産・債権譲渡登記規則9条1項3号〕）。もっとも，債権譲渡登記によって債務者対抗要件も具備されたことになるのではなく，債権譲渡を債務者に対抗するためには，譲渡人または譲受人が債務者に対して登記事項証明書を交付して債権譲渡およびその登記について通知をするか，債務者が承諾をすることが必要となる（動産債権譲渡特4条2項）。

◆有価証券の譲渡に関する規律　　有価証券とは，財産的価値を有する私法上の権利を表章する証券であって，権利の移転および行使が証券によってされるものをいう（異論もある）。民法は，①指図証券（債権者を指名する記載がされている証券であって，債権者またはその指図人〔債権者が指名した者〕に弁済をすべきもの。手形〔手11条1項〕，倉荷証券〔商606条本文〕，船荷証券〔商762条本文〕など），②記名式所持人払証券（債権者を指名する記載がされている証券であって，その所持人に弁済をすべき旨が付記されているもの〔520条の13〕。記名式持参人払小切手〔小5条2項〕など），③その他の記名証券（債権者を指名する記載がされている証券であって，指図証券および記名式所持人払証券以外のもの〔520条の19〕），④無記名証券（債権者を指名する記載がされていない証券であって，その所持人が権利者と扱われるもの。無記名式小切手〔小5条1項3号〕など）という4種類の有価証券に関する規定を置いている（520条の2以下）。ただし，有価証券の典型例である手形や小切手については，手形法や小切手法という包括的な特別法があるから，民法の規定の適用場面は実際には多くない。

　指図証券の譲渡に関する規律を債権譲渡に関する規律と比較すると，次のような特徴がある。すなわち，まず，(a) 指図証券の譲渡は，その証券に譲渡の裏書をして譲受人に交付しなければ，効力を生じない（520条の2）。譲渡の合意に加えて，裏書の連続した指図証券の交付が効力要件とされているのである。また，これにより，債務者対抗要件および第三者対抗要件も備わる。次に，裏書の連続

する指図証券の所持人は，証券上の権利を適法に有するものと推定され（520条の4），(b) 指図証券の債務者は，その証券の性質から当然に生ずる結果を除き，証券の譲渡前の債権者に対抗できた事由をもって善意の譲受人に対抗することができない（520条の6）。債務者が特定の権利者との人的関係に基づいて主張することができる抗弁（人的抗弁）が制限されているのである。さらに，(c) 裏書の連続する指図証券を善意・無重過失で譲り受けた者は，譲渡人が無権利者であっても，その証券を善意取得する（520条の5）。権利外観法理のあらわれであり，動産の即時取得（192条）よりも要件が緩和されている。こうした規律が置かれているのは，指図証券の安全性・流通性を確保するためである。

無記名証券には，上記の例のほか，図書券や商品券，展覧会のチケットなど，日常生活でも多く用いられるものが含まれうる。無記名証券の譲渡についても，(a) 譲渡の合意に加えて，証券の交付が効力要件とされている（520条の20，520条の13）。また，証券の所持人は証券上の権利を適法に有するものと推定され（520条の20，520条の14），(b) 人的抗弁は制限され（520条の20，520条の16），(c) 証券を善意・無重過失で譲り受けた者は，その証券を善意取得する（520条の20，520条の15）。

Column㉒ 電子記録債権制度 ◆◆◆◆◆◆◆◆◆◆◆◆◆◆◆◆◆◆◆◆◆◆◆◆◆◆◆◆◆◆◆◆

手形は金銭債権を表章する有価証券であり，約束手形（手形を発行した者〔振出人〕が手形を受け取った者〔受取人〕またはその指図人に対して，支払期日に一定の金額を支払うことを約束する有価証券）は，古くから決済手段として利用されてきた。もっとも，政府は，2026年までに手形の利用を廃止するよう要請し，代わりの決済手段として電子記録債権等の活用を促している。

電子記録債権制度は，手形や債権譲渡といった従来の資金調達手段にかかるリスクやコストを削減し，事業者の資金調達の円滑化を図ること等を目的として創設された制度である。「電子記録債権」とは，その発生または譲渡について電子記録を要件とする金銭債権

をいい（電子記録債権法2条1項。電子記録債権は，発生記録をすることによって生じ〔同15条〕，電子記録債権の譲渡は，譲渡記録をしなければ，その効力を生じない〔同17条〕），取引の安全を確保するために，人的抗弁の制限（同20条）や善意取得（同19条）といった手当てがされている。全国銀行協会が設立した電子債権記録機関（全銀電子債権ネットワーク）が取り扱う電子記録債権は「でんさい」とよばれる。

4 債権の二重譲渡

　債権が二重に譲渡された場合，譲受人間の優劣は，第三者対抗要件具備の先後によって決せられる。もっとも，不動産が二重に譲渡された場合に二重の所有権移転登記がされることはないのとは異なり，債権が二重に譲渡された場合には，確定日付のある証書による通知または承諾が二重にされる場合がある。また，不動産物権変動について複数の登記が全く同時に受け付けられることはなく，その先後関係は受付年月日・受付番号によって判断することができるのとは異なり，債権譲渡については，通知または承諾が同時にされた，あるいは先後関係が不明であるという事態が生じうる。

　なお，債権譲渡の対抗問題は，債権譲渡と差押えが競合した場合にも生じるが，債権の二重譲渡の場合と基本的に同じに考えてよい。債権譲受人と差押債権者との間の優劣は，確定日付のある債権譲渡通知が債務者に到達した日時または確定日付のある債務者の承諾の日時と，債権差押命令が第三債務者に送達された日時の先後によって決せられる（最判昭58・10・4判時1095号95頁）。

1 譲渡の一方についてのみ第三者対抗要件が具備された場合

　二重譲渡の一方についてのみ第三者対抗要件が具備された場合に

は，その譲渡の譲受人が優先する。その結果，譲渡債権は同人に確定的に帰属し，同人が唯一の債権者となって，劣後する譲受人は無権利者となる（大連判大8・3・28民録25輯441頁）。したがって，債務者は，優先する譲受人に対して弁済しなければならず，劣後する譲受人から履行請求をされても，これを拒絶しなければならない。なお，債務者が478条（⇒第10章3②）により保護される余地はある（最判昭61・4・11民集40巻3号558頁）。

Case 15-7 ―――――――――――――――――――――――――――――

　AはYに対して，100万円の売買代金債権αを有している。Aは，6月1日に債権αをZに譲渡し，同月4日には同債権をXに譲渡した。Aは，Zへの譲渡については簡易書留郵便でYに通知し，この通知は6月2日に到達した。他方，Xへの譲渡については内容証明郵便でYに通知し，この通知は6月6日に到達した。Xは，6月8日に，Yに対して，100万円の支払を求めた。

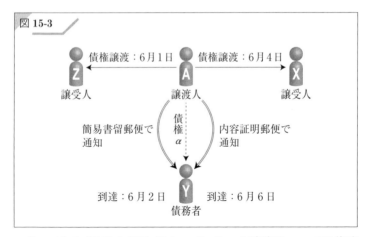

図 15-3

Case 15-7（図15-3参照）において，Zへの譲渡については債務

者対抗要件しか具備されていない（単なる書留郵便による通知は，通知書に確定日付があるのでない限り，確定日付ある証書による通知ではない）のに対し，Xへの譲渡については第三者対抗要件が具備されている。したがって，Xの請求は認められる。この結論は，たとえばYが6月7日にZに弁済をしていた場合でも変わらない。この場合，Yは，Xに100万円を支払わなければならず，Zに対して100万円の返還を求めることになる。Zの無資力リスクはYが負うことになる。

　もっとも，仮にYがZに弁済をしたのが6月3日であった場合には話が異なることに注意が必要である。なぜなら，この場合には，YのZに対する弁済は，Xへの譲渡よりも前にされている。そうすると，この時点における債権者はZのみであるから，Yの弁済は当然有効であり，債権αは消滅する。このような場合には，そもそも対抗問題は生じない（大判昭7・12・6民集11巻2414頁参照）。なお，YのZに対する弁済が6月5日にされた場合にも，その時点ではXへの譲渡について第三者対抗要件が具備されていない以上Zは無権利者ではなく，Yは弁済による債権αの消滅をもってXに対抗することができると解される（468条1項）。

② 譲渡の双方について第三者対抗要件が具備された場合

　二重譲渡の双方について第三者対抗要件が具備された場合には，譲受人間の優劣は第三者対抗要件具備の先後により決せられるが，以下のような問題がある。

Case 15-8 ─────────────────────────────────
　AはYに対して，100万円の売買代金債権αを有している。Aは，6月1日に債権αをZに譲渡し，同月2日には同債権をXに譲渡した。Zへの譲渡についてもXへの譲渡についても，AからYに，確定日付

ある証書による通知がされたが，Ｚへの譲渡にかかる通知の確定日付は
６月３日であり，この通知は６月６日にＹに到達した。他方，Ｘへの
譲渡にかかる通知の確定日付は６月４日であり，この通知は６月５日
にＹに到達した。Ｘは，６月８日に，Ｙに対して，100万円の支払を
求めた。

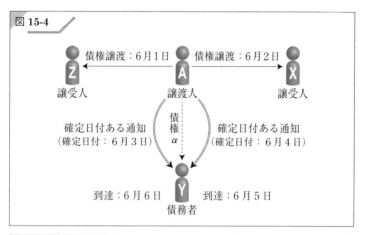

図 15-4

	債権譲渡：６月１日		債権譲渡：６月２日	
Ｚ		Ａ		Ｘ
譲受人		譲渡人		譲受人

債権α

確定日付ある通知
（確定日付：６月３日）　　確定日付ある通知
（確定日付：６月４日）

Ｙ

到達：６月６日　　到達：６月５日

債務者

優劣の基準

Case 15-8（図15-4参照）では，Ｚへの譲
渡についてもＸへの譲渡についても，第
三者対抗要件が具備されている。この場合にはまず，第三者対抗要
件具備の先後を決する基準は何かが問題となる。確定日付の先後に
よって決せられると解する可能性と，債務者に通知が到達した日時
の先後によって決せられると解する可能性がある。

　判例・通説によれば，第三者対抗要件具備の先後は，確定日付の
先後ではなく，確定日付のある証書による通知が債務者に到達した
日時の先後によって決せられる（到達時説）。なお，確定日付のある
証書による承諾がされた場合には，承諾がされた日時の先後による。

到達時説がとられたのは，債権譲渡における対抗要件制度の構造（⇒3③）が「当該債権の債務者の債権譲渡の有無についての認識を通じ，右債務者によってそれが第三者に表示されうるものであることを根幹として成立している」からである（前掲・最判昭49・3・7）。

Case 15-8 では，確定日付はＺへの譲渡についての通知の方が先であるが，通知がＹに到達した日時はＸへの譲渡についての通知の方が先であるから，Ｘが先に対抗要件を具備したといえる。したがって，Ｘの請求は認められる。

◆**確定日付ある証書による通知と債権譲渡登記とが競合した場合**

二重譲渡の一方について確定日付ある証書による通知がされ，他方について債権譲渡登記がされた場合には，譲受人間の優劣は，通知の到達時と債権譲渡登記がされた時の先後によって決せられることになる（動産債権譲渡特4条1項参照）。もっとも，同法では，債務者対抗要件と第三者対抗要件とが分離されていることから（⇒3③），次のような問題が生じる。たとえば，Ａが債務者Ｙに対する債権αをＺとＸに二重に譲渡し，Ｚへの譲渡については確定日付ある証書による通知がされたが，その通知がＹに到達するよりも前に，Ｘへの譲渡について債権譲渡登記がされたとしよう。そして，Ｚへの譲渡にかかる通知がＹに到達した時よりも後に，ＸがＹに対して登記事項証明書を交付して債権譲渡およびその登記について通知をしたとする。この場合において，Ｙが未だ誰にも弁済をしていなかったときは，Ｙは先に第三者対抗要件を具備したＸに弁済すべきである。これに対し，ＹがＸからの通知を受け取る前にＺに対して弁済していたときは，その弁済は有効かが問題となる。第三者対抗要件において劣後するＺは無権利者だと考えるならば，ＹのＺに対する弁済は有効でないとも考えられそうであるが（民法478条による保護の余地はある），それではＸへの債権譲渡を知らされていないＹに酷である。動産債権譲渡特例法において，抗弁事由対抗の基準時が債務者対抗要件具備時とされていることからも（同

4条3項)，YのZに対する弁済は有効であり，Yは弁済による債務
消滅をもってXに対抗することができると解すべきだろう。

Case 15-9

　AはYに対して，100万円の売買代金債権αを有している。Aは，
6月1日に債権αをZに譲渡し，同月2日には同債権をXに譲渡した。
Zへの譲渡についてもXへの譲渡についても，AからYに，確定日付
ある証書による通知がされたが，Zへの譲渡にかかる通知の確定日付は
6月3日であり，この通知は6月6日にYに到達した。他方，Xへの
譲渡にかかる通知の確定日付は6月4日であり，この通知は，6月6
日に，Zへの譲渡にかかる通知と同時に，Yに到達した。Xは，6月8
日，Yに対して，100万円の支払を求めた。

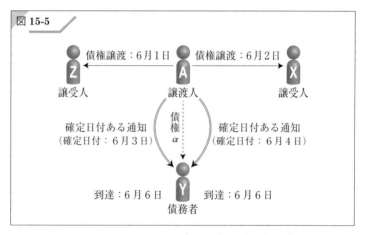

図15-5

　　債権譲渡：6月1日　　債権譲渡：6月2日
Z　　　　　　　　A　　　　　　　　X
譲受人　　　　　譲渡人　　　　　譲受人
　　　　　　　　債
確定日付ある通知　権　確定日付ある通知
（確定日付：6月3日）α（確定日付：6月4日）

　到達：6月6日　　　　到達：6月6日
　　　　　　　　債務者
　　　　　　　　Y

<table>
<tr><td>通知が同時に
到達した場合</td></tr>
</table>

　　　　　　　　上述のように，第三者対抗要件具備の先後
　　　　　　　は，確定日付ある証書による通知が債務者
　　　　　　　に到達した日時，または債務者が確定日付
ある証書による承諾をした日時の先後によって決せられる。では，

Case 15-9（図 15-5 参照）のようにそれが同時である場合には，どのような処理がされるべきだろうか。

この場合には，第三者対抗要件具備が同時である以上，両者間に優劣はなく，譲受人の一方が他方に対して自己が優先的地位にある債権者であると主張することはできない（最判昭 53・7・18 判時 905 号 61 頁参照）。では，譲受人が債務者に対して履行請求をすることもできないのだろうか。

この問題について，判例は，各譲受人は債務者に対してそれぞれ譲渡債権の全額の弁済を請求することができ，債務者は，単に同順位の譲受人が他に存在することを理由として弁済を拒絶することはできないとする（最判昭 55・1・11 民集 34 巻 1 号 42 頁）。このような場合に債務者が弁済を拒絶することができるとすると債務者は誰にも弁済しなくてもよいことになってしまい不当である。また，分割債権となると解すると譲受人多数の場合にはその確定の問題が生じるし，債務者に分割弁済という無用の負担を課すべきではない。したがって，判例の結論は妥当である Case 15-9 において，X の請求は認められる。なお，債務者は譲受人のどちらかに弁済をすれば，免責される。

それでは，Case 15-9 において，Y が X に対して 100 万円を支払った場合，Z は X に対して分配を求めることができるだろうか。債権者の平等という観点からは，債権額により按分した額の請求が認められてもよさそうであるが（法的構成としては，不当利得返還請求権のほか，連帯債権者間の求償として認める可能性もある），破産に至らない場面では平等原理よりも競争原理が働くとして分配請求を否定する見解もある。

確定日付のある証書による通知のうちいず
れが先に債務者Yに到達したかが分から
ない場合もある。このような場合には、Y
は、二重譲受人XとZのどちらが債権者であるかを確知すること
ができないのであるから、被供託者を「XまたはZ」として、供託
をすることができる（494条2項。これに対し、同時到達の場合は、債
権者を確知することができない場合に該当しないから、供託は認められな
い）。問題は、この場合の供託金還付請求権が誰にどのように帰属
するのかである。

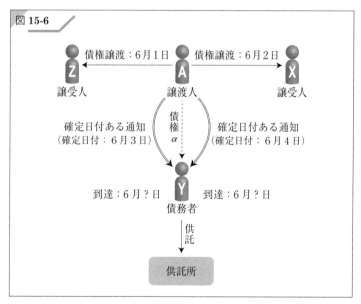

図 15-6

判例によれば、通知到達の先後関係が不明である場合は、通知が
同時に到達したものとして取り扱うのが相当であり、譲受人は互い
に相手方に対して自己が優先的地位にある債権者であると主張する
ことが許されない関係に立つ。そして、通知到達の先後関係が不明

であるために債権者不確知を理由に供託がされた場合には，譲受人は，「公平の原則に照らし」，「譲受債権額に応じて供託金額を案分した額の供託金還付請求権をそれぞれ分割取得する」ことになる（最判平 5・3・30 民集 47 巻 4 号 3334 頁参照）。

◆いずれの譲渡についても第三者対抗要件が具備されていない場合
いずれの譲渡についても第三者対抗要件が具備されていない場合には，どのような処理がされるのだろうか。譲渡人 A が債務者 Y に対して有する債権 α を Z と X に二重に譲渡した場合について，考えてみよう。

まず，いずれの譲渡についても何の通知もされていない場合には，Y は，Z と X のいずれに対しても弁済を拒むことができる。Z も X も，債務者対抗要件を具備していない以上，債権譲渡を Y に対抗することができないからである（467 条 1 項）。

次に，いずれの譲渡についても単なる通知がされた場合はどうか。この場合には，Z も X も債権譲渡を Y に対抗することはできる（467 条 1 項）。もっとも，ZX 間で対抗関係が生じているところ，債権 α が Z と X のいずれに帰属するのかが未確定の段階で，Y に対する履行請求を認めてよいかが問題となる。Y が（少なくともこの段階では）誰にも弁済しなくてよいという帰結は不当だと考えるのであれば，確定日付ある証書による通知が同時に到達した場合（前掲・最判昭 55・1・11）と同様，Y は弁済を拒むことができないと解することになるだろう。実際，このような考え方も有力である。これに対し，確定日付ある証書による通知が同時に到達した場合とは異なり，X と Z の優劣を決することはなお可能であることからすれば，Y が，Z と X のいずれに対しても，第三者対抗要件を具備しない限り債権者と認めないと主張して弁済を拒絶することができると考えることもできよう。Y は，いずれかの譲渡について確定日付ある証書による通知がされた段階で，当該譲渡の譲受人に弁済すればよいというわけである。

Column㉓ 　将来の不動産賃料債権の譲渡と賃貸不動産の譲渡
　　　　　　との競合 ●━━◆━━━━◆━━━━◆━━━━◆━━◆●

　賃貸用建物（甲）の所有者Ａが，甲の不特定の賃借人に対して将来の一定期間に取得するべき賃料債権をＸに譲渡し，第三者対抗要件が具備された後に，Ａが甲をＺに譲渡し，賃貸人たる地位がＺに移転したとしよう（605条の2第1項）。Ｚは甲について所有権移転登記をしたとする。この場合，その後に甲から生じる賃料債権（①Ａが締結していた賃貸借契約に基づく賃料債権と，②Ｚが甲を取得した後に新たに締結した賃貸借契約に基づく賃料債権がありうる）を取得するのはＸだろうか，それともＺだろうか。

　2017年改正に至る審議の過程では，（a）将来債権譲渡の効力について，「将来債権の譲受人は……譲渡人以外の第三者が当事者となった契約上の地位に基づき発生した債権を取得することができないものとする。ただし，譲渡人から第三者がその契約上の地位を承継した場合には，譲受人は，その地位に基づいて発生した債権を取得することができるものとする」という提案がされた。もっとも，（b）不動産の賃料債権に関しては，「譲受人は，譲渡人から第三者が譲り受けた契約上の地位に基づき発生した債権であっても，当該債権を取得することができない旨の規定を設けるという考え方がある」と注記されていた（民法（債権関係）の改正に関する中間試案第18・4(4)）。（a）によれば，上記①の賃料債権はＸが，②の賃料債権はＺが取得することになる。これに対し，（b）によれば，いずれの賃料債権もＺが取得することになる。今回の立法化は見送られたが，この問題に関する議論は続くだろう。

　なお，実質的な考慮という観点からこの問題をみると，将来債権譲渡の活用を促進し不動産所有者の資金調達手段の多様化を図るという要請と，賃貸不動産の適切な管理や流通を確保するという要請がかかわっている。すなわち，前者の観点からすれば，不動産が譲渡されても将来債権譲渡の効力が及ぶと解することが望ましいだろう。しかし他方で，賃貸不動産の譲渡を受けた者が長期間にわたっ

て賃料債権を取得できないことになれば，不動産が適切に管理され
なくなるおそれがあるし，不動産取引が阻害される可能性もある。
こうした要請をどのように調整すべきかについては，慎重な検討が
必要である。

第 15 章でみたように，債権譲渡がされると，債権は，その同一性を保ったまま，譲渡人から譲受人に移転する。債権の当事者という観点からみると，債権譲渡は，契約によって債権者が変動する場合である。これに対し，契約によって，債務者が変動する場合もある。「債務引受」である。本章では，債務引受の意義を確認した後，債務者が追加される「併存的債務引受」の場合と，債務者が交替する「免責的債務引受」の場合とに分けて，それぞれの要件および効果について説明する。

1 債務引受の意義

① 債務引受とは

債務引受とは，契約により，債務者が債権者に対して負担する債務と同一の内容の債務を負担することをいい，新たに債務を負担する者のことを「引受人」とよぶ。たとえば，抵当不動産の買主が被担保債権を引き受ける場合（抵当不動産を購入する者は，抵当権が実行されるリスクを負うことになるが，被担保債権を引き受けてその分売買代金を低く抑えることにより，これに対処することができる）や，相続人の1 人が被相続人の事業を承継するにあたり，他の相続人が分割承継した事業上の債務を引き受ける場合（被相続人の債務が相続人に分割承継されることについては⇒第 13 章 2 ① Web）が考えられる。

これに対し，たとえば相続に伴い相続人が被相続人の債務を承継

する場合にも，債務者でなかった者が債務者と同一の内容の債務を負担することになるが，契約によらないものは「債務引受」に含まれない。また，引受人が，債権者に対する債務を負担することなく，債務者との間でその債務を代わりに履行する旨の合意をすることもあるが，これは「履行引受」であって債務引受ではない。

② 債務引受の制限

引受人が債務者の債務と同一内容の債務を負担するためには，当該債務の内容が債務者以外の者によっても実現可能なものでなければならない。したがって，映画製作にかかる映画監督の債務等，非代替的な給付を目的とする債務は，債務引受の対象となりえない。また，代替的給付であっても，ペットを預かる債務等，債務者が誰かという人的要素を考慮すべき場合には，債務引受を自由に認めるべきではない。

また，代替的で個性のない債務であっても，債権とは異なり（⇒第15章2①），自由に譲渡できるわけではない。とくに債務者の交替を伴う免責的債務引受がされると，債権者が不利益を被るおそれがあるからである。たとえば，金銭債務の債務者が資力のある者から資力のない者に替わると，債権者の債権回収が困難になる可能性がある。

③ 債務引受の種類

債務引受には2種類のものがある。契約によって債務者Yの債権者Xに対する債務と同一の内容を引受人Zが負担することを「債務引受」というが，これには，Yが債務を負担し続ける場合と，Yが債務を免れる場合がある。前者を「併存的債務引受」，後者を「免責的債務引受」とよぶ。併存的債務引受がされた場合には，Y

とZがともに債務者となる。これに対し，免責的債務引受がされた場合には，Zのみが債務者となりYは債務者でなくなる。

　以下では，併存的債務引受と免責的債務引受について，それぞれの要件と効果を概観しよう。

2 併存的債務引受

1 併存的債務引受とは

　併存的債務引受とは，契約によって，引受人が債務者と連帯して，債務者が債権者に対して負担する債務と同一の内容の債務を負担することをいう（470条1項）。

2 併存的債務引受の要件

　債務引受は契約によってされなければならない。併存的債務引受を，債権者X・債務者Y・引受人Zの三面契約によってすることができることは明らかである。また，XY間の契約ではできないことは当然である。XYの合意のみによってZに債務を負わせることはできないからである。では，XZ間の契約によって，あるいはYZ間の契約によってすることはできるか，できるとしてその効力が生じるための要件は何か。

　第1に，併存的債務引受は，債権者Xと引受人Zとの間の契約によってすることができる（470条2項）。この場合，債務者Yの同意は必要でなく，併存的債務引受の効力は契約と同時に生じる。このように，併存的債務引受はYの意思に反してでもできる。保証契約が主債務者の同意なく，その意思に反する場合でも締結されうることと平仄が合っている。

第2に，併存的債務引受は，債務者Yと引受人Zとの間の契約によってもすることができる。併存的債務引受がされれば債務者が1人増えるので，債権者Xにとっては基本的には利益になるところ，YZ間の契約は第三者（X）のためにする契約だとみることができる（470条4項参照）。この場合，併存的債務引受の効力は，XがZに対して承諾をした時に生じる（同条3項）。第三者のためにする契約において，第三者の権利は受益の意思表示がされた時に発生する（537条3項）ことと平仄が合っている。

③　併存的債務引受の効果

併存的債務引受により，引受人Zは，債務者Yと連帯して，Yが負担する債務と同一内容の債務を負担する（470条1項）。

対外的効力・影響関係 〉債務者Yと引受人Zは連帯して債務を負担するのであるから，基本的には，連帯債務に関する規定が適用される。したがって，債権者Xは，YとZのそれぞれに対し，全部の履行を請求することができる（436条）。影響関係については，弁済等のほか，相殺（439条1項），更改（438条），混同（440条）に絶対的効力が認められ，それ以外の事由には原則として相対的効力しかない（441条）。また，Yが相殺権を有するのにこれを行使しない場合には，ZはXに対して履行を拒むことができる（439条2項）。

引受人の抗弁 〉債務者Yと引受人Zの債務は同一内容であるから，Zは，併存的債務引受の効力が生じた時にYが主張することができた抗弁をもって，Xに対抗することができる（471条1項）。

また，債務者Yの債務の発生原因である契約が解除され，または取り消されたときは，引受人Zの債務も消滅する（連帯債務〔437

条〕とは異なることに注意）。Ｙが取消権または解除権を有するのにこれを行使しない場合には，Ｚは，これらの権利の行使によってＹがその債務を免れるべき限度において，債権者Ｘに対して債務の履行を拒むことができる（471条2項）。

| 内部関係 |

引受人Ｚが弁済その他の債務消滅行為をした場合には，債務者Ｙに求償することができる（442条以下）。このとき，ＹとＺの負担割合は，併存的債務引受がＹＺ間の契約によってされた場合には，その契約の解釈により決まる。

Column㉔ 一括支払システム ・◆・◆・◆・◆・◆・◆・◆・◆・◆・◆・◆・

手形に代わる決済方法の1つに，「一括支払システム」がある。これは，支払企業（大企業であることが多い）が個々の仕入先（中小企業であることが多い）に対する買掛金等の債務を，個別に弁済する手間を省くための仕組みである。一括支払システムの法的構成は一様ではないが，併存的債務引受が用いられることがある。この場合，支払企業（債務者）Ｙ，その仕入先（債権者）Ｘ，金融機関（引受人）Ｚの間の基本契約に基づき，ＹのＸに対する一定範囲の債務についてＺが併存的債務引受をし，ＺがＸに弁済をする。Ｘは，支払期日にＺから弁済を受けることができることはもちろん，希望すれば，支払期日よりも前に，代金から期日までの利息分を差し引いた金額を受け取ることもできる。これにより，Ｘは，手形割引と同様，支払期日より前に債権の資金化を行うことができる。Ｘに弁済をしたＺは，Ｙに求償することになる。Ｙは，Ｘら複数の仕入先に支払うべき金額をＺにまとめて支払うことで，個別決済の煩雑さを回避することができる。

なお，併存的債務引受がこのような形で用いられる場合，これと債権譲渡の競合という問題が生じうることが指摘されている。すなわち，ＸがＹに対して債権αを有する場合，Ｙの債務について併存的債務引受をし，弁済をしたＺは，Ｙに対して求償権を取得す

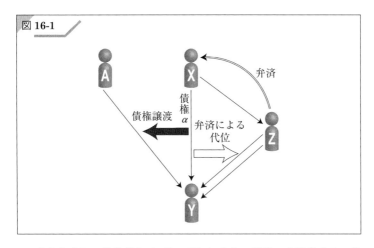

図 16-1

るとともに，法定代位（⇒第10章）により，債権 α を取得する。他方でXが債権 α をAに譲渡していたときは，ZとAの優劣はどのように決せられるのかという問題である。たとえば，Xが債権 α をAに譲渡し，債権譲渡登記をした後に（Yへの通知はされていないものとする），Zが債権 α について併存的債務引受をし，Xに弁済をしたとしよう。この場合，XA間の債権譲渡との関係でZを譲渡債権 α の「債務者」として扱うなら，ZはXへの弁済をAに対抗することができる（468条1項）。これに対し，Zを債務者以外の「第三者」と評価するのであれば，Aが債権譲渡登記をした時点で債権 α は確定的にAに帰属しており，Zの弁済はAとの関係では無効だと考えることもできそうである。理論的にも実務上も難しい問題であり，今後の議論の展開に期待したい。

3 免責的債務引受

① 免責的債務引受とは

免責的債務引受とは，契約によって，債務者が債権者に対して負担する債務と同一内容の債務を引受人が負担し，債務者が自己の債務を免れることをいう（472条1項）。

債務者の交替を生じさせる更改（513条2号）との区別が問題となりうるが，更改においては，新旧債務の間に同一性はなく，旧債務の消滅に伴い担保・抗弁権も消滅するという強い効果が生じる（⇒第12章 *3*）。これに対し，免責的債務引受においては，債務者と引受人の債務は同一内容であり，抗弁権は存続するし，担保も一定の要件のもとで移転しうる。

② 免責的債務引受の要件

債務引受は契約によってされなければならない。免責的債務引受を，債権者X・債務者Y・引受人Zの三面契約によってすることができることは明らかである。また，XY間の契約ではできないことも当然である。では，XZ間の契約によって，あるいはYZ間の契約によってすることはできるか，できるとしてその効力が生じるための要件は何か。

第1に，免責的債務引受は，債権者Xと引受人Zとの間の契約によってすることができる（472条2項前段）。この場合，免責的債務引受の効力は，Xが債務者Yに対してその契約をした旨を通知した時に生じる（同項後段）。これにより，Yはその意思に反して免責という利益を押し付けられることになりうるが，債務免除は一方

的にできるところ（519 条），XZ の契約による併存的債務引受と X による債務免除を組み合わせれば Y の意思にかかわらず免責的債務引受と同じ状態を作り出せるのであるから，Y の同意を必要とすることに意味はない。

第 2 に，免責的債務引受は，債務者 Y と引受人 Z との間で契約をし，債権者 X が Z に対して承諾をすることによってもすることができる（472 条 3 項）。併存的債務引受とは異なり，Y の免責を伴うから X にとっては不利益であり，第三者のためにする契約とみることはできないが，YZ の契約と X の承諾があれば，免責的債務引受の効力を認めてよい。

③ 免責的債務引受の効果

免責的債務引受により，引受人 Z は，債務者 Y が負担する債務と同一内容の債務を負担し，Y はその債務を免れる（472 条 1 項）。

引受人の抗弁 ⟩ 債務者 Y が免れる債務と引受人 Z が負担する債務は同一内容であるから，Z は，免責的債務引受の効力が生じた時に Y が主張することができた抗弁をもって，債権者 X に対抗することができる（472 条の 2 第 1 項）。

また，債務者 Y の債務の発生原因である契約が解除され，または取り消されたときは，引受人 Z の債務も消滅する。Y が取消権または解除権を有するのにこれを行使しない場合には，Z は，これらの権利の行使によって Y がその債務を免れるべき限度において，債権者 X に対して債務の履行を拒むことができる（472 条の 2 第 2 項）。

担保の移転 ⟩ 併存的債務引受の場合には，債務者 Y は債務を免れないから，これを被担保債務とする担保も当然存続する。これに対し，免責的債務引受の場合には，

担保の帰趨が問題となる。Ｙが免れる債務と引受人Ｚが負担する債務が同一内容であることからすれば，担保も移転すると考えるのが素直であるようにも思われるが，他方で，担保権が実行される危険が債務者の資力に左右されることに鑑みると，担保を供している者（とくに物上保証人や保証人）が不測の不利益を被ることを避ける必要がある。そこで，担保の移転については，次のような規律が設けられている。

第1に，物的担保については，債権者Ｘは，引受人Ｚに対する意思表示によって，債務者Ｙが免れる債務の担保として設定された担保権をＺが負担する債務に移すことができる（472条の4第1項前段）。ただし，Ｚ以外の者がこれを設定した場合には，その承諾を得なければならない（同項後段）。Ｘの担保権の移転にかかる意思表示は，免責的債務引受よりも先に，または同時にされなければならない（472条の4第2項）。

第2に，保証についても，債権者Ｘは，引受人Ｚに対する意思表示によって，Ｙが免れる債務についてされた保証をＺが負担する債務に移すことができる。ただし，保証人の承諾が必要であり（472条の4第3項・1項・2項），その承諾は，書面によってしなければ効力を生じない（同条4項・5項）。保証契約の要式行為性（446条2項・3項）と平仄を合わせたものである。

_____
求償権の不存在
—————————

引受人Ｚは，弁済その他の債務消滅行為をしても，債務者Ｙに対する求償権を取得しない（472条の3）。免責的債務引受がされた場合には，Ｚは自己の債務とした債務を履行するにすぎず，事務管理や不当利得に基づく求償はできないし，債務から完全に解放されたとのＹの期待を保護すべきだからである。もっとも，ＹＺ間で免責的債務引受の対価を支払う旨の合意をすることは妨げられない。

Web 契約上の地位の移転 ❖❖❖❖❖❖❖❖❖❖❖❖❖❖❖❖❖❖❖❖❖❖❖❖❖❖

　契約の当事者が契約成立後に変動することもあり，これを「契約上の地位の移転」とよぶ。その原因は様々であるが（相続等の包括承継や，対抗力ある賃貸借の目的不動産の譲渡〔605条の2第1項〕に伴って契約上の地位の移転が生じることもある），539条の2は，契約上の地位を譲渡する旨の合意による場合について規定している。同条によれば，①この合意の当事者は契約当事者の一方（譲渡人）と第三者（譲受人）であるが，②契約上の地位の移転という効果が生じるためには契約の相手方の承諾が必要である（605条の3前段は②に対する例外である）。

　契約上の地位の移転は，当該契約から生じる債権・債務の移転を伴う。たとえば，売買契約上の買主の地位が譲渡された場合には，買主の目的物引渡債権と代金債務とが譲渡人から譲受人に移転することになる。いわば，目的物引渡債権の譲渡と代金債務の引受が同時に生じるようなものである（ただし，契約上の地位の移転の効果は，債権・債務の移転にとどまるものではない）。合意による契約上の地位の移転について相手方の承諾が必要とされていることは，債務者・引受人間の契約によってされる免責的債務引受について債権者の承諾が必要とされていること（472条3項）と平仄が合っている。

　契約上の地位の移転については，*民法5 契約*を参照してほしい。

❖❖

おわりに──参考文献

　本書を通じて，債権総論の世界に親しんでいただけたでしょうか。難解だといわれる債権総論の理解が進み，面白いと感じていただけたなら幸いです。

　もっとも，債権総論の世界は，より広く，より深いものです。本書では，教科書という性質上，執筆にあたって参照した参考文献を引用していませんが，読者のみなさんが，今後学習を進めていくうえで参考になるであろう文献を以下に挙げておきますので，ぜひ参照してください。

◆教科書・体系書

　教科書・体系書については，2017 年の民法改正に対応しているもののうち，本書よりも詳細なものを選びました。なお，概ね後に挙げたものほど詳細になるよう掲載しています。

　手嶋豊＝藤井徳展＝大澤慎太郎『民法 III 債権総論』（有斐閣，2022）

　内田貴『民法 3　債権総論・担保物権〔第 4 版〕』（東京大学出版会，2020）

　潮見佳男『プラクティス民法 債権総論〔第 5 版補訂〕』（信山社，2020）

　中田裕康『債権総論〔第 4 版〕』（岩波書店，2020）

　奥田昌道＝佐々木茂美『新版　債権総論　上巻・中巻・下巻』（判例タイムズ社，2020・2021・2022）

　潮見佳男『新債権総論 I』『新債権総論 II』（信山社，2017）

◆判例解説

本書で引用した判例については，ぜひ判決文を読んでいただければと思います。学習用の判例解説としては，次のようなものがあります。事案の概要や判旨を理解するために役立ててください。

窪田充見＝森田宏樹編『民法判例百選Ⅱ債権〔第9版〕』（有斐閣，2023）

池田真朗＝片山直也＝北居功編『判例講義民法Ⅱ債権〔新訂第3版〕』（勁草書房，2023）

田髙寛貴＝白石大＝山城一真『民法③債権総論　判例30！』（有斐閣，2017）

◆演習書

法律を使いこなすには，これを解釈し，具体的な事案に適用する能力が必要です。本書を通じて得た知識を使い，このような能力を養うためには，演習書を活用するとよいでしょう。

千葉恵美子＝潮見佳男＝片山直也編『Law　Practice 民法Ⅱ債権編〔第5版〕』（商事法務，2022）

沖野眞已＝窪田充見＝佐久間毅編『民法演習サブノート210問〔第2版〕』（弘文堂，2020）

◆注釈書

以上のほか，法律の条文ごとにその意義や要件・効果について解説を付した注釈書もあります。本書が扱う分野については，次のものがあります。

磯村保編『新注釈民法（8）債権（1）』（有斐閣，2022）

鎌田薫＝松本恒雄＝野澤正充編『新基本法コンメンタール　債権1』（日本評論社，2021）

◆ 2017 年の民法改正に関する文献

　2017 年の民法改正で債権総論の規定がどのように変わったのか
に興味をもつ読者もおられると思います。そこで，以下に，これに
関する文献をいくつか挙げておきます。なお，『一問一答』は立案
担当者が法改正の趣旨・内容を解説した書籍です。

潮見佳男ほか編著『Before/After 民法改正〔第 2 版〕——2017 年
　債権法改正』（弘文堂，2021）

松岡久和ほか編『改正債権法コンメンタール』（法律文化社，2020）

潮見佳男ほか編『詳解　改正民法』（商事法務，2018）

筒井健夫＝村松秀樹『一問一答　民法（債権関係）改正』（商事法
　務，2018）

大村敦志＝道垣内弘人編『解説　民法（債権法）改正のポイント』
　（有斐閣，2017）

中田裕康ほか『講義債権法改正』（商事法務，2017）

事項索引

<hr>

さ　行

債　権

【有斐閣アルマ】

民法4　債権総論〔第2版〕

2004 年 4 月 20 日　初　版第 1 刷発行　　2024 年 10 月 30 日　第 2 版第 2 刷発行
2023 年 4 月 20 日　第 2 版第 1 刷発行

著　者　片山直也 = 白石　大 = 荻野奈緒
発行者　江草貞治
発行所　株式会社有斐閣
　　　　〒101-0051 東京都千代田区神田神保町 2-17
　　　　https://www.yuhikaku.co.jp/
装　丁　デザイン集合ゼブラ＋酒井哲也
印　刷　株式会社精興社
製　本　牧製本印刷株式会社
装丁印刷　株式会社亨有堂印刷所

落丁・乱丁本はお取替えいたします。定価はカバーに表示してあります。
©2023, N. Katayama, D. Shiraishi, N. Ogino. Printed in Japan
Printed in Japan ISBN 978-4-641-22209-0